예수는 왜 죽었는가

: 신화가 아닌 역사

KILLING JESUS by Bill O'Reilly and Martin Dugard

이 도서의 국립중앙도서관 출판시도서목록(CIP)은
e-CIP홈페이지(http://www.nl.go.kr/ecip)에서 이용하실 수 있습니다.
(CIP제어번호 : CIP2014031019)

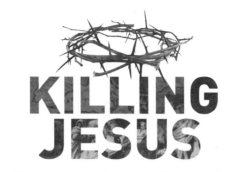

KILLING JESUS

예수는 왜 죽었는가

:신화가 아닌 역사

빌 오라일리, 마틴 두가드 지음 | 이광일 옮김

문학동네

이웃을 내 몸과 같이 사랑하는 이들에게 이 책을 바친다.

일러두기

* 성경 관련 인명, 지명, 복음서 이름 등 고유명사 표기는 국립국어연구원 발행 『표준국어대사전』 표제어를 기본으로 하고, 한국 천주교와 개신교에서 발음을 약간씩 달리하는 표현은 괄호 안에 병기하였다.

* 원서 필자들은 영어판 성경 NIV 버전을 사용했다. 번역본에서는 천주교와 개신교가 함께 만든 『공동번역성서』 개정판을 기본으로 하되 여러 한글판 성경을 참조해 원서 문맥에 따라 일부 어투 등을 바꾸었다.

* 본문 안에 있는 주는 모두 옮긴이의 것이다.

CONTENTS

책을 시작하며

나사렛 예수가 지금까지 살았던 모든 인간 중에서 후세에 가장 큰 영향을 미친 인물이라고 말한다면 그것은 거의 사실이다. 예수가 로마군에게 참혹하게 처형당하고 2,000년 가까운 세월이 지난 지금 22억 명이 넘는 사람들이 그의 가르침을 따르려 하고, 그를 신으로 믿고 있다. 여기에는 미국 전체 인구의 77퍼센트도 포함된다(갤럽 여론조사 통계). 예수의 가르침은 지금의 세계를 만드는 데 큰 역할을 했고, 앞으로도 계속 그럴 것이다.

평범한 목수의 아들로 태어난 예수에 관한 책은 많다. 그러나 예수에 관해 우리가 제대로 알고 있는 것은 별로 없다. 물론 우리에게는 「마태복음」 「마가복음」 「누가복음」 「요한복음」이 있다. 그러나 4복음서는 서술 내용이 종종 서로 어긋나 있고, 예수의 일대기를 역사적으로 기록한 것이라기보다는 종교적 관점에서 쓴 것이다. 예수가 실제로 누구였는지, 그리고 그에게 정확히 무슨 일이 일어났는지는 우리의 감정과 무관한 주제가 아니어서 때로 격렬한 논쟁거리가 되곤 한다.

사실에 입각해 이 책을 쓰면서 마틴 두가드와 나는 예수의 모든 것을 다 알고 있다는 식의 태도를 취하지 않았다. 다만 우리가 좀더 많은 것을 알고 있는 만큼 독자 여러분이 지금까지 들어보지 못했을지도 모르는 이야기들을 전하고자 애썼다. 우리는 연구와 조사를 통해 매혹적이면서도 한편으로는 당혹스러운 이야기를 새로이 찾아냈다. 예수의 생애에는 상당한 공백이 있다. 그래서 우리는 최대한 입수 가능한 증거를 토대로 예수가 겪었을 일들을 재구성해내기도 했다. 우리는 고전적인 저술들에 가급적 의존했다. 우리가 1차적으로 참고한 자료는 이 책 맨 뒤에 적어놓았다. 앞서 우리 두 사람이 같이 쓴 『킬링 링컨Killing Lincoln』과 『킬링 케네디Killing Kennedy』에서도 그랬지만, 우리는 무슨 일이 있었는지 모르는 경우나 인용하는 증거가 확고하지 않다고 생각하는 경우 독자들에게 분명히 그렇다고 밝힐 것이다.

로마인들은 당대에 관해 놀라울 정도로 꼼꼼한 기록을 남겼다. 팔레스타인에 거주하던 몇몇 유대인 역사가들도 당시 사건들을 기록했다. 문제는 그 짧은 생애에서 죽음을 몇 달 앞둔 시점까지 예수가 주류 사회의 관심을 끌지 못했다는 것이다. 그때까지 예수는 혹독한 사회에서 힘겹게 삶을 꾸려가는 일개 유대인에 불과했다. 예수가 하는 일에 많은 관심을 보인 것은 그의 친구들뿐이었다.

그러나 그 친구들은 여러 이야기들은 말로써 전파했고, 그 덕분에 우리는 지금 4복음서에 나오는 이야기들을 알고 있다. 그러나 이 책은 종교서가 아니다. 우리는 예수를 메시아(구세주)로 칭하지 않는다. 그저 로마제국의 변방을 뜨겁게 달군 한 사람, 평화와 사랑의 철학을 설파함으로써 대단히 강력한 적을 무수히 만든 한 인간으로 본다. 실제로 예수에 대한 증오와, 그 증오 때문에 일어난 사건을 접하게 되면, 독자는 간혹 크나큰 당혹감에 빠진다. 이 책은 유대Judea지금의 팔레스타인와 로마를 중심으로 전개되는, 폭력으로 얼룩진 이야기이다. 당시 로마제국에서는 황제도 신으로 떠받들어졌다.

마틴 두가드와 나는 로마 가톨릭 신자이며 둘 다 종교 재단이 운영하는 학교를 다녔다. 그러나 우리는 역사 연구가이기도 하다. 우리의 관심은 주로 중요한 인물들에 관한 진실을 말하는 데 있지 사람들을 특정한 종교로 개종시키고 싶지는 않다. 에이브러햄 링컨과 존 F. 케네디를 다룬 책에서도 우리는 이런 원칙과 확신을 지켰고, 나사렛 예수를 다룬 이 책에서도 똑같이 그렇게 할 것이다. 그런데 공교롭게도 링컨과 케네디 역시 예수를 하느님으로 믿었다.

예수가 어떤 일을 성취했고, 그 때문에 어떻게 목숨을 잃었는지 이해하려면 먼저 그 주변에서 무슨 일이 일어났는지 알아야 한다. 예수가 활동하던 시대는 로마가 서구 세계를 지배하면서 다른 의견은 일절 용납하지 않는 시대였다. 사람 목숨은 하찮은 것이었다. 평균 수명은 마흔이 채 안 됐다. 로마 당국을 화나게 했다가는 그마저도 훨씬 짧아졌다. 당시 상황을 미국의 저명한 언론인 버몬트 로이스터는 1949년에 다음과 같이 잘 묘사했다. 약간의 과장은 있지만 읽어보자.

티베리우스 황제(재위 기원후 14~37년) 지지자가 아니면 억압을 당했다. 인간이 마땅히 해야 할 일은 황제를 잘 모시는 것뿐이었다.

분수 모르고 다르게 생각하는 사람들, 이상한 말을 듣거나 이상한 글을 읽는 사람들은 박해를 당했다. 로마 출신이 아닌 이민족들은 노예가 됐다. 생김새가 다른 사람들은 멸시를 당했다. 그리고 무엇보다도 사람 목숨을 우습게 알았다. 강자들이 볼 때 수많은 사람이 바글거리는 세계에서 사람 한 명은 그저 하찮은 존재였다.

그런데 그런 세상에 갑자기 빛이 나타났다. 갈릴리 출신의 한 남자가 "카이사르의 것은 카이사르에게 돌리고 하느님의 것은 하느님께 돌려라"라고 말한 것이다.

갈릴리에서 울려퍼진 그 목소리는 사실상 황제에 대한 복종을 거부하는 것으로, 한 사람 한 사람 모두가 당당히 서서 자신이 믿는 신 외의 다른 누구에게도 허리 굽히지 않을 수 있는 새 왕국을 제시했다. (……) 그렇게 빛이 세상에 들어오자 어둠 속에서 살던 자들은 두려운 나머지 커튼을 치려고 했다. 사람들로 하여금 구원은 여전히 권력자들이 하사하는 것이라고 믿게 하기 위해서였다.

하지만 그 빛은 순식간에 여러 곳으로 퍼져나갔고, 진리는 인간을 자유롭게 했다. 물론 어둠 속에 사는 자들은 화가 났고, 그 빛을 끄려고 안달이었다.

그리고 그들은 성공했다(적어도 단기적으로는 그렇다). 예수는 처형당했다. 그러나 선과 악 사이에 벌어진 처절한 싸움 뒤에 숨겨진 놀라운 이야기를 우리는 아직 다 말하지 못했다. 예수가 죽은 지 2,000년이 지난 지금까지도. 그 이야기를 하는 것이 이 책의 목적이다. 독자 여러분께 감사드린다.

뉴욕 롱아일랜드에서

빌 오라일리

1부

KILLING JESUS

예수의 세계

1장

기원전 5년
3월 어느 날 오전
유대 땅 베들레헴

아기는 쫓기고 있었다.

　중무장한 병사들이 수도 예루살렘에서 이 작은 마을로 들이닥쳤다. 젖먹이 사내아이를 찾아내 죽이려는 것이었다. 다양한 종족의 병사들은 그리스, 갈리아^{지금의 프랑스 일대}, 시리아 출신 외국계 용병으로 구성돼 있었다. 그들은 몰랐지만, 아기의 이름은 예수였다. 앞으로 36년을 살게 될 아기가 잘못한 일이라고는 '이 아이가 유대인의 왕이 될 것'이라고 믿는 사람들이 있다는 것뿐이었다. 당시 군주는 반은 유대계이고 반은 아랍계인 독재자 헤롯이었다. 헤롯(헤로데)은 온갖 병치레로 죽음을 눈

앞에 두고 있음에도 그 아기를 죽이고야 말겠다는 일념에 불탔다. 그래서 베들레헴에 사는 두 살 미만의 남자아이는 모두 죽이라는 명령을 내린 것이다.* 아이 부모가 어떻게 생겼는지, 일가족이 정확히 어디 사는지 아는 병사는 하나도 없었다. 작은 마을 일대에 사는 젖먹이 남자아이를 다 죽여버리면 그만이었다. 그러면 왕이 될 가능성이 있는 싹은 모조리 손을 보는 셈이기 때문이다.

유대 땅은 바야흐로 봄, 양들이 한창 새끼를 낳는 철이었다. 병사들은 오르락내리락하는 진흙 길을 따라 빼곡한 올리브 숲도 지나고 양 떼를 돌보는 양치기들도 지나쳤다. 젊은 병사들은 샌들을 신고 넓적다리를 허옇게 드러낸 채 허리에는 짧은 스커트 모양의 프테루게스pteruges를 걸치고 있었다. 금속판을 이어붙인 흉갑과, 머리 윗부분은 물론 얼굴 양옆까지 감싸는 고대식 청동 투구 밑으로 땀이 줄줄 흘렀다.

병사들은 헤롯이 얼마나 잔인한지 잘 알고 있었다. 그는 왕위를 위협하는 사람은 지위 고하를 불문하고 죽여버렸다. 유아들을 학살하는 것

---

* 베들레헴이라는 도시는 두 곳이 있다. 둘 다 예수가 태어난 곳이라고 주장할 만한 근거가 있다. 다윗 왕이 태어난 도시 베들레헴은 예루살렘에서 남쪽으로 8킬로미터 떨어진 곳에 있다. 고고학 발굴 결과에 따르면 이 베들레헴은 예수가 태어나던 시기에는 아주 작은 마을이었거나 사람이 거의 살지 않는 곳이었다. 두번째 베들레헴은 갈릴리 지방에 있으며 나사렛에서 약 6킬로미터 떨어져 있다. 이곳을 예수 탄생지로 보는 학자들은 마리아가 호구 등록을 위해 만삭인 상태로 고향 나사렛에서 160킬로미터나 떨어진 예루살렘 인근 베들레헴까지 걸어가기는 대단히 어려웠을 것이라는 점을 근거로 든다. 반면에 전통적으로 예수 탄생지로 여겨져온 예루살렘 인근 베들레헴을 지지하는 학자들은 예수가 다윗이 난 고을에서 태어날 것이라고 한 『구약성경』의 예언을 근거로 든다. 다윗이 태어난 곳은 예루살렘 인근의 베들레헴이다. 마리아와 요셉 부부가 예수를 생후 8일 만에, 그리고 40일째 되는 날에 다시 예루살렘 성전(聖殿)으로 데려갔다는 사실은 전통적인 베들레헴이 탄생지라는 설에 무게를 실어준다.

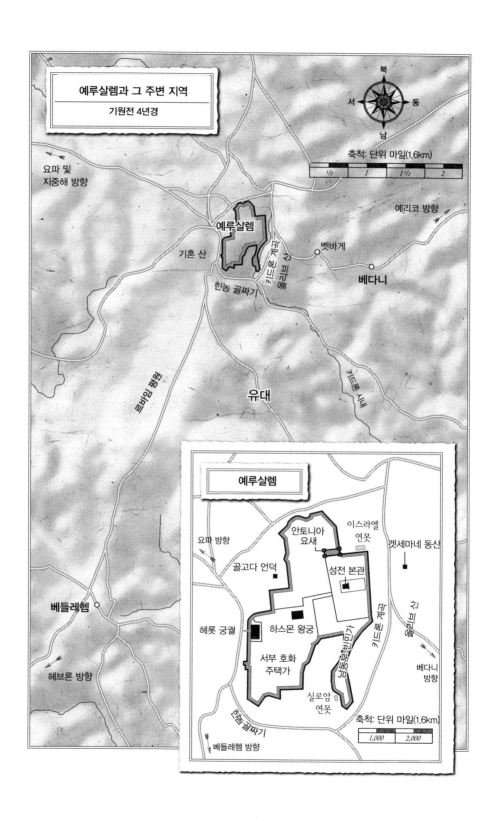

예루살렘과 그 주변 지역

기원전 4년경

북

서 동

남

축척: 단위 마일(1.6km)

1/2   1   1 1/2   2

요파 및
지중해 방향

예리코 방향

예루살렘

벳바게

기혼 산

베다니

힌놈 골짜기

키드론 계곡

키드론 시내

벳엘 방향

유대

예루살렘

베들레헴

헤브론 방향

요파 방향

안토니아
요새

이스라엘
연못

겟세마네 동산

골고다 언덕

성전 본관

헤롯 궁궐

하스몬 왕궁

키드론 계곡

키드론

서부 호화
주택가

베다니
방향

티로페온 골짜기

실로암
연못

힌놈 골짜기

축척: 단위 마일(1.6km)

1,000   2,000

베들레헴 방향

헤롯 대왕의 유아 학살을 묘사한 그림.

이 옳으냐 그르냐에 관한 윤리적 논란 같은 것은 전혀 없었다.* 병사들 역시 앙앙 우는 아기를 엄마 품에서 떼어내 처형하는 것이 차마 못할 짓이라는 생각 같은 것은 없었다. 때가 되면 명령에 따르고 제 할 일을 할 뿐이었다. 아니면 명령 불복종으로 즉각 죽임을 당할 것이기 때문이었다.

병사들은 아기들을 죽이는 데 칼을 썼다. 당시 모든 병사는 로마군이

---

* 고대에는 집단 학살이 다반사였다. 예를 들어 고대 아시리아 왕국 때 쓴 시에는 "그는 임신한 여인들의 자궁을 가르고, 유아들의 눈을 멀게 한다"는 표현이 나온다. 침략자에게 복수를 하거나 침략을 막기 위한 집단 학살은 윤리적으로 정당한 일로 간주되기도 했다.

선호하는 단검 푸기오pugio와 좀더 긴 글라디우스gladius를 유대 스타일로 약간 변형한 칼로 무장하고 있었다. 둘 다 칼날이 면도칼처럼 예리했다. 칼은 허리에 차고 다녔다. 그러나 단검이나 장검 외에도 사람을 죽이는 방법은 다양했다. 형편에 따라 두개골을 돌로 쳐서 부수기도 하고, 아기들을 절벽 아래로 집어던지기도 하고, 손으로 목을 졸라 죽이기도 했다.

어떻게 죽느냐는 중요하지 않았다. 중요한 것은 딱 하나. 유대인의 왕이든 아니든, 젖먹이는 죽어야만 한다는 것이었다.

†††

한편 예루살렘에서는 헤롯 왕이 궁전 창문으로 베들레헴 쪽을 내다보고 있었다. 아기를 확실히 죽였다는 소식이 오기만을 애타게 기다리는 중이었다. 저 아래 자갈이 깔린 도로가 로마제국이 꼭두각시로 앉힌 대왕의 눈에 들어왔다. 사람들이 와글거리는 시장이 보인다. 행상들이 파는 물건에는 없는 게 없다. 식수에서 대추야자, 관광객들이 좋아할 싸구려 장신구에서 양고기 구이까지. 2.6제곱킬로미터도 채 안 되는 땅덩어리에 8만 명이 바글거리는 이 성곽도시는 지중해 동부의 교차로다. 헤롯은 이리저리 고개를 돌렸다. 갈릴리에서 올라온 농민도 보이고, 화려한 복장을 한 시리아 여자들, 그리고 돈을 받고 전투를 하는 이방인 병사들도 눈에 띈다. 이런 용병들은 싸움은 아주 잘하지만 히브리어는 한마디도 하지 못한다.

헤롯 대왕은 한숨을 지었다. 젊었을 때 같으면 이렇게 창가에 우두커니 서서 앞으로 닥칠 일을 걱정만 하고 있지는 않았을 것이다. 헤롯 같은 위대한 임금이자 전사戰士라면 사랑하는 백마에 안장을 얹고 바로 베

헤롯 대왕이 성전 증축 공사를 점검하고 있다.

들레헴으로 달려가 그 꼬마를 직접 죽였을 것이다. 그러나 헤롯은 지금
예순아홉 살의 늙은이다. 배는 남산만하고 온갖 고질병에 시달리고 있

어서 왕궁을 벗어날 수가 없었다. 하물며 말을 타는 것은 언감생심. 비대한 얼굴에는 턱 밑에서 목젖 바로 아래까지 수염이 무성했다. 이날 그는 소매가 짧은 하얀 실크 튜닉에, 왕을 상징하는 로마 스타일의 자주색 망토를 걸치고 있었다. 헤롯은 평소 자주색 물을 들인 부드러운 가죽으로 된 각반을 즐겨 둘렀다. 그러나 오늘은 통풍이 도져서 엄지발가락이 불에 타는 듯이 아팠다. 옷자락이 스치기만 해도 비명을 지를 정도였다. 유대 땅 최고 권력자 헤롯이 지금 왕궁을 맨발로 절름거리며 돌아다니는 것은 바로 그 때문이었다.

그러나 헤롯이 앓고 있는 질병 중에서 통풍은 약과였다. 유대인의 왕 헤롯은 정치적인 이유로 유대교에 귀의하기는 했지만 종교적 실천과는 거리가 멀었다. 그는 폐 질환과 신장 질환을 앓았고, 기생충에 시달렸으며, 심장이 안 좋았고, 성병도 있었다. 특히 성기에 괴사가 일어나 새까맣게 변색되면서 구더기가 들끓었다. 그래서 말을 타고 달리는 것은 고사하고 말 위에 올라타지도 못했다.

헤롯은 병마와 더불어 사는 법을 체득했다. 그러나 베들레헴에 미래의 왕이 태어났다는 경고를 듣고는 그야말로 겁에 질렸다. 30여 년 전 로마가 자신을 유대의 지배자로 앉힌 이래 헤롯은 수많은 왕위 찬탈 음모를 분쇄하고, 여러 차례 전쟁을 치르면서 왕위를 지켰다. 왕위를 도둑질하려는 자는 지위 고하를 막론하고 죽여버렸다. 심지어 음모를 꾸민다는 의심만으로도 많은 사람을 처형했다. 주민들에 대한 그의 장악력은 절대적이었다. 유대 땅에서 헤롯의 처벌을 피할 수 있는 사람은 아무도 없었다. 처형하는 방법도 다양했다. 목매달아 죽이고, 돌로 쳐 죽이고, 목 졸라 죽이고, 불태워 죽이고, 칼로 찔러 죽이고, 야수나 뱀한테 먹잇감으로 던져주어 죽이고, 때려서 죽였다. 만인이 보는 앞에서 높은 건물에서 스스로 몸을 던지지 않을 수 없도록 몰아가는 방식으로 죽이기도 했다. 그가 사용하지 않은 처형 방식은 십자가형 하나뿐이었다. 십자가형은 치욕 속에서 서서히 죽게 하는 극악한 형벌이었다. 죄수를 채찍질한 다음 성벽이 잘 보이는 지점에 미리 꽂아둔 나무 십자가에 벌기벗긴 상태로 손발에 못을 박아 매다는 것이다. 로마인들은 이 잔인한 처형술의 대가였다. 십자가형을 실시하는 종족은 로마인이 거의 유일했다. 헤롯은 그들이 선호하는 처형 방식을 사용함으로써 로마에 있는 상전들을 화나게 할 생각은 꿈에도 없었다.

헤롯은 부인이 열 명이었다. 성격이 불같은 아내 마리암이 모반을 꾸몄다고 의심해 그를 죽이기 전까지는 적어도 그랬다. 그는 부인뿐 아니라 어머니와 두 아들 알렉산더와 아리스토불루스도 죽였다. 그런 다음 1년도 채 지나지 않아서 세번째 아들을 또 죽인다. 그러니 위대한 로마 황제 아우구스투스가 공공연히 "헤롯의 아들이 되느니 그의 돼지가 되는 게 낫지"라고 말했다는 소문이 놀라운 일은 아니다.

그러나 이번에 닥친 위험은 아무리 젖먹이라고 해도 지금까지 겪은 사태 중에서 가장 심각한 것이었다. 수세기 동안 유대 예언자들은 새 왕이 나타나 유대 민족을 다스릴 것이라고 예언해왔다.* 그들은 다섯 가지

---

* 유대인들이 원래 살던 땅은 처음에 '이스라엘(Israel)'이라고 불렸다. 이스라엘은 하느님이 추종자들에게 준 '약속의 땅'이었다. 이스라엘 왕국은 이후 남북으로 쪼개졌는데, 북쪽은 기원전 722년 블레셋인들에게 멸망당했다. 남쪽은 후일 바빌로니아인들에게 정복된다. 이후 기원전 63년 로마군이 '유대'로 일컬어지던 예루살렘 일대를 정복했다. 갈릴리를 포함하는 유대 땅 전체는 행정구역상으로는 로마제국의 속주(屬州)인 시리아에 속했다. '이스라엘'이니 '팔레스타인'이니 하는 용어는 예수 시대에는 아직 사용되지 않았다. 이스라엘이라는 표현이 다시 등장하는 것은 1948년 5월 14일 유대 민족의 독립국가(현 이스라엘)가 창설되면서였다. 유대인들이 노예살이를 하던 이집트에서 처음 '약속의 땅'으로 건너간 후 근 4,000년 만의 일이었다.

사건이 새로운 메시아의 탄생을 확인해줄 것이라고 말했다.

첫째는 큰 별이 나타난다는 것이다.

둘째는 아기가 1000년 전 위대한 다윗 왕이 태어난 작은 마을 베들레헴에서 태어난다는 것이다.

셋째는 아기도 다윗의 직계 후손이라는 것이다. 이는 꼼꼼히 기록된 성전의 족보를 보면 쉽게 확인할 수 있는 사실이었다.

넷째는 권세 있는 자들이 멀리서 와서 그에게 경배한다는 것이다.

끝으로 다섯 번째는 아기 어머니가 처녀(동정녀)라는 것이다.*

헤롯이 그토록 노심초사한 이유는 맨 앞의 두 예언이 이미 사실로 확인됐기 때문이다.

다섯 가지 사건이 이미 다 일어났다는 사실을 알면 스트레스는 훨씬 커졌을 것이다. 아기는 다윗의 직계 후손이고, 권세 있는 자들이 아기에게 경배하러 멀리서 왔고, 십대 나이의 어머니 마리아는 임신중에도 여전히 처녀라고 맹세했다.

헤롯은 아기 이름이 예슈아 벤 요셉Yeshua ben Joseph '요셉의 아들 예슈아'이라는 것도 아직 모르고 있었다. 아람어 예슈아를 그리스어식으로 표기한 것이 예수Jesus로 '하느님이 구원하신다'는 뜻이다.

헤롯이 예수에 관해 처음 알게 된 것은 아기에게 경배하러 온 여행자들을 통해서였다. 이들은 동쪽에서 온 현자賢者들이라고 하여 동방박사東方博士, Magi로 일컬어졌는데, 예수를 경배하러 가는 길에 헤롯의 성에 들러 왕에게 경의를 표했다. 이들은 천문학자이자 예언자이며 온 세상

---

* 다섯 가지 예언이 나오는 『구약성경』 구절을 차례대로 적으면 다음과 같다. 「민수기」 24장 17절, 「미가서」 5장 1~5절, 「예레미야서」 23장 5절과 「이사야서」 9장 6절, 「시편」 72장 10~11절, 「이사야서」 7장 13~14절.

의 위대한 종교 경전을 연구하는 학자였다. 연구하는 경전들 중에는 『타나크Tanakh』도 있었다.* 『타나크』는 유대 민족의 역사, 예언, 시가, 노래 등을 모아놓은 책이다. 이 부유한 외국인들은 매일 아침 해 뜨기 전 하늘에서 밝게 빛나는 특이한 별을 따라 예루살렘까지 왔다. 이들이 걸어서 온 길은 1,600킬로미터나 되는 바위투성이 사막이었다.

"유대인의 왕으로 태어나신 분이 어디 있습니까?"

동방박사는 헤롯의 궁정에 도착하자마자 이렇게 물었다.

"우리는 동쪽에서 그분의 별을 보고 그분을 경배하러 왔습니다."**

놀랍게도 동방박사는 황금과, 향기가 좋은 수지(나뭇진)인 유향乳香과 몰약沒藥을 가득 담은 보물 상자들을 가져왔다. 이들은 학식 많은 종교인으로 평생을 분석과 추론에 바쳐온 학자였다. 헤롯으로서는 동방박사가 그 막대한 보물을 털릴 위험을 무릅쓰고 무법천지인 광대한 파르티아 사막을 건너온 것은 정신이 나갔거나 그 아기가 새 왕이라고 진정으

---

* 유대교 전통에서 가장 중요한 텍스트는 『타나크』 『토라』 『탈무드』 세 가지다. 『타나크』는 유대교 문헌 중에서 경전에 해당하는 것만을 모은 것으로 예수가 태어나기 500년 전 지금과 같은 형태로 편찬된 것으로 보인다. 『타나크』는 유대인의 성경이라고도 한다. 기독교인들은 『타나크』를 『구약(성경)』이라고 한다. 『토라Torah』는 『타나크』의 첫 다섯 권, 즉 「창세기」 「출애굽기」 「레위기」 「민수기」 「신명기」를 일컫는다. 『탈무드Talmud』는 구전으로 전해오다가 기원후 70년 예루살렘 성전 파괴 이후, 『타나크』가 편찬되고 약 600년이 지난 시점에 문자로 정착됐다. 『탈무드』에는 유대교 율법학자인 랍비들의 가르침과 『타나크』에 대한 주석, 철학적인 저술 등이 망라돼 있다.
** 1991년 『영국 천문학협회 기관지The Quarterly Journal of the Royal Astronomical Society』(32호, 389~407쪽)에 '기원전 5년 3월 중국 천문학자들이 하늘에서 꼬리가 길고 천천히 이동하는 혜성을 발견했다'는 내용이 실렸다. 이 혜성은 70여 일 동안 산양자리에 있었다. 이 혜성은 동방박사의 고향인 페르시아(이란) 상공에서도 해 뜨기 전 몇 시간 동안 관찰할 수 있었을 것이다. 지구의 궤도 운동 때문에 동방박사가 예루살렘으로 가는 동안 혜성은 그들 바로 앞에서 환히 빛났을 것이다. 따라서 동방박사가 별을 따라왔다는 얘기는 사실일 가능성이 높다.

로 믿고 있기 때문이라는 결론을 내릴 수밖에 없었다.

새 왕이 나타난다는 소식에 화가 치민 헤롯 대왕은 종교 관련 보좌관들을 소집했다. 종교에 관심이 없는 헤롯은 예수 관련 예언에 대해 아는 게 거의 없었다. 그는 대제사장과 율법학자들에게 새 왕을 정확히 어디서 찾을 수 있겠냐고 다그쳤다.

바로 답변이 나왔다.

"유대의 베들레헴입니다."

헤롯이 질문을 던진 율법학자들은 평민이었다. 그들은 하얀 리넨 모자에 헐겁고 긴 옷을 입고 있었다. 그러나 수염이 무성한 성전 담당 사제들은 전혀 달랐다. 우선 차림이 거창했다. 흰색과 파란색이 들어간 리넨 모자는 이마 부분에 금테를 둘렀고, 긴 겉옷에는 밝은색 술과 방울들을 장식용으로 달았다. 긴 겉옷 위에는 망토를 걸쳤고, 금과 보석으로 장식한 지갑을 들고 있었다. 평소에도 화려한 의상으로, 평범한 예루살렘 주민들과 확연히 구분됐다. 그러나 아무리 주색에 빠져 골골하는 헤롯 대왕이지만 접견실에 모인 사람들 중에서는 단연 위엄이 돋보였다. 헤롯은 율법학자와 사제 들에게 계속 다그쳤다.

"그놈의 유대인의 왕이라는 아이는 어디 있는가?"

"유대 땅 베들레헴에 있습니다."

율법학자 등은 700년 전 예언자 미가가 한 말을 그대로 인용했다.

"너 베들레헴에서 내 백성 이스라엘의 목자牧者가 될 영도자가 나리라."

헤롯은 동방박사를 떠나보내면서 "가서 그 아기를 잘 찾아보고 예루살렘으로 돌아와 아기가 있는 정확한 위치를 알려달라"고 명했다. 자신도 새 왕이 될 아기한테 경배를 드리려고 하는데 그러려면 위치를 알아야 한다는 얘기였다.

동방박사는 헤롯의 속셈을 꿰뚫어보고 예루살렘으로 돌아가지 않았다.

그렇게 시간이 흘렀고, 헤롯은 이제 뭔가 조치를 취해야 한다는 것을 절감했다. 요새를 겸한 궁전 창문으로 바깥을 내다보면 예루살렘이 한눈에 들어왔다. 왼쪽에는 거대한 성전이 우뚝 서 있다. 유대 땅 전체를 통틀어 가장 중요하고 신성한 건물이다. 성전은 성전산聖殿山 육중한 반석 위에 높이 자리를 잡았기 때문에 단순한 경배지라기보다는 성채 같아 보였다. 성전은 유대 민족의 정신과 유구한 신앙의 물질적 구현이었다. 성전은 기원전 10세기 솔로몬 왕에 의해 처음 건립되었다. 솔로몬 성전은 기원전 586년 바빌로니아인들에 의해 완전히 파괴됐다. 70년 뒤 스룹바벨(즈루빠벨) 등의 주도로 성전이 재건됐다('제2성전'이라고 한다). 당시는 페르시아 왕국의 지배를 받던 때였다. 헤롯은 폐허로 변한 이 제2성전 구역 전체를 재건하고 성전 건물도 어마어마하게 키웠다. 솔로몬 성전보다 규모가 훨씬 컸다. 성전을 포함한 성전 구역은 이제 유대교만이 아니라 사악한 헤롯 왕의 상징이기도 했다.

참으로 아이러니한 것은 헤롯이 베들레헴 쪽을 바라보며 노심초사하고 있을 때 예수와 그 부모는 이미 예루살렘을 두 번이나 방문해 성전을 찾았다는 사실이다. 당시 성전의 모습은 유대 민족의 조상인 아브라함이 아들을 하느님에게 제물로 바칠 뻔한 장소 위에 돌로 지은 거대한 요새 같았다. 예수 일가족이 성전을 처음 방문한 것은 예수가 태어난 지 여드레째 되는 날이었다.* 아기에게 할례를 해주기 위해서였다. 여기서

_____

* 3월은 양치기들이 산허리에서 양 떼를 돌보는 시기라고 기록된 복음서 내용과 일치한다. 3월은 양들이 새끼를 낳는 시기다. 지금 우리가 예수 탄생일로 기념하고 있는 12월 25일은 4세기에 로마제국이 기독교화하면서 로마인들이 날을 정해 '크리스마스(Christmas)'

아기는 예언에 따라 예수라는 공식 이름을 얻었다. 두번째 방문은 생후 40일 되는 날에 있었다. 아기 예수를 성전에 데려가 신에게 정식으로 봉헌했다. 유대교 율법에 따른 행사였다. 목수인 아버지 요셉은 율법에 정해진 대로 어린 멧비둘기 한 쌍을 사서 희생 제물로 바쳤다.

그날 예수와 그 부모가 성전에 들어갔을 때 아주 이상하고도 신비한 일이 일어났다. 예수가 진실로 매우 특별한 아이임을 암시하는 사건이었다. 전혀 모르는 두 사람이 예배자들로 북적이는 저쪽에서 예수를 보고 다가왔다. 남녀 두 노인은 예수라는 이름의 아기나 이 아기를 통해 예언이 성취됐다는 것에 대해서는 아는 바가 없었다.

마리아와 요셉, 예수는 줄곧 신분을 감추고 다녔다. 남들의 이목을 끌지 않기 위해서였다. 노인의 이름은 시므온(시메온)이었다. 시므온은 새로운 유대인의 왕을 보기 전까지는 죽지 않을 것이라는 믿음이 있었다. 시므온은 젖먹이를 안아봐도 되겠냐고 물었다. 마리아와 요셉은 그러라고 했다. 시므온은 아기 예수를 품에 안고서 새 왕을 두 눈으로 볼 수 있는 기회를 준 것에 대해 하느님에게 감사 기도를 올렸다. 시므온은 예수를 마리아에게 돌려주며 이렇게 말했다. "이 아기는 수많은 이스라엘 백성을 넘어뜨리기도 하고 일으키기도 할 분입니다. 이 아기는 많은 사람의 반대를 받는 표적이 되어 그들의 속마음이 드러나게 할 것입니다. 그리고 당신의 영혼도 예리한 칼에 찔린 듯 아플 것입니다."

라고 이름 붙인 것이다. 크리스마스는 '그리스도의 미사(Christ's Mass)', 즉 예수 탄생을 기리는 예배라는 뜻이다. 12월 25일은 원래 로마 다신교에서 농업의 신 사투르누스를 기리는 사투르날리아(Saturnalia) 축제의 마지막 날이었다. 로마인들은 사투르날리아에서 향락적인 요소를 제거하고 새로운 구세주 탄생을 기념하는 축일로 탈바꿈시켰다.

바로 그 순간 안나(한나)*라는 이름의 노인도 예수 일행 쪽으로 다가왔다. 안나는 84세의 과부로, 깨어 있는 시간은 성전에서 금식과 기도로 지내는 여자 예언자였다. 시므온의 말이 마리아와 요셉의 귓가에 아직도 남아 있는 상태에서 안나가 다가오더니 똑같이 예수를 찬양했다. 그녀는 큰 소리로 이 특별한 아이를 세상에 보내준 하느님에게 감사드렸다. 이어 마리아와 요셉 부부에게 아들이 예루살렘을 로마의 지배에서 해방시킬 것이라는, 참으로 기이한 예언을 했다.

마리아와 요셉은 시므온과 안나의 말을 듣고 깜짝 놀랐다. 자식에 대해 큰 관심을 보여주었으니 부모로서 기분이 좋은 것은 사실이지만 칼이니 구원이니 하는 얘기가 도대체 무슨 의미인지 알 수 없었다. 마리아와 요셉은 볼일을 다 마치고 성전을 나와 다시 복작거리는 예루살렘 시내로 갔다. 둘 다 기쁨에 넘쳤지만 아들이 앞으로 어떻게 살아갈 운명인지 걱정스럽기도 했다.

✝✝✝

예수가 그렇게 가까이 있었다는 것—왕궁 접견실에서 550미터 거리다—을 헤롯이 알았다면 그나마 덜 노심초사했을 것이다. 그러나 예수와 그 부모는 사람들 무리에 섞여서 시끄러운 시장과 구불구불한 거리

---

* 안나는 「누가복음」에 '여자 예언자'라고 언급돼 있다. 『신약성경』에서 이렇게 존귀한 칭호를 받은 여성은 안나가 유일하다. 이런 호칭은 안나가 보통 사람들은 보지 못하는 것을 본다는 것을 의미한다. 또 시므온보다 높은 차원의 소명을 받았음을 뜻한다. 시므온에 대해 「누가복음」 필자는 '의롭고 경건한' 사람이라고 칭찬하는 정도다. 누가는 또 안나가 아셀 지파(支派) 사람이라는 것을 명시적으로 언급했다. 『신약성경』에서 여성의 가계를 언급한 드문 경우다.

를 지나 성전으로 가고 있었기 때문에 전혀 눈에 띄지 않았다.

성전은 헤롯의 위대함을 보여주는 기념물로 영원히 서 있을 것이다. 아니, 적어도 헤롯은 그렇게 믿었다. 아이러니한 것은 헤롯이 성전 구내에서 환영받지 못했다는 사실이다. 경건함이나 신앙심은 고사하고 유대인들을 무자비하게 탄압했기 때문이다.

성전 너머 키드론 계곡(기드론 골짜기) 끝자락에 올리브 산(감람산)이 가파르게 솟아 있다. 곳곳이 석회암투성이인 산허리 초원에서 양치기들이 양 떼를 돌보고 있다. 곧 유월절逾越節 이스라엘 민족이 이집트에서 탈출한 일을 기념하는 유대교의 축제일. 과월절 또는 '파스카'라고도 한다이다. 유월절에는 헤롯의 왕국 주변에 거주하는 히브리인 수만 명이 예루살렘으로 순례를 온다. 이들은 거금을 아끼지 않고 성전에서 희생 제물로 쓸 양을 구입한다.

베들레헴의 유아들을 살해하는 것도 어떤 면에서 이와 다르지 않다. 유아들을 희생 제물로 삼는 것은 헤롯의 지배를 튼튼히 유지하기 위해서였다. 로마제국의 이름으로 살해당했다고도 할 수 있다. 헤롯은 로마가 없으면 아무것도 아니다. 헤롯은 꼭두각시이며 그의 왕국은 저 잔인하고 막강한 로마제국에 전적으로 의존하고 있다. 로마의 억압적 통치 방식을 널리 전파하는 것이 그의 의무이자 권한이다. 헤롯의 왕국은 로마의 철권통치하에 있는 다른 왕국들과는 달랐다. 유대인들은 로마의 다신교와는 양립할 수 없는 신앙 체계를 토대로 고대 문명을 가꾸었다. 로마는 유대인들이 섬기는 유일신 대신 여러 신을 숭배했다.

이처럼 불안한 관계인 로마와 유대 민족 사이에서 중재자 역할을 하는 것이 헤롯이었다. 로마인들이 예수 관련 문제를 파악했다면 헤롯에게 유대인의 새 임금이라는 자로 말미암아 야기되는 모든 문제는 알아서 처리하라고 했을 것이다. 로마인은 자신이 선택하지 않은 통치자는 용납하지 않는다. 그리고 새 '왕'의 추종자들이 혁명이라도 일으킨다면 로마는 즉각 개입해 저항 세력을 잔인하게 몰살해버릴 게 뻔하다. 그보다는 헤롯이 직접 처리하는 게 낫다.

헤롯의 왕궁에서는 베들레헴이 보이지 않는다. 그러나 저 아드막한 푸른 언덕 끄트머리쯤으로 약 10킬로미터 거리다. 당장은 거리에 유혈이 낭자한 모습도 보이지 않고, 공포에 질린 아기와 부모 들이 울부짖는 소리도 들리지 않는다. 베들레헴 쪽을 바라보는 헤롯의 마음도 양심에 한 점 거리낌이 없다. 젖먹이들을 죽였다고 아무리 욕을 해도 오늘밤 잠을 잘 잘 것이다. 자신의 통치를 위해서도, 유대 전체를 위해서도, 로마에도 좋은 일이기 때문이다. 아우구스투스 황제가 유아 학살 소식을 들었다면 틀림없이 '헤롯이 할 일을 했다'고 이해해줄 것이다.

✝✝✝

예수 일가는 베들레헴을 살아서 나가지 못할 뻔했다. 요셉은 밤에 무서운 꿈에서 깨어났다. 앞으로 닥칠 일을 꿈에서 본 것이다. 요셉은 한밤중에 마리아와 예수를 깨워 부랴부랴 피신했다. 헤롯의 병사들이 도착했을 때는 이미 늦었다. 병사들은 아기들을 모두 죽였지만 소용없는 일이었다. 이리하여 쓴소리꾼 예언자 예레미야가 500년 전에 한 예언이 이루어졌다.*

---

* 예수가 정확히 몇 년을 살았는지에 대해서는 논란이 분분하다. 그러나 기원전 6년 또는 5년 봄에 태어났다는 결론은 확실한 역사적 증거를 토대로 한 것이다. 헤롯 대왕은 기원전 4년에 사망했다. 예수가 죽은 날짜는 니산(Nisan) 월(태양력의 3~4월에 해당한다) 14일이다. 매년 유월절이 시작되는 날은 음력을 기준으로 한다. 따라서 예수의 죽음은 기원

성서에는 이 밖에도 예수의 삶에 관한 예언이 여럿 있다. 그 예언들은 예수가 자라나면서 서서히, 그러나 확실하게 실현된다. 예수의 행동을 보면 혁명가라고 칭할 수 있다. 그는 놀라운 설교와 색다른 가르침으로 온 유대 땅에 명성이 높아진다. 그렇게 유대인들의 존경을 받지만 기득권자들, 즉 고위급 사제, 율법학자, 장로, 꼭두각시 지배자들, 그리고 특히 로마제국에게는 위협이 된다.

로마제국은 위협을 용납하지 않는다. 로마인들은 마케도니아, 그리스, 페르시아제국 같은 선례를 통해 고문과 박해 기술을 배우고 익혔다. 혁명가와 말썽쟁이 들은 가혹하고도 무시무시한 방법으로 다루었다. 그런 자들을 보고 따라하고 싶은 유혹을 느끼지 못하게 하기 위해서였다.

예수도 그렇게 된다. 이 역시 예언의 성취다.

그 모든 예언이 이루어진다. 지금은 예수가 아직 젖먹이로 마리아와 요셉의 보살핌과 사랑을 받고 있을 때다. 예수는 마구간에서 태어났고, 진귀한 예물을 가져온 동방박사들의 예방을 받았다. 그런데 당장은 헤롯과 로마제국의 마수를 피해 달아나는 중이다.**

후 27~30년의 어느 금요일에 일어났다고 특정할 수 있다. 역사 기록을 보면 예수는 로마 총독 빌라도와 대제사장 가야바(카야파)가 함께 유대 지역을 관할하던 시기(기원후 26~37년)에 처형됐다. 따라서 예수의 사망 당시 나이를 고려하면 사망 시점은 기원후 30년으로 잡는 것이 합리적이다. 그러나 여전히 엄청난 논란이 계속되고 있는 문제다.

** 우리가 예수에 관해 알고 있는 가장 중요한 사실과 발언, 이야기 들은 마태(마태오), 마가(마르코), 누가(루가), 요한의 4복음서에 나오는 것들이다. 오늘날에도 복음서 필자들의 서술 내용에 의문을 제기하는 사람은 많다. 그러나 학문적 연구와 고고학적 발굴을 통해 복음서의 역사성과 진실성은 점점 폭넓게 인정되고 있다. 많은 학자들은 「마태복음」은 세리(稅吏) 출신으로 열두 제자의 한 사람인 마태가 기원후 50년에서 70년 사이 어느 시기에 그리스어로 쓴 것으로 보고 있다. 「마가복음」은 본명이 '요한'인 마가가 쓴 것이다. 마가는 베드로의 가까운 친구로 베드로의 설교를 통해 예수를 알게 되었을 가능성이 높다. 「마태복음」과 「마가복음」은 믿기지 않을 만큼 내용이 흡사하다. 따라서 많은 사람

들은 마태가 「마가복음」을, 또는 마가가 「마태복음」을 참조했을 것이라고 보고 있다. 누가는, 유대교 바리새(바리사이)파(派) 출신으로 기독교로 개종한 뒤 열두 사도보다 훨씬 열정적으로 전도를 하던 바울의 친구였다. 「누가복음」은 유대인이 아닌 이방인 청중을 위해 쓴 것으로 구원이 핵심 주제다. 「요한복음」은 사도 요한이 쓴 책으로 핵심은 복음 전파이다. 요한의 복음서는 그리스어로 돼 있으며 4복음서 중에서 맨 마지막에 집필된 것으로 여겨져왔다. 마태, 마가, 누가의 복음은 많은 점에서 관점과 내용이 일치하기 때문에 '공관(共觀)복음서(Synoptic Gospels)'라고 한다. 공관복음서 3편에 「요한복음」을 더한 4복음서를 '정경(正經) 복음서(Canonical Gospels)'라고 한다. 정통 기독교 신앙의 본질을 구성하는 경전이기 때문이다. 요한은 다른 복음서 필자들과 무관하게, 즉 자기 나름으로 확보한 예수의 행적에 관한 증언들을 활용해 복음서를 집필했다. 실제로 요한이 4복음서 중에서 맨 나중에 요한복음을 썼다면 예수의 생애에 관한 기록에서 최종적인 권위는 요한이 가졌을 것이다. 다른 복음서 필자들이 쓴 내용의 진위를 확인하는 것은 물론, 일련의 사건의 연대기와 추후 경과까지 추가할 수 있는 위치에 있기 때문이다. 요한은 예수가 목회할 때 중요한 순간마다 현장에 있었기 때문에 많은 장면을 1인칭 시점으로 생생하게 묘사할 수 있었을 뿐 아니라 제자들 중에서도 예수가 속마음을 털어놓을 수 있는 가장 가까운 인물—「요한복음」 20장 2절은 요한을 "예수님이 사랑하시던 제자"라고 자랑스럽게 표현한다. 이런 표현 역시 스승의 눈에는 제자들이 총애를 다투는 모습으로 비쳤을 것이다—이었다. 이런 점 때문에 「요한복음」의 서술은 더 힘을 발휘한다.

2장

기원전 44년
3월 15일 오전 11시
로마

율리우스 카이사르는 노예들이 멘 가마를 타고 행차중이었다. 종신
독재관獨裁官 카이사르는 이제 살날이 한 시간밖에 남지 않았다는 사실
도 모른 채 평상시처럼 말쑥한 차림으로 등받이에 느긋하게 기대어 있
었다. 헐렁한 허리띠에 자주색 양털 토가toga를 걸치고 속에는 하얀 실크
튜닉을 받쳐 입었다. 머리에 쓴 화관은 참나무 잎사귀를 엮어 만든 것으
로 그의 영웅적인 업적을 증언하는 동시에 본인 스스로 창피해마지 않
던 대머리를 가려주는 역할을 했다. 최근에 카이사르는 목이 긴 붉은색
장화를 즐겨 신었는데 이날만은 샌들을 신고 있었다.

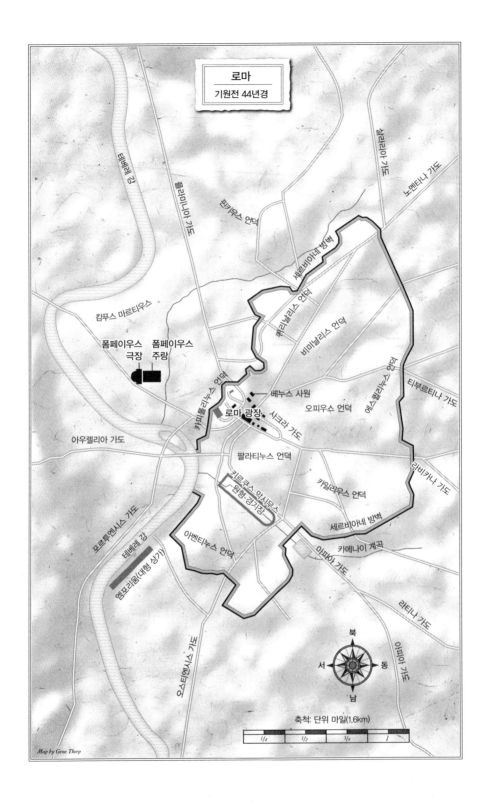

로마

기원전 44년경

티베리스 강

플라미니아 가도

살라리아 가도

노멘타나 가도

핀키우스 언덕

캄푸스 마르티우스

세르비아네 방벽

퀴리날리스 언덕

비미날리스 언덕

폼페이우스 극장

폼페이우스 주랑

에스퀼리누스 언덕

티부르티나 가도

카피톨리누스 언덕

베누스 사원

오피우스 언덕

로마 광장

시크라 가도

라비카나 가도

아우렐리아 가도

팔라티누스 언덕

카일리우스 언덕

키르쿠스 막시무스
(원형 경기장)

세르비아네 방벽

포르투엔시스 가도

아벤티누스 언덕

아피아 가도

카메나이 계곡

테베레 강

라티나 가도

엠포리움(대형 상가)

오스티엔시스 가도

아피아 가도

북

서   동

남

축척: 단위 마일(1.6km)

1/4   1/2   3/4   1

Map by Gene Thorp

그는 곧 열릴 로마 원로원 회의에 대해서는 별로 개의치 않았다. 어차피 예정 시간보다 늦을 터였다. 그가 지금 골똘히 생각하는 것은 죽음에 관한, 그것도 본인의 죽음에 관한 소문이었다. 물론 카이사르는 그가 곧 죽을 거라고 수군대는 얘기가 이번에는 사실이 될 줄 까맣게 모르고 있었다.

당시 율리우스 카이사르는 한 해의 날수까지 바꿔버릴 정도로 막강한 세계 최고의 권력자였다. 사망 직후 로마는 추모하는 뜻으로 카이사르가 태어난 7월의 명칭(퀸틸리스)을 율리우스Iulius 영어의 July는 여기서 유래했다로 바꾸고, 그가 만든 달력도 율리우스력曆이라고 칭했다. 둘 다 그의 이름을 딴 명칭이었다. 오늘(기원전 44년 3월 15일)은 일주일을 7일로 잡는 유대인의 달력에 따르면 수요일이었다. 그러나 로마는 일주일을 8일로 잡았고, 요일마다 월, 화, 수식의 명칭 대신 알파벳 문자 A~H를 부여했다. 카이사르가 원로원으로 가고 있는 이날은 G요일이었다. 로마인들은 일출마다 숫자를 부여하는 습관이 있었는데, 카이사르가 새로 제정한 달력에 따르면 이날은 기원전 44년 마르티우스월 이두스일Idus Martii, 즉 3월 15일이었다.

영어권에서는 'Ides of March'라고 한다. 위대한 로마의 웅변가이자 법률가인 키케로는 이날 카이사르 암살 직후 "이두스로 모든 것이 바뀌었다"고 썼다.

만 55세의 '디부스 율리우스Divus Julius'―'신神 율리우스'라는 뜻으로 원로원이 사망 2년 후 카이사르에게 바친 존호다―는 로마 시내를 행차하고 있었다.

날은 덥지만 뜨겁지는 않았다. 카이사르의 가마가 지나가면 사람들은 경외심에 뒤로 물러서곤 했다. 카이사르는 키는 보통이었지만 결단

율리우스 카이사르 초상.

력이 비상하고, 정복 전쟁에서 여러 차례 승리를 거두었다. 후일 스페인, 영국, 프랑스, 이집트, 이탈리아로 일컬어지는 지역의 원주민들을 로마 쪽으로 끌어들이는 데에도 큰 수완을 발휘했다. 카이사르는 극도로 양면적인 인물이었다. 소식小食에 술은 거의 안 마셨지만 돈은 물 쓰듯 했다. 한번은 별장을 새로 지었는데, 어쩐지 완벽해 보이지 않는다는 이유로 완공 직후 바로 헐어버렸다. 당시 많은 로마 남성들은 성욕을 자제하는 분위기였다. 과다한 성행위가 정력을 고갈시킨다는 생각에서였다. 그러나 카이사르는 그런 거리낌이 전혀 없었다. 칼푸르니아가 세번째 부인이지만 그사이 수많은 정부를 거느렸다. 그중에는 야심만만한 이집트 여왕 클레오파트라도 있었다.

근육질의 전사戰士이자 탁월한 정치가인 카이사르는 지금 가마에 몸을 실은 채 암살, 즉 자신에 대한 암살 소문을 곰곰이 생각하고 있다. 친구와 점쟁이들, 심지어 사랑하는 칼푸르니아—처음 잠자리를 한 것은 그의 나이가 마흔일 때였다. 당시 그녀는 열여섯 살 처녀였다—한테서까지 오늘 끔찍한 일이 일어날지 모른다는 경고를 받은 터였다. 오늘 아침 출발이 늦어진 것도 칼푸르니아 때문이었다. 그녀는 어젯밤 꿈을 꾸었는데, 남편이 암살당하는 장면이 너무도 생생했다. 그래서 원로원에 등청하지 말라고 애원했다. 카이사르는 평소 같으면 아내의 불길한 예감을 무시해버렸겠지만 최근 며칠간 정보원들로부터도 암살 음모가 진행되고 있으니 조심하라는 심각한 경고를 들은 상태였다. 남은 것은 모종의 조치를 취할 것이냐, 경고를 무시해버릴 것이냐의 선택뿐이었다. 카이사르는 툭 털어버리기로 하고 별일 아닐 거라고 여겼다.

"제일 편히 죽는 방법이 뭘까요?"

부관인 레피두스는 이틀 전 저녁을 같이 먹는 자리에서 카이사르에게 이런 질문을 던졌다.

"예고 없이 덜컥 가는 거지."

독재관 카이사르의 대꾸였다.

카이사르는 아침에 가지 말라고 붙잡는 칼푸르니아를 달래느라 한참 시간을 끌었다. 심지어 원로원에 오늘은 회의에 참석하기 어려우니 돌아들 가라는 통보까지 했다. 그런데 잠시 후 데키무스 브루투스가 카이사르 집에 찾아와 칼푸르니아의 악몽 같은 것은 신경 쓰지 말라고 강력히 주장했다. 브루투스는 갈리아 전쟁 때 카이사르 밑에서 베네티 족 함대를 여러 차례 격파한 용장이었다. 그는 며칠 후 파르티아고대 이란의 왕국 원정을 떠나야 하는 상황이라는 점을 강조했다. 근 10년 전 로마 군단

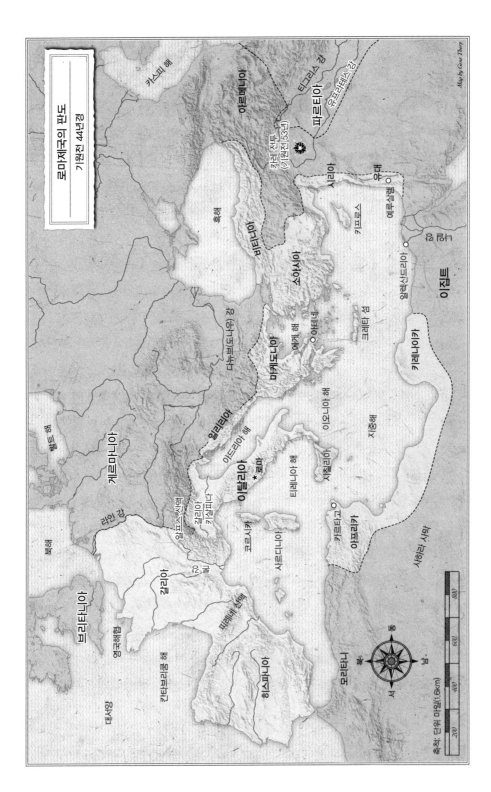

로마제국의 판도
기원전 44년경

카스피 해

아르메니아

티그리스 강
파르티아
유프라테스 강

카레 전투
(기원전 53년)

흑해

비티니아

유대
시리아

키프로스

알렉산드리아

오론테스 강

아시아

예루살렘

크레타 섬

이집트

마케도니아

에게 해

카레나이카

일리리아

다뉴브(도나우) 강

이오니아 해

게르마니아

아드리아 해

로마 ★

이탈리아

지중해

시칠리아 하
티레니아 해

지중해

코르시카

사르디니아

카르타고

발트 해

북해

라인 강

일프스 산맥

레티아

갈리아 키살피나

아프리카

카스피나

사하라 사막

갈리아

영국해협

브리타니아

갈리아 나르보넨시스

피레네 산맥

칸타브리쿰 해

대서양

히스파니아

모리타니

북
서 동
남

축척: 단위 마일(1.6km)
200 400 600 800

Map by Gene Thorp

은 유대 땅에서 가까운 파르티아 카레에서 치욕적인 참패를 당한 바 있다. 카이사르의 이번 출전 목적은 파르티아인들—산악이 많은 현대 중동의 사막 지역이 본향이다—을 복속시키고 로마제국을 계속 팽창시키는 것이었다.

파르티아 원정 출정 예정일은 3월 18일이었다. 딱 사흘 남은 셈이다. 원래 계획대로였다면 몇 달 전, 아니 1년 전쯤에 이미 가 있었을 것이다. 따라서 시급히 원로원과 만나 미해결 문제들을 매듭지어야 할 형편이었다. 브루투스는 원로원에서 깜짝 놀랄 선물을 준비하고 있을지 모른다는 암시를 던졌다. 한 달 전 원로원 의원 900명은 카이사르를 종신 독재관dictator 외침 등의 비상시에 최고사령관으로서 전권을 행사하는 직위으로 임명했다. 그런데 지금 브루투스는 원로원이 이날 회의에서 카이사르에게 국왕 칭호를 부여할지 모른다는 얘기를 흘리고 있는 것이다. 그렇게 되면 500년 동안 공화정 체제를 유지해온 로마에서 처음으로 군주가 탄생하는 것이었다.

로마인들은 기원전 509년 타르퀴니우스 왕을 타도한 이후 공화정 체제를 유지하며 잘 살아왔다. 로마인은 절대적인 지배자라는 관념을 몹시 싫어했다. 그래서 '왕'에 해당하는 라틴어 렉스rex도 혐오감을 불러일으키는 단어였다. 그러나 원로원과 만날 시간이 점점 다가오는 가운데 카이사르는 로마 시민들이 자기에 대해서만은 다르게 생각해줄 것이라고 확신했다. 그는 오랫동안 대중에게 즐거움을 선사하는 일에 헌신해왔다. 모든 시민이 좋아하는 오락거리를 제공함으로써 정부에 대한 불만을 잊게 해주었다. 예를 들어 카이사르가 로마 시 외곽 사크라 가도변의 자택을 나서 원로원으로 가고 있는 이 순간에도 폼페이우스 극장 대경기장에서 군중들의 고함이 들려왔다. 시민들은 거기서 유혈이 낭자

한 검투사 경기를 보며 환호했다.

이 극장은 카이사르 최대의 정적인 폼페이우스 장군이 지은 것으로 명칭도 그의 이름에서 땄다. 지은 지 11년 된 극장은 기둥이 즐비한 구조에 돌과 콘크리트를 사용함으로써, 오랜 세월 로마의 명물이던 목제 극장들과는 달랐다. 그것은 거대한 복합 건축물이었다. 로마 700년 역사를 통틀어 그보다 더 크고 정교한 오락장은 없을 만큼 기념비적인 건물이었다. 극장의 절반은 알파벳 D 모양의 원형경기장이다. 연극이나 검투사 경기처럼 대중이 좋아하는 공연이 펼쳐지는 곳이다. 코끼리까지 동원한 모의 전투와, 사자와 인간의 실제 대결도 무대에 올랐다.

정원에 해당하는 구역에는 각종 화단과 꽃길이 조성돼 있고, 군데군데 분수와 조각상 들이 들어서 있었다. 관람객이 비나 햇빛을 피할 수 있도록 지붕을 얹은 곳들도 있었다. 극장의 나머지 절반은 바닥을 대리석으로 깐 거대한 홀이었다. 서늘하고 조용한 이 홀이 바로 원로원 회의가 열리는 곳이었다. 카이사르는 폼페이우스가 피살된 이후 극장 명칭을 바꿀 수도 있었다. 그러나 정적에 대한 기억을 지운다고 해서 정치적으로 득이 될 것은 별로 없었을 것이다. 그렇게 폼페이우스라는 이름은 이 웅장한 건축물에 그대로 남았고, 정치적 패배와 함께 죽은 장군의 대형 대리석상이 거대한 홀 현관을 굽어보고 있었다. 마치 원로원에서 오가는 얘기를 다 듣고 있는 듯했다.

로마인들은 카이사르를 태운 가마가 테베레 강변을 따라 펼쳐진 캄푸스 마르티우스 들판을 향해 가는 동안 주변을 에워싸고 환호했다. 캄푸스 마르티우스에는 로마 군단이 출전을 앞두고 집결해 있었다. 카이사르는 군의 충성심을 확보하기 위해 병사들 한 명 한 명에게 얼마 전 정복한 갈리아에서 잡아온 포로를 개인 노예로 주었다. 로마 군단 병사들은 이 선물을 잊지 못하고 무조건 충성으로 카이사르에게 보답했다. 다른 통치자들과 달리 카이사르는 이런 식으로 신변의 안전을 확보했다. 심지어 부하로 데리고 있던 병사 2,000명을 개인 경호원으로 삼기도 했다. 카이사르는 거침없이 로마 시내를 활보했다. 시민들에게 자신은 독재자가 아니라는 것을 알리려는 의도에서였다. 카이사르는 "나를 두려워하는 사람이 있다면 차라리 내가 죽겠다"고 호언했다.

폼페이우스 극장 앞에서 가마가 멈춘 순간 카이사르의 눈에 낯익은 얼굴이 들어왔다.

"그대가 경고한 날이 바로 오늘이군."

카이사르는 스푸리나를 보고 큰 소리로 외쳤다. 스푸리나는 대담하게도 로마 최고 지도자에게 바로 이날 끔찍한 운명이 닥칠 것이라고 예언한 점쟁이였다. 스푸리나가 그렇게 단언한 것은 신에게 제물로 바쳐진 양과 닭의 날간을 치밀하게 관찰한 결과였다. 베누스(비너스) 여신은 카이사르의 수호신이었다. 그는 여신을 기리기 위해 큰 사원을 지어 바치기도 했다. 그러나 이날 아침에는 종교나 미신 같은 것에 신경 쓸 기분이 아니었다. 카이사르는 자신에 찬 미소를 지었다. 그러나 스푸리나의 대꾸를 듣는 순간 그 미소는 사라진다.

"네, 그렇습니다."

제물로 바친 동물의 내장을 보고 점을 치는 이 에트루리아 사람은 카이사르를 보러 가마 주변으로 몰려드는 로마 시민들의 아우성 속에서 큰 소리로 외쳤다. 스푸리나는 자기가 한 예언을 확신하고 있었고, 처벌받는 것을 전혀 두려워하지 않고 이렇게 내뱉었다.

"바로 오늘입니다. 오늘은 아직 안 지났지요."

카이사르는 듣고도 대꾸하지 않았다. 그는 자주색 토가를 왼팔로 끌어당겨 몸에 바짝 붙인 채 가마에서 내려섰다. 그의 가슴은 곧 로마의 왕이 될 것이라는 설렘으로 가득했다.

✝✝✝

그러나 대관식 같은 것은 결국 없었다. 그 대신 원로원 안에는 일단의 암살자들이 카이사르를 기다리고 있었다. 이 살인자들은 군인도 성난 시민도 아니었다. '해방자'를 자처하는 수십 명의 암살자들은 카이사르와 가까운 친구이거나 그가 신뢰하는 동맹자 들이었다. 잘 교육받고 태도도 당당한 이들은 카이사르가 전적으로 신뢰하는 사람들이었다. 식사는 물론 전쟁터에서 승리도 함께 거둔 사이였다. 이들이 악당으로 돌변한 것은 카이사르의 권력이 점점 커져서 그가 왕이 되려고 하지 않을까 하는 불안감 때문이었다. 이대로 가다가는 카이사르가 죽을 때까지 왕 노릇을 하는 것은 물론이고 그가 낙점한 후계자가 그 자리를 물려받을 수도 있었다. 카이사르의 측근인 마르쿠스 안토니우스는 그의 머리에 왕관을 씌워주려고 했지만 본인이 공개적으로 거부한 바 있다. 그러나 그 정도로 이들의 의구심이 풀릴 수는 없었다. 반란을 도모한 의원들은 한편으로는 암살 계획이 실패하면 어쩌나 노심초사하면서 아침 내내 원로원에서 대기하고 있었다. 겹겹이 접힌 토가 주름 속에는 예리하게 날을 간 단검(푸기오)이 숨겨져 있었다.

카이사르 암살파는 소수였다. 전체 원로원 의원 900명 가운데 60명에 불과했다. 갑자기 겁을 먹고 물러서면 투옥과 처형 또는 추방이 기다리고 있을 터였다. 카이사르는 관대함으로 유명하지만 보복에는 신속했다. 자신을 납치한 적 있는 해적들을 모두 십자가형에 처한 일은 유명하다. 이들에게 있어 '관대함'이란 십자가에 못 박히기 전에 면도날처럼 날카로운 푸기오로 숨통이 끊겨 가능한 빨리 죽도록 배려해준다는 뜻이었다.

데키무스 브루투스 같은 일부 의원은 실전 경험이 많고 사람 죽이는 방법도 잘 알고 있었다. 이날 아침 카이사르가 원로원에 나오지 않을 듯한 기미가 보이자 음모꾼들은 브루투스를 그의 집으로 보냈다. 잘 구슬려서 나오게 하는 임무를 맡긴 것이다. 브루투스를 행정관 자리에 앉힌 것은 카이사르였다. 그러나 브루투스 가문은 독재자들을 쫓아낸 오랜 전통이 있었다. 그 시초는 기원전 509년 유니우스 브루투스가 타르퀴니우스 왕을 타도하고 로마 군주정 체제를 끝장낸 사건이었다. 그런 반란이나 지금 암살파가 카이사르를 노리는 것이나 냉혹하기는 마찬가지였다.

술고래인 루키우스 틸리우스 킴베르와 그의 동료 세르빌리우스 카스카 같은 다른 의원들은 선출직 관리답게 손이 굳은살 하나 없이 보들보들했다. 이런 자들에게는 죽음의 칼날을 휘두르는 것이 살 떨리는 일이었을 것이다.

카이사르를 암살한다는 것은 참으로 대담하고도 위험천만한 발상이었다. 그는 다른 인물들과 달랐다. 로마의 힘과 권위를 상징하는 살아 있는 영웅이었다. 카이사르가 로마 정치를 완전히 장악하고 있는 상태여서 그를 죽였다가는 무정부 상태에 빠질 가능성이 높았다. 그것은 어쩌면 로마 공화정의 종언을 의미할 수도 있었다.

✝✝✝

율리우스 카이사르의 죽음을 바란 것은 이들이 처음은 아니었다. 100만 로마 시민은 시류에 잘 휩쓸리고 변덕이 심했다. 카이사르를 모르는 시민은 없었고, 대부분 그를 존경했다. 열다섯 살 때인 어느 날 아침, 아버지가 신발을 신다가 갑자기 세상을 떠난 후로 카이사르는 이런저런 도전을 이겨내면서 성공을 일구어갔다. 시련이 닥칠 때마다 더욱 강해졌고, 어렵게 승리를 얻을 때마다 권력과 함께 그에 관한 전설도 커져만 갔다.

그러나 영광과 전설과 파급효과라는 차원에서 보면 기원전 49년 1월 10일 오전과 비교할 만한 순간은 없을 것이다. 당시 카이사르는 쉰 살의 위대한 장군이었다. 그때까지 10년간 대부분의 시간을 갈리아에서 현지 게르만 부족들을 정복하면서 보냈고, 그 과정에서 어마어마한 부富도 거머쥐었다. 1월 10일 오전 어스름 속에 그는 수량水量이 많고 반쯤 언 루비콘 강 북쪽 기슭에 서 있었다. 뒤로는 중무장한 제13게미나 군단 병력 4,000명이 도열해 있었다. 카이사르 밑에서 9년 동안 각종 전투로 단련된 군사들이었다. 정남방으로 420킬로미터만 진격하면 로마였다. 루비콘 강은 갈리아 키살피나와 이탈리아 지역을 가르는 경계선이었다. 아니, 카이사르로서는 자유냐 반역이냐를 결정하는 운명의 갈림길이었다.

갈리아는 카이사르와 여러 차례 전쟁을 치르면서 황폐해졌다. 알프스 산맥에서 대서양 연안에 이르는 갈리아에 살던 전체 주민 400만 중에서 100만이 전투중 죽고, 100만은 노예로 끌려갔다. 지금의 프랑스 남서부 바이라크 인근 도르도뉴 강변에 자리한 욱셀로두눔을 점령한 뒤 카이사르는 로마군에 대항한 게르만 남자 전원의 손을 잘랐다. 그 유명한 알레시아지금의 프랑스 중부 디종 인근 구릉지대 공방전(기원전 52년) 때는 6만 병력을 동원하고 길이가 거의 15킬로미터에 달하는 방책을 설치해 적의 요새를 포위했다. 카이사르는 특히 기술자들을 동원해 높다란 망루들을 세웠다. 로마 궁수들은 망루에서 아래를 내려다보며 적의 요새를 향해 화살을 폭우처럼 쏟아부었다. 요새에 갇힌 갈리아인들이 포위당한 도시를 탈출하려면 이 살상殺傷 지대를 뚫고 나가는 수밖에 없었다.

전설적인 장군 베르킨게토릭스가 이끄는 갈리아군은 식량이 바닥나기 시작하자 여자와 아이 들을 밖으로 내보냈다. 로마군에게 붙잡혀도 밥은 얻어먹을 것이라는 생각에서 택한 고육책이었다. 붙잡히면 평생 노예로 살아야 하겠지만 도시 안에서 굶어 죽는 것보다는 나았다. 그러나 카이사르는 이들이 로마군 진영으로 건너오는 것을 허용하지 않았다. 여자와 아이 들은 요새에 남은 남편과 아버지 들이 바라보는 가운데 양군이 대치하고 있는 한복판에서 발이 묶였다. 여기서 그들은 풀을 뜯고 이슬을 핥으며 버티다가 굶주림과 갈증으로 죽어갔다. 카이사르는 이들의 시신조차 거둬가지 못하게 함으로써 갈리아군에게 다시 한번 치욕을 안겨주었다.

그러나 카이사르가 저지른 가장 극악한 잔학 행위—원로원의 정적들은 카이사르를 전쟁범죄 혐의로 재판정에 세워야 한다고 주장했다—는 기원전 55년 우시페테스족族 및 텐크테리족과의 전투에서 일어났다. 게르만족의 일파인 두 부족은 라인 강을 따라 서서히 갈리아로 이동했다. 이어 관심을 남쪽으로 돌려 곧 이탈리아로 쳐들어갈 것으로 예상됐다. 카이사르 군대는 기원전 55년 4월부터 6월까지 겨울 숙영지 노르망디를 떠나, 약탈을 일삼는 두 부족을 추격했다. 이들은 갈리아인들과 합류해 로마에 대항할 태세였다. 두 '부족'은 소규모 유목민 집단이 아니라 로마 시의 절반에 해당하는 인구를 갖춘 침략군이었다. 여자와 아이, 상인과 매춘부를 비롯한 비전투원까지 합치면 50만에 가까운 규모였다.

카이사르가 다가오고 있다는 소식을 들은 게르만 부족들은 사절을 보내 평화 협상을 타진했다. 카이사르는 당장 원래 살던 라인 강 유역으로 돌아가라며 협상을 거부했다. 게르만 부족들은 카이사르의 요구에 따르는 척하다가 며칠 후 로마군을 기습했다. 카이사르의 기병대가 지금의 니어스 강을 건너는데 게르만족 기병 800명이 달려든 것이다. 게르만족의 전술은 특이하고도 무시무시했다. 그들은 말을 탄 상태로 싸우는 대신 안장에서 훌쩍 뛰어내려 짧은 창이나 검으로 로마 군마의 배를 갈랐다. 말을 잃은 기병들은 혼비백산해 달아났다.

카이사르는 이 기습을 배신행위로 간주했다. 휴전하기로 약속한 기간에 공격을 했다는 것이다. 그는 후일 "그들은 계략과 배신으로 평화를 구걸하고 나서 우리가 먼저 도발하지도 않았는데 공격했다"고 썼다. 로마군의 위력을 과시할 요량으로 카이사르는 반격에 나섰다. 치욕을 당한 기병대는 후미에 배치하고 전군을 평소의 두 배 속도로 달리게 했다. 게르만족 숙영지까지는 13킬로미터였다. 이번에는 로마군이 기습을 한 것이다. 끝까지 저항한 게르만족은 학살됐다. 도망치는 자들은 치욕을 당한 로마 기병대가 추격했다. 기병대는 체면을 만회하려고 혈안이 돼 있었다. 일부 게르만족은 멀리 라인 강까지 달아났지만 건너편 강기슭으로 건너가려고 수백 미터를 헤엄치다가 익사하고 말았다.

카이사르는 여기서 멈추지 않았다. 살아남은 게르만족 전원을 한데

모아놓고 학살했다. 남녀노소는 물론 이제 겨우 걸음마를 하는 아기까지 가리지 않았다. 로마군 한 명이 게르만족 여덟 명을 죽인 꼴이었다. 일반적으로 로마 병사들은 그래도 배운 사람들이었다. 그들은 시를 읊고 위트 있는 농담을 즐길 줄 알았다. 아내와 자식이 있는 경우도 많았다. 자신들이 사랑하는 사람들이 그런 야만적인 잔학 행위를 당하는 것은 상상도 하지 못했을 것이다. 그러나 그들은 명령을 따르도록 철저하게 훈련받은 군단 소속 병사였다. 그들은 강철 칼날과 예리한 창끝으로 게르만족을 한없이 베고 찔렀다. 공포에 질린 아이들의 비명과, 자비를 구하는 울부짖음과 호소 같은 것은 무시했다.

카이사르의 복수는 일종의 공격으로 시작됐지만 곧 집단 학살로 변질됐다. 43만 명이 살해된 것으로 추정된다. 라인 강 건너편 게르만족들에게도 어디든 쫓아가서 무슨 짓이든 할 수 있다는 것을 보여주기 위해 카이사르는 기술자들을 시켜 다리를 놓았다. 그때까지 라인 강은 어지간해서는 건널 수 없는 난공불락의 요새 같은 장애물이었다. 그런데 그 거대한 다리를 로마군은 단 10일 만에 건설했다. 이어 카이사르는 라인 강을 건너 단기간에 여러 차례 공격을 한 뒤 철수하면서 다리는 파괴해버렸다.

로마는 잔인한 나라였다. 적들을 무자비하게 공격했다. 그러나 카이사르 군단의 잔학 행위는 도가 지나쳤다. 무자비한 원로원 지도부조차 카이사르를 압송해 올 것을 요구했다. 명연설뿐 아니라 카이사르와의 숙명적인 다툼으로 유명한 카토는 카이사르를 처형하고 그 수급을 꼬챙이에 꽂아 패배한 게르만족에게 넘겨주어야 한다고 주장했다.

카이사르에 대한 비난은 분명 고결한 윤리적 판단을 기초로 한 것이었다. 그러나 라인 강 양안에서 벌어진 학살 행위에 대한 문제 제기인

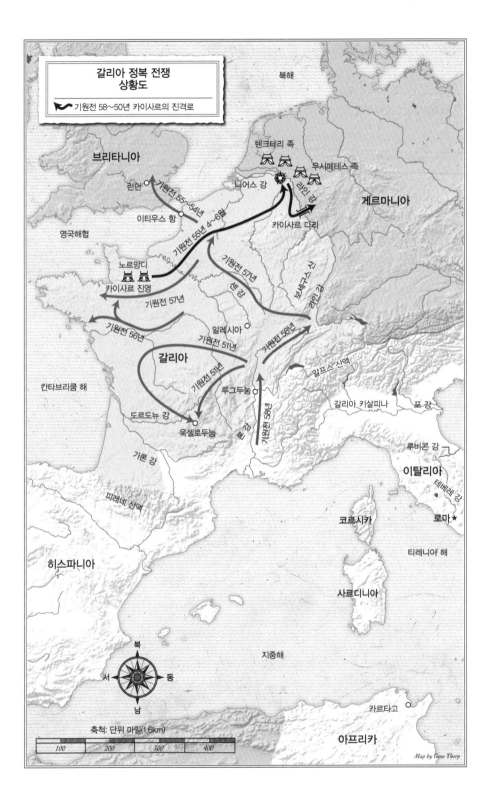

갈리아 정복 전쟁
상황도

기원전 58~50년 카이사르의 진격로

북해

브리타니아

런던

기원전 55~54년

이티우스 항

영국해협

텐크테리 족

니어스 강

우시페테스 족

기원전 55년 4~6월

라인 강

카이사르 다리

게르마니아

노르망디

카이사르 진영

기원전 57년

기원전 57년

마스 강

뫼즈 강

센 강

기원전 56년

알레시아

기원전 51년

기원전 58년

알프스 산맥

갈리아 키살피나

표 강

갈리아

기원전 51년

루그두눔

기원전 58년

칸타브리쿰 해

도르도뉴 강

욱셀로두눔

론 강

루비콘 강

이탈리아

테베레 강

로마 ★

가론 강

피레네 산맥

히스파니아

코르시카

티레니아 해

사르디니아

북

서   동

남

축척: 단위 마일(1.6km)

지중해

카르타고

아프리카

100   200   300   400

Map by Gene Thorp

동시에 정치적 세력 다툼의 산물이었다. 한 가지 분명한 것은 카이사르의 적들은 그의 죽음을 원했다는 사실이다.

†††

집단 학살 사건이 일어난 지 6년 가까이 지난 기원전 49년, 갈리아는 로마에 완전히 정복됐다. 이제 카이사르는 귀국해서 자신이 저지른 행위에 대해 재판을 받아야 할 처지였다. 본국에서 이탈리아 지역으로 발을 들여놓기 전에 군대를 해산하라는 명령이 떨어진 것이다.

이는 로마법에 따른 조치였다. 귀국하는 장군은 예외 없이 관할 속주 경계선을 넘기 전에 휘하 부대를 해산하도록 돼 있었다. 카이사르의 경우 속주 경계선은 루비콘 강이었다. 부대 해산은 쿠데타를 시도할 의사가 없으며 말썽 부리지 않고 얌전히 귀국하겠다는 신호였다. 군대를 해산하지 않는 것은 본국에 대한 공격 행위로 간주됐다.

그러나 카이사르는 전쟁을 택했다. 자기 방식대로 루비콘 강을 건너기로 작심한 것이다. 율리우스 카이사르는 당시 쉰 살, 인생의 절정기였다. 그는 결단의 순간을 잠시 미루고 1월 10일 하루를 푹 쉬면서 보냈다. 실패하면 6개월 뒤인 만 쉰한 살 생일잔치도 하지 못할 것이다. 병사들이 주사위 놀이를 하거나 무기를 정비하거나 희미한 겨울 햇살을 맞으며 몸을 덥히는 동안 카이사르는 느긋하게 목욕을 하고 포도주 한 잔을 마셨다. 앞으로는 이런 쾌락을 누릴 수 없을지 모른다는 것을 아는 사람의 행동이었다. 불가피한 운명을 뒤로 미루고 싶은 사람의 행동이기도 했다.

그러나 카이사르가 주저하는 데에는 그만한 이유가 있었다. 한때 동맹자이고 사위였으며, 로마에서 가장 큰 극장을 건설한 폼페이우스 장군이 로마에서 기다리고 있었던 것이다. 원로원은 로마 공화국의 미래를 폼페이우스에게 맡기고, 어떤 희생을 치르더라도 카이사르를 막으라고 그에게 명했다. 율리우스 카이사르는 사실상 내전을 시작할 생각이었다. 내전은 카이사르와 로마의 싸움이기도 하지만 카이사르와 폼페이우스의 싸움이기도 했다. 이 싸움의 승자가 공화국 로마를 장악하게 된다. 패자는 죽음을 맞을 게 뻔했다.

카이사르는 부대를 사열했다. 13군단 장병들은 산개대형으로 도열한 채 그의 신호를 기다리고 있었다. 병사 한 명이 짊어진 군장은 휴대용 침구부터 냄비와 사흘 치 식량까지 약 30킬로그램이나 됐다. 차디찬 겨울 저녁, 병사들은 각반과 가죽 군화를 착용하고 어깨에는 망토를 두른 채 추위를 이겨내고 있었다. 그들은 이제 청동 투구에 미늘 갑옷을 입고 행군할 것이다. 로마군은 나무와 범포, 가죽으로 만든 직사각형 방패(윗면과 아랫면은 곡선)로 몸을 보호했고, 창 두 자루를 지니고 있었다. 창 하나는 가볍고, 다른 하나는 무겁고 더 치명적이었다. 로마군은 또 '스페인식 양날 검'으로 무장했다. 검을 넣은 칼집은 두꺼운 가죽 혁대에 매달려 달랑거렸다. 물론 푸기오 단검은 필수였다. 돌을 적에게 투척하는 팔매를 소지한 병사도 있고, 활을 주로 쏘는 궁수도 있었다. 병사들의 얼굴은 수년간 햇볕과 바람에 그을리고 시달려 주름이 많고 거칠었다. 일그러지거나 시퍼렇고 긴 흉터가 난 병사도 많았다. 적군의 창에 찔리거나 이두박근 또는 어깨에 칼을 맞아 생긴 상처들이었다. 병사들은 젊었다. 대부분 17세에서 23세 사이였다. 그러나 수염이 희끗희끗한 병사도 있었다. 로마 시민이라면 40세까지 군단에 징집될 수 있었기 때문이다. 젊었든 늙었든 로마 병사들은 엄격한 훈련을 견디고 전쟁터에 나온 사람들이었다. 그 유명한 로마 군단의 체력은 그런 훈련 덕분이었다. 신병들은 약 20킬로미터의 군장을 짊어지고 장시간 행군한다. 행군 도중에는 항상 쐐기진, 보병 방진, 원형진, 귀갑진 같은 복잡한 전투 대형을 유지해야 한다. 그리고 로마 군단 병사들은 예외 없이 수영법을 익혀야 했다. 전투 상황에서 강을 건너야 할 경우에 대비한 것이다. 이런 혹독한 훈련을 제대로 따라가지 못하면 상관의 지팡이가 등짝을 내리쳤다.

4개월의 기초 훈련이 끝나면 매일 전투태세 유지 훈련이 실시된다. 무거운 군장을 짊어지고 하는 30킬로미터가 넘는 행군이 매월 세 차례 있다. 대형을 유지하면서 하는 장거리 행군이 끝나면 부대별로 흙으로 방어벽을 쌓고 참호를 파는 등 숙영지 요새화 작업을 한다.

용맹하고 충성스러우며 근육질인 13군단 용사들은 그런 식으로 전술 훈련을 하면서 적의 강점과 약점을 본능적으로 파악해 대처하는 방법을 익혔고, 당대의 모든 무기를 능숙하게 다룰 줄 알게 됐다. 이들은 현지에서 수단 방법을 가리지 않고 식량을 조달했다. 배급된 곡식은 물론이고 이따금 어렵사리 구한 고기도 공유했다. 이들은 도로와 다리를 건설하고 우편물을 배달하고 세금을 거두는 한편 경찰 역할도 했다. 또 갈리아의 혹독한 겨울을 견뎌냈고, 적군의 팔매에서 발사된 돌덩어리가 투구에 떨어질 때의 아찔함도 잘 알고 있었다. 심지어 사형 집행인 역할도 했다. 달아난 노예나 탈영병을 잡아다가 십자가형에 처하는 과정에서 손과 발에 못을 박는 일을 한 것이다. 가장 나이 많은 병사들의 기억 속에는 22년 전인 기원전 71년의 노예 반란 사건이 생생했다. 당시 노예 7,000명이 스파르타쿠스라는 노예 검투사 지휘 아래 반란을 일으켰다가 체포돼 십자가형에 처해졌다. 나폴리에서 로마로 가는 도로 386킬로미터 구간 양옆에는 이들을 못 박은 십자가가 즐비했다.

루비콘 강을 건너는 카이사르.

이들이 충성을 맹세한 인물은 카이사르였다. 병사들은 그가 솔선수
범하는 것을 보고 감탄했다. 카이사르는 전투 때면 병사들과 똑같이 시
련과 결핍을 견뎌냈다. 그는 말을 타고 거드름을 피우는 대신 병사들과
어울려 행군하기를 좋아했다. 그는 병사들을 '전우'라고 불렀다. 카이사
르는 또 병사들 사이에서 충성을 바치면 반드시 보답을 해주는 카리스
마 넘치는 장군으로 유명했다. 부하들은 그가 갈리아, 스페인, 영국 등
가는 곳마다 많은 여자와 재미를 본 것을 대단히 자랑스러워했다. 심지
어 카이사르가 머리숱이 줄어드는 것을 두고 '우리 대머리 호색한' 운운
하는 노래를 부르며 놀려댔다. 역으로 카이사르는 전투 상황이 아닐 때

비번인 병사들이 여자 뒤꽁무니를 쫓아다니거나 도박을 해도 전혀 상관하지 않았다. 카이사르는 "내 부하들은 향수 냄새를 묻혀 와도 잘 싸운다"며 대수롭지 않게 여겼다.

그러나 로마 군단 병사들이 잘 싸운 이유는 무엇보다도 전우애 때문이었다. 그들은 함께 훈련하고, 함께 밥 지어 먹고, 비좁은 가죽 천막에서 같이 자고, 수백 킬로미터를 나란히 행군했다. 전쟁터에서 '동료 병사commilito'를 나 몰라라 하고 내버리는 일은 생각조차 할 수 없었다. 그들은 서로를 '형제frater'라고 불렀다. 군단 병사가 받을 수 있는 최고의 훈장은 참나무 잎사귀를 엮어 만든 '시민관市民冠, corona civica'이었는데, 이는 죽음을 무릅쓰고 쓰러진 전우를 구한 병사에게 수여하는 것이었다. 율리우스 카이사르가 이 관을 쓴 것은 병사들에게 사령관이 폼만 잡는 우두머리가 아니라 믿고 따르면서 더불어 용감하게 싸울 수 있는 인물임을 선언하는 상징이었다.

하지만 카이사르는 지휘를 할 뿐, 실제로 적과 맞붙어 싸우는 것은 병사들이었다. 병사의 임무는 불쌍한 사람을 돌봐주는 것이 아니었다. 그들은 연민을 느끼는 스타일도 아니었다. 군단 병사의 임무는 로마를 세계 최강국으로 유지하는 것이었다. 한시도 소홀히 할 수 없는 힘든 일이었다.

어둠이 깔리는 가운데 카이사르는 부대원들에게 한바탕 훈시를 하면서 루비콘 강을 건너는 의미에 대해 설명했다. "우리는 아직 철수할 수 있다." 이 말을 듣는 순간 병사들은 퇴각할 수 있는 기회는 이미 오래전에 지나갔다는 사실을 알았다. "그러나 일단 저 작은 다리를 건너면 우리는 끝까지 싸워야 할 것이다."

13군단은 카이사르가 가장 총애한 군단은 아니었다. 그것은 아마 10

군단이었을 것이다. 그러나 10군단 병사들 역시 갈리아 곳곳에 흩어져 있었다. 그들이 오기를 기다리다가는 전광석화처럼 로마의 심장부로 곧장 쳐들어가는 작전은 성공할 수 없었다.

지금 이 순간 율리우스 카이사르 역시 불안했을지 모른다. 기온은 점점 떨어지고, 병사들은 습한 날씨에 떨고 있었다. 그러나 13군단 병사들은 너나할것없이 그야말로 살인 기계라는 생각을 하니 더이상 겁날 것이 없었다.

문제는 13군단이 맞서 싸워야 할 상대 역시 살인 기계라는 사실이었다. 카이사르는 로마인과 로마인을, 군단 병사와 군단 병사를, 형제와 형제를 싸우게 해야만 했다.

이제 때가 왔다. 카이사르는 주위를 물린 채 혼자 서서 루비콘 강 건너편을 응시했다. 부관들은 지척에 모여서 그의 명령이 떨어지기만을 기다리고 있었다. 횃불이 장교들과 13군단 병사들의 얼굴을 환히 비추고 있었다.

"알레아 이아크타 에스트Alea iacta est."

카이사르가 혼잣말처럼 말했다. "주사위는 던져졌다." 그리스 극작가 메난드로스의 대사였다.

카이사르와 13군단은 루비콘 강을 건너 이탈리아로 진격했다.

✝✝✝

이어 벌어진 사태는 내전 수준이 아니라 사상 최초의 세계대전이라고 할 만한 것이었다. 지중해 연안 전역이 전쟁터로 변했고, 들판과 황무지는 로마 군단 병사들로 가득 찼다. 바다에도 병력을 수송하는 전함

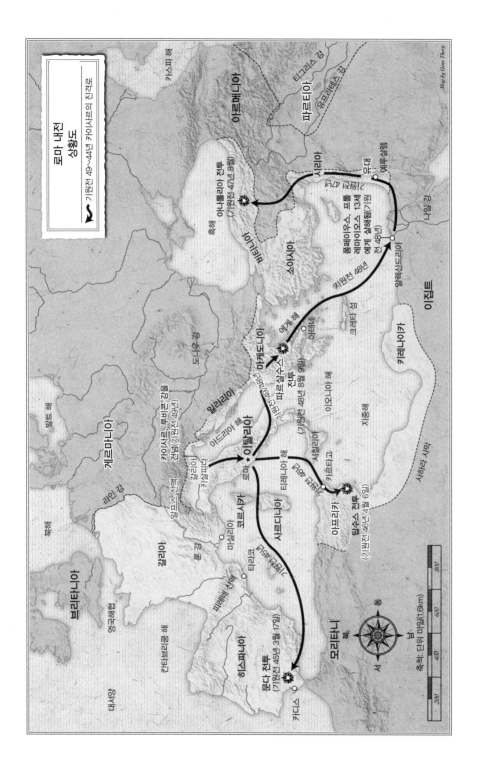

로마 내전
상황도

기원전 49~44년 카이사르의 진격로

가스피 해

티그리스 강

유프라테스 강

Map by Gene Thorp

아르메니아

파르티아

흑해

소아시아

아나톨리아 전투
(기원전 47년 8월)

폼페이우스, 프톨
레마이오스 13세
에게 살해됨(기원
전 48년)

시리아

기원전 47년

예루살렘

유대

나일 강

알렉산드리아

기원전 48년

이집트

카레나이카

에게 해

아테네

크레타 섬

사하라 사막

이오니아 해

지중해

마케도니아

파르살루스
전투
(기원전 48년 8월 9일)

아드리아 해

일리리아

카이사르, 루비콘 강을
건넘(기원전 49년)

알프스 산맥

갈리아

키살피나

마살리아

론 강

게르마니아

라인 강

북해

발트 해

브리타니아

영국 해협

대서양

칸타브리쿰 해

피레네 산맥

타라코

히스파니아

문다 전투
(기원전 45년 3월 17일)

카디스

이탈리아

로마

사르디니아

코르시카

티레니아 해

카르타고

탑수스 전투
(기원전 46년 4월 6일)

아프리카

모리타니

북

남

동

서

축척: 단위 마일(1.6km)

200   400   600   800

들이 우글거렸다. 전투는 처참했고, 백병전이 다반사였다. 전쟁 포로를 기다리는 것은 고문과 죽음이었다. 전투에서 패하면 항복을 하기보다 자살을 택하는 경우가 많았다. 카이사르는 두 달 만에 로마를 점령했다. 그러나 사람들은 다 도망가고 없었다. 그저 로마를 점령하는 것만으로는 충분치 않았다. 완전한 승리가 필요했다. 폼페이우스는 도주했고, 카이사르는 지중해를 건너 이집트까지 추격했다.

폼페이우스는 이집트 왕 프톨레마이오스 13세에게 구원을 청했다. 위대한 장군이자 건축가, 다섯 번 결혼했을 만큼 화려한 여성 편력의 소유자, 젊은 시절 전설과도 같은 정복 전쟁으로 로마 시내를 세 차례나 말을 타고 개선 행진한 쉰여덟 살의 그가 십대의 이집트 왕에게 의탁해야 하는 신세가 된 것이다. 그런데 프톨레마이오스 왕이 보낸 배를 타고 해변으로 다가가는 순간 이집트인이 그의 등에 칼을 꽂았다. 여러 차례 더 찌른 것은 일종의 확인 사살이었다. 폼페이우스는 죽음의 순간 얼굴 표정을 살인자들에게 보이지 않으려고 토가 자락을 잡아당겨 얼굴을 가렸다. 살인자들은 재빨리 목을 베고, 시신은 갈매기들의 밥이 되도록 해변 모래사장에 내버렸다. 이집트인들은 율리우스 카이사르에게 환심을 살 요량으로 폼페이우스의 수급을 보냈다. 그러나 수급을 받아든 카이사르는 망연자실했다. 그는 눈물을 흘리면서 남은 시신을 수습해오라고 명했다. 로마식으로 합당한 장례를 치러주겠다는 뜻이었다.

폼페이우스의 죽음으로 내전이 끝난 것은 아니었다. 격분한 측근 세력과 아들 들이 뒤를 이어 카이사르에 대항했다. 결국 카이사르는 내전에서 승리하고 공화국 로마를 장악하게 된다. 그를 존경하는 평범한 시민 상당수는 환호한다. 그러나 그런 날이 오기까지 내전은 4년이나 더 계속됐다. 카이사르는 파르살루스, 그리스 중부, 탑수스, 튀니지, 문다 평원(지금의 스페인 남부)* 등에서 로마 군단을 이끌고 계속 싸웠다. 명성은 높아만 갔다. 그러나 카이사르는 전쟁터에서만 정복을 한 것이 아니었다.

†††

때는 기원전 48년. 로마가 내전에 휩싸인 시기에 이집트에서도 내전이 벌어지고 있었다. 스물한 살인 클레오파트라와 열세 살인 남동생 프톨레마이오스 13세의 대결이었다. 프톨레마이오스는 포테이노스라는 모사꾼 환관의 코치를 받고 있었다. 프톨레마이오스는 연안에 위치한 수도 알렉산드리아의 왕궁에서 누나 클레오파트라를 쫓아내는 데 성공했다. 그런데 이탈리아에서 일어난 사태의 여파가 이집트까지 미치게 된다. 달아난 폼페이우스를 추격해 카이사르가 알렉산드리아에 들어온 것이다. 카이사르와 손을 잡을 요량으로, 프톨레마이오스에게 의탁하러 온 폼페이우스의 목을 벤 것은 바로 포테이노스였다.

그러나 카이사르는 포테이노스의 행동을 야만적이라고 경멸했다. 카이사르는 폼페이우스를 그렇게 심하게 대할 생각은 없었다. 훗날 유명한 역사가 플루타르코스는 카이사르에 대해 "그가 가장 즐기는 일은 자신에 맞서 싸운 동료 시민들의 목숨을 살려주는 것이었다"라고 기록했다.

카이사르는 당분간 이집트 왕궁에 머문다. 그러나 포테이노스가 자객을 보내지 않을까 불안한 나머지 새벽까지 잠 못 드는 날이 많았다.

---

* 문다 전투에서 폰토스 국왕 파르나케스를 물리친 직후 카이사르는 본국에 그 유명한 승전보를 전했다. "왔노라, 보았노라, 이겼노라(Veni, vidi, vici)".

그만큼 잠에 빠지기가 두려웠던 것이다. 그러던 어느 날 밤, 카이사르가 침소에 들었는데 문에서 인기척이 났다. 포테이노스도 자객도 아닌 젊은 여인이 혼자 방으로 들어왔다. 클레오파트라였다. 카이사르는 아직 그 사실을 몰랐다. 그녀는 해변 쪽으로 난 출입문을 통해 왕궁으로 잠입한 다음 눈에 띄지 않게 석조 회랑을 지나 여기까지 온 것이다. 머리와 얼굴에는 베일을 쓰고, 몸에는 두꺼운 검은색 망토를 두르고 있었다. 한눈에 반한 카이사르는 낯선 방문객이 스스로 정체를 드러내기를 기다렸다.

천천히, 유혹적인 자태로 클레오파트라가 얼굴을 가린 베일을 벗었다. 통통하고 육감적인 입술과 매부리코가 드러났다. 이어 망토를 벗어 대리석 바닥에 툭 던졌다. 속에는 아주 얇은 리넨 드레스만 걸친 상태였다. 카이사르의 검은 눈이 그녀의 몸이 움직이는 것을 주시했다. 이제 작은 가슴과 엉덩이의 흔들림은 물론 몸 구석구석까지 선명하게 눈에 들어왔다. 욕정의 불꽃은 어느 한쪽만 타오른 것이 아니었다. 훗날 한 역사가는 맨몸을 드러내는 순간 "클레오파트라의 성적 욕망은 그 어느 때보다 커졌다"고 기록했다.

클레오파트라는 유혹의 힘을 잘 알고 있었다. 그리고 지금은 카이사르에게 가장 귀한 선물을 안겨주려 하고 있었다. 물론 그 반대급부로 엄청난 정치적 보상을 얻어낼 속셈이었다. 그날 밤 클레오파트라와 카이사르는 역사상 가장 열정적인 연애라고 할 수 있는 애정 행각을 시작한다. 정치와 사랑이 뒤얽힌 두 사람의 관계는 이후 세계사에 큰 영향을 미치게 된다. 날이 밝기도 전에 카이사르는 클레오파트라에게 이집트 왕위를 되찾아주기로 결심한다. 그것이야말로 클레오파트라가 바라던 바였다. 카이사르 입장에서는 그녀와 손을 잡는 것은 평소 그토록 존경

클레오파트라. 카이사르의 정부였다가 나중에는 마르쿠스 안토니우스의 연인이 된다.

해 마지않던 마케도니아의 전설적인 정복자 알렉산드로스(알렉산더) 대왕의 유산을 물려받는다는 의미였다. 클레오파트라는 알렉산드로스가 총애하는 장군으로 이집트 프톨레마이오스 왕조를 창립한 프톨레마이오스 1세의 직계 후손이었기 때문이다.

　두 사람이 세력을 합친다는 생각은 강력한 최음제 역할을 했다. 클레오파트라는 9개 언어에 능통했다지만 두 사람은 그리스어로 대화를 나눴다. 둘 다 행동거지에 절도가 있고, 두뇌 회전이 빠르며, 카리스마가 넘쳤다. 백성들은 두 사람을 관대하고 공정한 통치자로 생각했다. 둘 다 탁월한 언변으로 군중을 매료했다. 클레오파트라와 이집트는 카이사르의 군사력이 필요했고, 카이사르와 로마는 이집트의 천연자원이 필요했다. 특히 풍부한 곡물이 관심사였다. 카이사르와 클레오파트라는 완벽한 커플이라고 할 수 있었다. 카이사르가 유부남만 아니었다면 말이다.

유부남이라고 해서 운신에 제약을 받은 것은 아니다. 카이사르는 지금까지 부인을 세 명 거쳤다. 한 명은 출산 도중 사망했고, 다른 한 명은 바람을 피워서 그에게 이혼당했다. 지금의 아내가 칼푸르니아였다. 카이사르는 친구 부인들과도 같이 잤다. 그러면서 이따금 동료들에 관한 정보를 빼내기도 했다. 카이사르가 평생 사랑한 여자는 세르빌리아 카이피오니스였다. 그녀는 카이사르를 배신한 마르쿠스 유니우스 브루투스의 어머니로, 브루투스는 카이사르의 사생아라는 소문이 무성했다.

그러나 카이사르의 화려한 애정 행각 중에서 가장 고약한 사건은 여자와의 관계가 아니었다. 그는 젊었을 때 비티니아* 왕 니코메데스 4세와 1년 동안 그렇고 그런 관계였다는 소문이 파다했다. 그래서 "비티니아 왕비"라는 조롱조의 별명이 카이사르를 따라다녔다.

카이사르는 수많은 애정 행각을 벌였지만 정식 후계자는 없었다. 갈리아와 스페인에 사생아가 널렸다는 것은 유명한 얘기이지만 합법적인 자녀는 딸 율리아 하나뿐이었다. 율리아는 아이러니하게도 아버지의 라이벌인 폼페이우스와 결혼했는데 오래전에 아이를 낳다가 죽었다. 지금의 부인 칼푸르니아는 아직 아이가 없었다.

클레오파트라가 아들을 낳은 것은 기원전 47년 6월 23일이었다. 그녀는 아기 이름을 '필로파토르 필로메토르 카이사르'라고 지었다. 흔히 약칭으로 카이사리온Caesarion '작은 카이사르'이라고 한다. 1년 후 클레오파트라는 아이와 함께 로마로 건너가, 트라스테베레에 있는 카이사르의 저택에서 카이사르 부부의 빈객으로 살게 된다. 카이사르가 어쩔 수 없이

---

* 지금의 터키 북서부에 있던 왕국.

전쟁터로 나갔을 때도 클레오파트라 모자는 남아서 칼푸르니아와 한집에서 살았다. 칼푸르니아는 당연히 이집트 여자를 경멸했다. 그런데도 카이사르는 클레오파트라에게 로마에 남아 있으라고 명했다. 게다가 두 사람이 결혼할 것이라는 소문이 급속히 퍼졌다. 카이사르는 가문의 수호신인 베누스 여신을 모시는 사원에 클레오파트라를 사랑의 여신으로 형상화한 나체상을 세움으로써 사태를 악화시켰다.

카이사르가 왜 카이사리온이라는 이름을 쓰게 두었는지는 본인만이 알 일이다. 하지만 카이사리온을 정식 후계자로 삼지는 않았다. 카이사르는 유언장에 본인 사망 시 조카 옥타비아누스를 양자인 동시에 법적 후계자로 삼는다고 명시해놓았다.

클레오파트라는 사태 파악이 빠르고 냉혹한 여자였다. 카이사르와의 관계가 끝나면 이집트도 잃게 된다는 것을 잘 알고 있었다. 그녀는 은밀히 음모를 꾸몄다. 이집트가 로마를 접수하는 것이었다. 그 모든 것은 카이사리온이 율리우스 카이사르의 합법적인 후계자로 지명되느냐에 달려 있었다. 그러려면 어떤 식으로든 카이사르를 움직여서 유언장을 다시 쓰게 해야 했다.

아니면 다른 방법도 있을 듯했다. 카이사르가 로마의 왕으로 등극하면 국왕에 걸맞는 배필이 있어야 하는데 그러려면 왕실 혈통의 왕비가 필요할 것이다. 그래서 클레오파트라의 계획은 간단했다. 카이사르를 구워삶아 로마 왕관을 쓰게 만드는 것이었다. 그러면 두 사람은 정식으로 결혼을 하게 될 것이고, 카이사르가 죽으면 그 아들이 합법적인 후계자로 왕 자리를 물려받게 될 터였다.

모든 상황이 클레오파트라에게 유리하게 돌아가는 것처럼 보였다. 원로원이 곧 카이사르를 왕으로 지명할 것이 분명했다. 그러면 두 사람의 결혼은 거의 기정사실이 되고, 최대의 걸림돌인 옥타비아누스도 끝이었다. 결국 카이사리온이 이집트와 로마 두 나라의 왕이 되는 것이다.

경륜 있는 정치가 카이사르가 자신의 나이의 반도 안 되고, 거느린 군대도 없는 여자한테 놀아나는 형국이었다. 로마 내전에서 수많은 사람이 죽어갔다. 다들 공화국 로마를 차지하려다 그렇게 된 것이다. 그러나 클레오파트라는 오직 한 남자를 유혹함으로써 그런 위업을 달성할 수 있을 것처럼 보였다.

모든 상황이 아주 좋았다. 그야말로 완벽했다. 그런데 느닷없이 3월 15일, 암살 사건이 벌어졌다. 카이사르 사후 후계 구도를 놓고 벌어진 싸움이 끝났을 때 로마 공화국은 더이상 존재하지 않게 된다. 카이사리온도 세상에서 사라진다.

클레오파트라도 마찬가지였다.

†††

율리우스 카이사르가 가마에서 내려 원로원 회의장으로 들어가려는 순간 다가가서 대화를 나눈 '친구'는 포필리우스 라이나스였다. 유서 깊은 대토지 소유 귀족 가문의 후예로 잔인하고 배신 잘하기로 유명한 인물이었다. 그래서 멀찌감치 서서 두 사람을 바라보는 암살파들은 포필리우스가 무슨 말을 하는지 알아들을 수는 없었지만 점점 불안해졌다. 당연했다. 조금 전만 해도 포필리우스는 암살 음모를 주도한 마르쿠스 브루투스에게 행운을 빈다고 말했다. 그러나 그것은 속임수였을지 모른다. '해방자들'은 그가 카이사르와 진지하고 다정하게 대화를 나누는 모습을 뻔히 보았다. 포필리우스가 카이사르에게 음모 사실을 알려줄지 모른다는 걱정에 가슴이 벌렁거렸다. 이 순간에 대해 역사가 플루타르코스는 훗날 이렇게 기록했다. "그가 하는 말을 알아들을 수는 없었지만 무슨 얘기가 오갔을지는 충분히 짐작이 갔다. (……) 음모꾼들은 서로의 표정을 보면서 이심전심으로 '멍하니 앉아 있다가 당하지 말고 선수를 쳐야 한다'는 결론을 내렸다."

포필리우스는 얘기를 끝내고 '디부스 율리우스'의 두 손에 입을 맞춘 다음 폼페이우스 극장을 나섰다. 카이사르는 심경의 동요 같은 것은 없어 보였다. 음모꾼들은 안도의 한숨을 지으며 좌석으로 돌아가 그가 다가오기만을 기다렸다.

카이사르가 원로원 회의실로 들어서는 동안 거대한 폼페이우스 전신상이 노한 표정으로 그를 굽어보고 있었다. 브루투스와 함께 암살 음모를 주도한 카시우스는 폼페이우스상을 돌아보며 기도했다. 카이사르의 숙적이던 폼페이우스에게 용기를 달라고 기원한 것이었으리라.

카이사르가 회의실에 입장하자 원로원 의원 전원이 기립했다. 아침 내내 국무를 처리하던 의원들은 카이사르가 이제야 금박 입힌 상석에 앉는 것을 지켜보았다. 이어 곧바로 의원들 한 무리가 카이사르에게 몰려갔다. 맨 앞에 선 사람은 루키우스 틸리우스 킴베르였다. 이들의 행동거지에서 수상한 점은 없었다. 의원들이 개인별 청원서를 가지고 카이사르에게 가는 것은 늘 있는 일이었다. 게다가 틸리우스가 한 손에 두루마리 서류를 들고 있는 것을 카이사르도 분명히 볼 수 있었다. 그러나 다른 손에 움켜쥔 단검은 보지 못했다.

카이사르로서는 틸리우스가 무엇을 원하는지 쉽게 짐작할 수 있었다. 고참 의원 틸리우스의 동생은 외국으로 추방돼 있었다. 따라서 사면을 요청하는 청원일 가능성이 높았다.

의원들 한 무리가 카이사르의 좌석 주변을 빙 돌았다. 다시 일부 의원이 다가와 무리의 수는 더 늘어났다. 어느새 카이사르는 소규모 폭도에게 둘러싸인 형국이었다. 이들은 존경의 표시로 몸을 굽혀 카이사르의 머리와 가슴에 입을 맞췄다. 그 바람에 독재관은 의자 뒤로 더 묻히는 자세가 됐다.

카이사르는 의원들의 도발적인 행동에 화가 나서 자리에서 벌떡 일어섰다.

암살파가 고대하던 순간이었다. 틸리우스가 카이사르의 로브 윗자락을 움켜쥐고는 어깨 밑으로 잡아당겼다. 옷자락에 양팔이 덮여 카이사르는 손을 쓸 수가 없게 됐다. 바로 그때 카스카가 단도로 카이사르의 어깨를 찔렀다. 찌르는 힘이 약해서 피는 별로 안 났지만 갑작스러운 통증에 카이사르는 비명을 질렀다.

"카스카, 네 이놈."

카이사르는 카스카의 단도 손잡이를 움켜쥐고 라틴어로 말했다.

"이게 뭐하는 짓이냐?"

고개를 들어 카스카의 얼굴을 쳐다보는 순간 카이사르의 눈에 들어온 칼은 하나가 아니라 60개였다. 그는 수십 차례나 찔리는 고통을 느꼈다. 둘러선 의원마다 하나같이 토가 밑에서 푸기오를 꺼내 들었다. 정적의 얼굴도 보였지만 친구의 얼굴이 더 많았다. 그중에는 데키무스 브루투스도 있고, 또다른 브루투스도 있었다. 카이사르의 사생아라는 소문의 주인공인 마흔한 살의 오만한 스토아철학자 마르쿠스 유니우스 브루투스였다. 음모꾼들은 예리한 칼날을 무방비 상태인 카이사르의 몸에 박아넣고 수도 없이 난도질했다. 광란에 빠진 듯한 칼부림에 주변에서 지켜보던 많은 의원들은 저들이 서로 찌르는 줄 착각할 정도였다. 이

율리우스 카이사르 피살 장면을 묘사한 그림.

내 모두 피범벅이 됐다.

　카이사르도 반격하려고 했다.

　그러나 마르쿠스 브루투스가 치명타를 날렸다. 사생아 브루투스는 심장이나 목의 대동맥을 노리는 대신 카이사르의 사타구니를 힘껏 찔렀다. 살인 행위이지만 거세 행위이기도 했다. 자신을 당당한 아들로 인정해주지 않은 남자에게 치욕을 안겨주려는 의도였다. 피가 카이사르의 튜닉을 흠뻑 적시고 허연 맨 다리를 타고 줄줄 흘러내렸다. 카이사르는 다시 좌석에 털썩 주저앉았다.

　"브루투스, 너마저?"

　카이사르가 마르쿠스 브루투스를 응시하며 절망적인 목소리로 말했다.

　죽음의 순간을 내보일 수 없다는 일념에 카이사르는 토가 자락을 끌어당겨 얼굴을 덮었다. 핏물이 대리석 바닥을 적시는 사이 축 늘어진 카이사르의 몸이 스르르 바닥에 널브러졌다. 정적 폼페이우스상 발치였다.

얼굴은 가렸지만 죽음은 왔다. 죽은 다음에야 율리우스 카이사르는 그토록 원하던 절대 권력을 갖게 된다. 원로원이 '디비우스 율리우스'라는 존호를 추서한 것이다.

신 율리우스라고 해도 역시 죽을 수밖에 없는 인간에 불과했다. 정적들에게 살해당한 사실이 이를 분명히 말해준다.

기원전 42년
10월 23일 오전
그리스 북부 필리피

  신의 아들은 불사의 존재임을 자처했다.* 그러나 그런 그도 심한 감기
를 앓고 있었다.
  청년 옥타비아누스(가이우스 율리우스 카이사르 옥타비아누스)의 병치레

---

* 옥타비아누스(후일 '카이사르 아우구스투스(Caesar Augustus)'로 일컬어진다)는 Divi
Filius(디비 필리우스), 즉 '신의 아들'이라는 칭호를 평생 선전 도구로 써먹었다. 로마에
서 발행한 수천만 개의 동전에는 그의 얼굴과 함께 이 칭호를 새겼다. 기원전 38년 주조
된 은화 데나리온(denarius)은 심지어 율리우스 카이사르와 옥타비아누스의 옆모습을 서
로 마주 보게 새기고, 카이사르 옆에는 '신 율리우스', 옥타비아누스 옆에는 '신의 아들'이
라는 글자를 새겨넣었다.

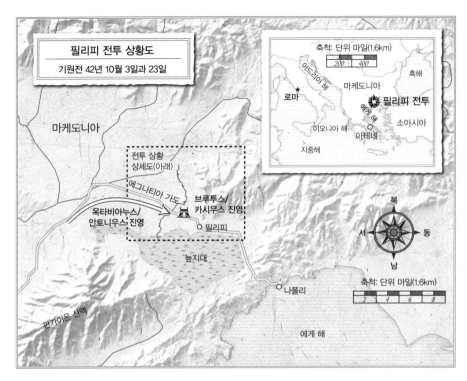

필리피 전투 상황도
기원전 42년 10월 3일과 23일

축척: 단위 마일(1.6km)
200 400

마케도니아
로마
이탈리아 해
흑해
이오니아 해
아테네
소아시아
필리피 전투
지중해
에게 해

마케도니아

전투 상황
상세도(아래)

에그나티아 가도

브루투스/
카시우스 진영

옥타비아누스/
안토니우스 진영

필리피

늪지대

판가이온 산맥

나폴리

에게 해

북
서 동
남

축척: 단위 마일(1.6km)
2 4 6 8

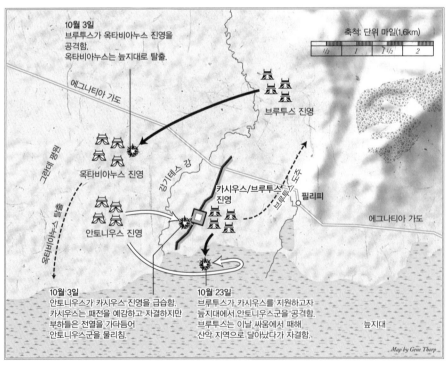

10월 3일
브루투스가 옥타비아누스 진영을
공격함.
옥타비아누스는 늪지대로 탈출.

축척: 단위 마일(1.6km)
1/2 1 1 1/2 2

에그나티아 가도

브루투스 진영

그란데 평원

옥타비아누스 진영

강기테스 강

옥타비아누스 탈출

안토니우스 진영

카시우스/브루투스
진영

브루투스 탈출

필리피

에그나티아 가도

10월 3일
안토니우스가 카시우스 진영을 급습함.
카시우스는 패전을 예감하고 자결하지만
부하들은 전열을 가다듬어
안토니우스군을 물리침.

10월 23일
브루투스가 카시우스를 지원하고자
늪지대에서 안토니우스군을 공격함.
브루투스는 이날 싸움에서 패해
산악 지역으로 달아났다가 자결함.

늪지대

Map by Gene Thorp

는 영원히 계속될 것 같았다. 그가 거느린 군대가 거대한 습지 바로 옆에 진을 친 것도 병이 악화되는 요인이 되었다. 디비 필리우스라는 칭호를 즐겨 사용한 청년은 외투로 몸을 꼭 감싼 채 구름 한 점 없는 파란 하늘을 예의 주시하고 있었다. 병고를 상쇄해줄 만한 희소식을 기다리는 중이었다. 옥타비아누스의 머리 위로 황금빛 독수리 두 마리가 큰 발톱을 내뻗은 채 좁은 원을 그리면서 빙빙 돌고 있었다. 공중전이 벌어진 것이다. 독수리는 로마 군단의 상징이었다. 따라서 옥타비아누스와 카이사르 암살파의 대결 전날에 이 거대한 맹금류의 결투 장면을 보게 된 것은 모종의 징조임이 분명했다.

그런데 어느 쪽에 유리한 징조일까? 옥타비아누스인가, 아니면 그의 삼촌을 죽인 '해방자들'인가?

양쪽 병력을 합치면 36개 군단에 20만 명이 넘었다. 양쪽은 발칸 반도의 이 드넓은 평원에서 마주 보고 대치중이었다. 한쪽에는 나지막한 산악이, 다른 쪽 옥타비아누스 진영 뒤로는 광대한 늪지가 펼쳐져 있어서 밀 농사를 짓거나 전투를 하기에 안성맞춤인 지형이었다. 밥 짓는 모닥불 1,000개에서 구수한 연기가 하늘로 피어오르고 있었다. 양측은 마지막 결전을 준비하고 있었다. 약 1,300킬로미터 떨어진 로마에서 2년 전에 있었던 율리우스 카이사르 암살에 대한 복수전이 될 터였다.

숫돌에 칼날 가는 소리가 사방에 울려퍼졌다. 병사들은 창과 활은 치워두고 오늘 싸움에 맞는 무기를 골랐다. 백병전이 될 게 뻔했다. 그래서 병사들은 근접전에서는 별로 쓸모가 없는 창 대신 단검과 장검을 칼집에 꽂아넣었다. 오랜 전투로 단련된 양쪽 진영의 군단 병사 수십만 명은 외투 자락을 허리띠 속으로 구겨넣으며 전의를 다졌다. 적을 향해 돌진할 때 옷자락에 발이 걸려 넘어지는 일이 없도록 하기 위한 조치였다.

카이사르 아우구스투스(옥타비아누스) 초상. 로마제국 초대 황제다.

기병대의 말들도 병사들이 등에 안장을 올리는 동안 얌전히 서 있었다. 이제 무슨 일이 벌어질지 녀석들도 다 알고 있었던 것이다. 피와 살이 튀는 대혼란이 될 것이었다.

옥타비아누스의 동맹자인 마르쿠스 안토니우스(당시 41세) 장군이 전투준비 상황을 감독하고 있었다. 정치가이기도 한 안토니우스는 술고래에 소아 성애도 마다하지 않았지만 어느 모로 보나 역시 전사戰士였다. 떡 벌어진 어깨에 두툼한 가슴 근육, 용맹한 외모와 근육질의 허벅지는 본인도 자랑스럽게 생각하는 바였다. 전투가 벌어지면 진지에 남아 있을 옥타비아누스와 달리 마르쿠스 안토니우스는 전쟁터 한복판에 뛰어들어 병사들과 똑같이 적과 맞붙어 치열하게 싸울 생각에 벌써부터 가슴 설레고 있었다.

반면에 옥타비아누스는 병약하고 도도한 스물한 살 청년이었다. 코가 크고 턱이 밑으로 들어갔으며, 양쪽 광대뼈는 사이가 멀고 불쑥 튀어나왔다. 머리털은 짧고 앞머리는 가지런히 자른 스타일인데, 머리를 한쪽으로 빗어넘기는 버릇이 있었다. 카이사르의 양자인 옥타비아누스는 직속 부하들조차 직접 지휘하지 않았다. 지휘는 같은 또래의 마르쿠스 빕사니우스 아그리파에게 맡겼다. 아그리파는 근육질에다 지적인 인물로 지리학에 대한 열정이 엄청났다.

옥타비아누스는 완력과 군사적 재능은 떨어졌지만 교활함과 담대함으로 그런 부족함을 메우고도 남았다. 율리우스 카이사르가 유언장에서 자신을 합법적인 독재관 후계자로 지명했다는 사실을 안 후로 옥타비아누스는 막대한 공금을 사적인 용도로 착복하고, 세금을 인상했으며, 자신을 '신의 아들'이라고 선언했다. 또 카이사르 암살을 주도한 마르쿠스 브루투스와 카시우스—이들의 군대는 지금 바로 맞은편에 대기하고 있다—를 국가의 공적이라고 못 박았다. 브루투스와 카시우스는 재산을 몰수당하자 로마를 탈출해 훗날을 도모했다. 이들은 승리의 월계관을 쓰고 다시 로마에 입성할 계획으로 군대를 규합했다. 옥타비아누스와 안토니우스는 바로 그 군대를 추격해 불과 몇 달 전 여기 이 평원에서 카이사르 암살파를 따라잡은 것이다. 양쪽 군대는 여기서 진을 치고 여름 한 철을 보냈다. 양측은 목책을 비롯한 방어 시설을 축조하면서 서로를 지켜보며 이날을 기다려왔다. 옥타비아누스로서는 고통스럽기 그지없는 나날이었다. 오랜 추위로 병이 나을 만하면 도지고 나을 만하면 또 도졌다.

카시우스가 첫 사망자였다. 3주 전 양측이 처음 맞붙은 전투에서였다. 전세가 기울자 카시우스는 포로로 붙잡혀 끔찍한 고통을 당할 것을 두려워한 나머지 자살을 택했다. 카이사르와 함께 복무한 마르쿠스 리키니우스 크라수스 장군의 이야기를 들으면 누구라도 항복을 다시 생각하게 됐을 법하다. 크라수스는 기원전 53년 카레 전투에서 파르티아인들에게 패했는데, 파르티아인들이 금 녹인 물을 목구멍에 강제로 들이부어 죽였다는 것이다.* 카시우스는 모든 게 끝났다고 생각하고 칼을 거꾸로 놓고 고꾸라져 죽었다. 그러나 잘못된 생각이었다. 그가 자살한 직후 암살파 군대는 전세를 뒤집고 승리했다.

그날 오후 옥타비아누스도 죽기 일보 직전까지 갔다. 카시우스군이 반격에 나서서, 그가 머물고 있는 진영을 점령해버린 것이다. 젊은 사령관 옥타비아누스는 카시우스군이 자신의 진영을 약탈하는 사이 늪지에 숨어 탈출했다. 부하 15,000명이 도살당하는 동안 비겁하게 도망친 옥타비아누스는 사흘을 더 숨어 지내다가 슬그머니 자기 군막으로 들어갔다.

그뒤로 3주가 지난 지금 투바이tubae라는 이름의 놋쇠 나팔 소리가 평원 곳곳에서 일제히 메아리쳤다. 로마 병사들의 가슴을 뛰게 하는, 전투 개시 신호 소리였다.

---

* 생포되면 곤란하다는 교훈을 주는 또다른 사건이 몇 년 뒤 다시 일어났다. 로마 군단이 토이토부르크 숲 전투에서 게르만족에게 결정적인 패배를 당했을 때였다. 게르만족은 버들가지로 엮은 바구니에 로마군 포로를 산 채로 처넣은 다음 불에 태워 죽이기도 하고 제단에 올려놓고 죽인 다음 신에게 제물로 바치기도 했다. 부하들의 비명을 듣고 로마 장군 푸블리우스 퀸크틸리우스 바루스는 곧 자살했다. 나중에 게르만족은 바루스의 목을 베어 장사를 지내라며 로마로 보냈다. 아이러니한 것은 바루스의 아버지도 카이사르 암살파의 일원으로 필리피(빌립보) 전투에서 자살을 택했다는 것이다. 한편 바루스는 헤롯 대왕 사후 유대에서 일어난 봉기를 진압하기 위해 예루살렘 외곽에서 유대인 2,000명을 십자가형에 처한 것으로 악명이 높다.

이날 아침 겁쟁이 사령관은 설욕을 하게 된다. 옥타비아누스는 이미 그것을 알고 있었다. 지금 막 독수리 두 마리의 싸움이 판가름이 났기 때문이다. 위엄이 넘치는 독수리는 어떤 의식을 위해 미리 준비해둔 것이 아니었다. 그야말로 우연히 전쟁터 상공에서 싸우게 된 것이다. 그런데 마르쿠스 브루투스 진영에서 날아온 독수리가 땅으로 곤두박질쳤다. 옥타비아누스 진영에서 날아간 독수리에게 죽임을 당한 것이다.

분명 길조였다. 그리고 신의 아들 옥타비아누스도 암살당한 삼촌 율리우스 카이사르처럼 미신을 잘 믿는 편이었다.

†††

카이사르 피살 사건은 발생한 지 2년이나 지났건만 여전히 세계 곳곳에 큰 영향을 미치고 있었다. 로마에서는 혼란이 계속됐고, 이집트도 상황은 비슷했다. 클레오파트라는 권력 유지를 위해서라면 남동생들을 가차 없이 죽이는 짓도 마다하지 않았다. 유대에도 사건의 충격파가 서서히 밀려들었다. 예루살렘에서 좀 떨어진 갈릴리 지방도 곧 충격파를 감지할 수 있게 된다. 당시 갈릴리의 나사렛 마을에서는 야곱이라는 이름의 목수가 요셉이라는 아들을 키우고 있었다.

야곱은 유대교에서 유대 민족의 조상으로 여기는 아브라함과 유대 역사상 가장 위대한 왕 다윗의 직계 후손이었다. 야곱에서 아브라함까지는 26대였고, 다윗까지는 최소 14대였다. 그러나 아브라함은 대단한 부자였고, 다윗과 그 아들 솔로몬은 훨씬 더 그랬지만 그 후손들은 대대로 어렵게 살았다. 한적하고 평범한 나사렛 마을은 야곱의 선조들이 누리던 위대한 왕국들과는 한참 거리가 멀었다. 주민이 36가구 400명이 채 안 되는 마을로 갈릴리 남부의 구릉지에 둘러싸인 분지였다. 자그마한 집들*은 구릉지에 널린 무른 석회석과 다른 돌들로 지은 것이었다. 목수인 야곱은 주춧돌을 놓기도 하고 인근 숲에서 잘라온 참나무로 지붕을 엮고 가구를 만들기도 했다. 나사렛에는 일감이 별로 없지만 걸어서 한 시간 거리인 인근 대도시 세포리스에는 늘 일거리가 많았다.

야곱은 아버지가 그런 것처럼 꼬마 아들 요셉에게 가업을 잇는 훈련을 시켰다. 건축 일은 물론이고, 포도주와 올리브유 짜는 법, 산허리에 계단밭을 일구어 가족을 먹일 곡식을 재배하는 법, 개울의 물길을 돌려 관개용수로 쓰는 법 등 생존에 필요한 기술들을 가르쳤다. 그러나 가장 중요한 일은 유대교 신앙을 가르치는 일이었다. 나사렛도 오랜 세월에 걸쳐 그리스, 아랍, 로마 문화의 영향을 받았지만 2,000년 전 아브라함이 이 땅에 발을 디딘 후로 야곱의 선조들은 변함없이 하나뿐인 진정한 신을 모셔왔다.

위대한 율리우스 카이사르조차도 유대교 전통을 바꾸려는 시도는 하지 않았다. 계산이 빠른 통치자 카이사르는 베누스 신을 믿고 기도보다는 동물의 내장으로 점을 치는 일을 즐겼지만 놀랍게도 유대 지역과 유대인들의 생활양식을 존중해줬다. 물론 유대가 시리아와 이집트의 천연 완충지대 역할을 한다는 계산이 있었다. 카이사르는 2,000년 뒤 나치 독일이 그런 것처럼 정복지 원주민 지도자들에게 통치권의 일부를 허여

---

* 나사렛 마을의 전형적인 가옥은 2층 또는 1층으로 된 단독주택으로 대개 석회석 언덕 측면에 지었다. 바닥은 일반 흙에 재와 점토를 섞어 다져서 만들었고, 벽은 돌을 층층이 쌓아올렸다. 틈 사이에는 진흙을 발라 바람을 막았다. 지붕은 납작한 형태로 나무와 짚, 진흙, 석회를 이겨 만들었다. 1층은 화덕에 불을 피우고 각종 물품을 보관하는 한편, 야간에는 가축을 들여 재우는 용도로 썼다. 2층은 양털을 채운 얇은 매트리스를 깔고 자는 침실이었다. 1층과 2층은 사다리로 연결했다. 집 안에 욕실이나 화장실은 따로 없었다.

하는 것이 제국을 탈 없이 유지하는 방편이라는 것을 잘 알고 있었다. 로마의 이런 지배 정책을 후일 나치도 차용한다. 현지 원주민 고위급 인사를 꼭두각시 통치자로 임명하고 정보원들을 풀어 반란의 기미가 조금이라도 보이면 즉시 적발해 처단하는 방식이다. 그러면 겉으로는 일상적인 생활이 유지된다. 물론 그 뒤에는 철저한 통제가 있다.

카이사르의 죽음은 변방 유대에도 직접적인 영향을 미쳤다. 물론 그 주민들은 이런 사실을 잘 몰랐다. 그러나 역사의 전환점이 되는 필리피 전투_{Battle of Philippi}는 카이사르의 죽음보다 훨씬 더 큰 영향을 미치게 된다. 필리피 전투가 끝난 후 유대인들은 지금까지와는 전혀 다른 세상에서 살게 된다.

✝✝✝

전투는 끝났다. 많은 사람들이 우려한 것처럼 싸움은 치열했고 유혈이 낭자했다. 글자 그대로 육박전 상황에서 서로를 죽이려고 안간힘들을 썼다. 손톱으로 할퀴고 후비는 일도 비일비재했다. 칼에 찔린 상처는 물론이고 팔다리와 눈이 떨어져나간 곳에서는 피가 쏟아져나왔다. 힘줄이 잘리고 넓적다리 뒤쪽 근육이 떨어져나가 걷지 못하는 병사도 많았다. 이들은 전쟁터에서 서서히 죽어갔다.

수많은 시체가 쌓이면서 산악과 늪지 사이 평원을 뒤덮었다. 시체는 곧 청소가 될 터였다. 인근 주민들이 떼로 몰려와 값나갈 만한 물건을 다 털어가면 이어 몸집이 큰 말똥가리와 늑대들이 달려든다. 녀석들이 모처럼 포식하는 날이다.

패했지만 살아남은 자들은 사슬에 묶여 있지만 여전히 반항적이다.

옥타비아누스가 모습을 드러내자 야유를 퍼붓는다.

이 무리 중에 패장 마르쿠스 브루투스는 없었다. 그는 노예에게 죽여 달라고 부탁했고, 노예는 길이 61센티미터의 검으로 강한 일격을 가해 일을 끝냈다. 군사들은 브루투스의 머리를 베어 로마로 보내고 나머지 시신은 현장에서 화장했다.

긴 나팔 소리가 다시 울리기 전에 이미 모두들 알고 있었다. 이날이, 이 전투가 로마 공화국의 운명을 결정지으리라는 것을.

실제로 그랬다. 얼마 후 공화정은 끝이 나고, 전제군주가 통치하는 제정 시대가 열렸다. 11년이라는 긴 세월이 지나서야 아무도 시비하지 못하는 황제로 우뚝 서지만 옥타비아누스는 이미 이 순간이 결국 그런 영광의 순간으로 이어질 것임을 알고 있었다. 이후 그는 죽을 때까지 통치자로 군림하면서 세월이 갈수록 더욱 잔인해졌다. 나사렛의 야곱이 어린 요셉에게 가업을 잇는 훈련을 시킨 것처럼 새 황제도 의붓아들 티베리우스에게 철권으로 다스리는 법을 가르치게 된다. 그리하여 황제로 지명된 날부터 티베리우스는 무자비한 방식으로 권력을 유지한다. 반대 의견은 일절 용납하지 않았고, 반란은 철저히 분쇄했다. 로마에 위협이 되는 인물은 채찍질하고 옷을 벗겨 만인이 보는 앞에서 십자가에 못 박았다.

후일 그렇게 십자가에 매달린 사람 중에는 어느 평범한 목수도 있었다.

그러나 필리피 전투가 끝난 이날 옥타비아누스 말고 또 한 명의 장군이 패잔병들 사이를 걸어다니고 있었다. 그러나 조롱이나 야유를 받지는 않았다. 마흔한 살의 마르쿠스 안토니우스가 대학살의 현장을 돌아다닌 것은 의도적이었다. 승자와 패자를 막론하고 양쪽 진영의 병사들은 그의 용맹을 찬양했다.

옥타비아누스와 안토니우스가 승자였다. 그러나 결국 새 제국의 지배자는 단 한 명이 될 수밖에 없었다. 이후 10년간 두 사람은 길고도 치열한 싸움을 벌이게 된다. 로마를 완전히 지배하기 위한 이 싸움은 전 세계에 영향을 끼친다.

††††

최후의 결전은 기원전 31년 그리스 연안 악티움에서 벌어졌다. 전투가 시작되기 직전, 안토니우스의 최고위급 참모 중 하나인 퀸투스 델리우스 장군이 옥타비아누스에게 투항하면서 안토니우스의 작전 계획을 넘겨줬다. 이 때문에 안토니우스의 함대는 결국 궤멸하고, 지상군 19개 군단과 기병 13,000명도 뿔뿔이 달아나게 된다.* 거느린 병력도 없이 쫓기는 신세가 된 안토니우스는 클레오파트라와 함께 이집트로 탈출한다. 클레오파트라는 안토니우스의 오랜 연인으로 카이사르 피살 이후 옥타비아누스 대신 전사 안토니우스를 정치적 동맹자로 선택한 바 있다. 격분한 옥타비아누스는 도주하는 두 사람을 끝까지 추격했다. 안토니우스

---

* 악티움은 지금의 그리스 서부 항구도시 프레베자(Preveza)다. 일부 학자들은 마르쿠스 안토니우스가 10년 동안의 내전 끝에 주위의 설득을 받아들여 로마제국에 대한 지배권을 포기하고 이집트로 물러나 클레오파트라와 함께 지내려고 했다고 본다. 그의 군대는 말라리아로 수가 크게 줄었고, 사기는 그야말로 바닥이었다. 이 주장에 따르면 악티움 해전은 퇴진을 은폐하기 위한 술수였다. 이것이 사실이라면 안토니우스는 역사상 최고의 속임수를 쓴 인물로 기록될 것이다. 전함 230척과 궁수 수천 명, 병력 2만 명을 투입한 것이 속임수를 위한 작전이었다는 얘기다. 전투는 해상에서 진행됐고, 해변에 진을 치고 있던 안토니우스의 지상군이 옥타비아누스의 지상군과 맞서 싸워보기도 전에 끝이 났다. 로마를 지배하려는 꿈을 포기하지 못한 클레오파트라도 악티움 해전 당시 안토니우스와 좀 떨어진 거리에서 배에 타고 있었다. 두 연인이 도주하기 직전 안토니우스군은 병력 5,000여 명이 전사하고 전함 약 200척이 나포되거나 침몰한 상태였다.

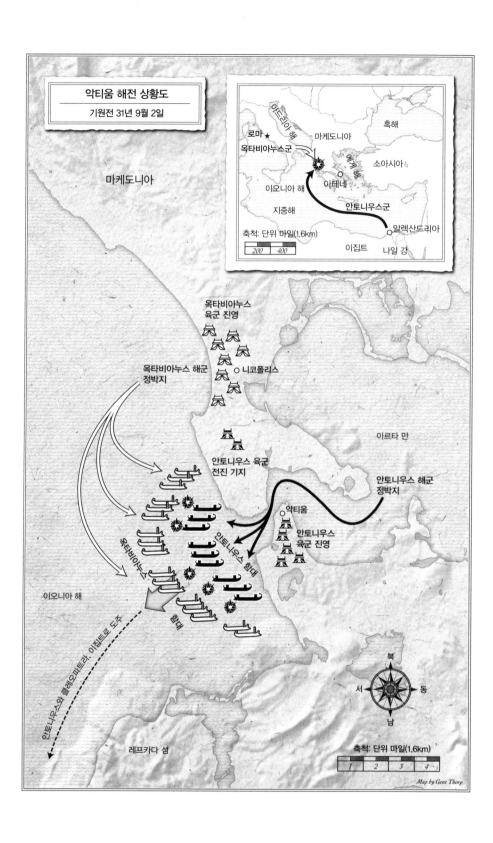

악티움 해전 상황도
기원전 31년 9월 2일

마케도니아

아드리아 해
로마 ★
옥타비아누스군
마케도니아
흑해
에게 해
소아시아
옥타비아누스군
이오니아 해
아테네
지중해
안토니우스군
알렉산드리아
축척: 단위 마일(1.6km)
200   400
이집트
나일 강

옥타비아누스
육군 진영

옥타비아누스 해군
정박지

○ 니코폴리스

아르타 만

안토니우스 육군
전진 기지

안토니우스 해군
정박지

○ 악티움
안토니우스
육군 진영

안토니우스 함대

이오니아 해

옥타비아누스 함대

안토니우스와 클레오파트라 이집트로 도주

레프카다 섬

북
서   동
남

축척: 단위 마일(1.6km)
1   2   3   4

Map by Gene Thorp

는 사로잡히지 않기 위해서 칼로 자결하고 연인 클레오파트라 품에 안겨 죽었다. 클레오파트라도 곧 아편과 독미나리 즙을 섞어 만든 독약을 마시고 따라 죽는다.* 이때 그녀의 나이 서른아홉이었다.

안토니우스와 클레오파트라가 죽은 뒤 옥타비아누스는 클레오파트라가 낳은 카이사르의 사생아 카이사리온을 죽이라고 명했다. 삼촌 카이사르의 명실상부한 후계자임을 확실히 보여주기 위한 조치였다. 열여섯 살의 카이사리온은 인도로 도망쳤다가 새 파라오로 임명하겠다는 약속에 속아 이집트로 돌아왔다. 파라오 운운은 거짓말이었다. 옥타비아누스의 심복들은 이집트 왕위를 꿈꾸는 십대 소년을 목 졸라 죽였다. 이로써 카이사르가 한창 잘나가던 시절 그와 처음 잠자리를 한 후로 클레오파트라가 추진해오던 계획은 종말을 고하게 된다. 우여곡절 끝에 새로운 시대가 시작된 것이다.

공화정에서 제정으로 탈바꿈한 로마는 이제 신의 아들을 자처하는 유일 권력자의 지배를 받게 된다. 옥타비아누스는 그런 이름에 걸맞은 통치를 하게 된다.

모두가 그를 카이사르 아우구스투스(존엄한 통치자)로 칭하며 환호했다.

---

* 클레오파트라가 작은 독사(이집트 코브라라고 보는 사람도 있다)에게 벌거벗은 가슴을 물게 해 자살했다는 전설은 그야말로 전설이다. 아편과 독미나리 즙을 섞어 만든 독약은 위대한 그리스 철학자 소크라테스가 생을 마감할 때 사용한 것이기도 하다.

4장

기원후 7년
3월 22일 정오
유대 땅 요르단 강 골짜기

아이가 사라졌다. 아직 살 날이 23년 남은 아이였다.

예루살렘 북동쪽 도로는 먼지만 풀풀 날리고 황량했다. 인적 없는 도로는 비탈을 따라 내려가다가 시내를 지나 요르단 강과 그 건너 바위투성이 사막 페레아까지 이어진다. 그늘도 없고 햇빛을 피할 만한 장소도 거의 없다. 마리아와 요셉은 기다란 순례자 행렬에 섞여 나사렛으로 돌아가고 있었다. 유대교 율법에 따라 매년 예루살렘에서 치르게 돼 있는 유월절 축일이 끝난 것이다. 부부가 뒤로 한 도시는 예수가 태어날 당시와는 전혀 달랐다. 독재자 헤롯 대왕이 오래전에 죽었지만—마지막 순

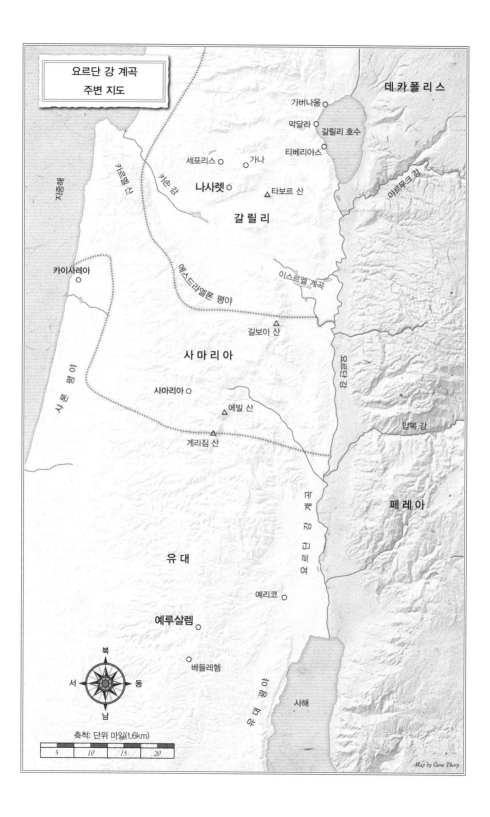

요르단 강 계곡
주변 지도

데카폴리스

가버나움 ○
막달라   갈릴리 호수
티베리아스 ○

세포리스 ○   ○ 가나

지중해

나사렛 ○   △ 타보르 산

갈릴리

아르무크 강

카이사레아

에스드라엘론 평야

이스르엘 계곡

길보아 산 △

사마리아

사마리아 ○

에발 산 △

게리짐 산 △

요단 강

압복 강

페레아

유대

여리고 ○

예루살렘 ○

북

서   동

남

베들레헴 ○

사해

축척: 단위 마일(1.6km)

5   10   15   20

Map by Gene Thorp

간에는 정신이 나가서 칼을 휘두르며 아들 한 명을 또 죽이라고 소리쳤을 정도였다—유대인들의 삶은 나아지기는커녕 더 나빠졌다.

기원전 4년 3월, 헤롯이 죽자 격렬한 폭동이 일어나 무정부 상태가 됐다. 예루살렘 시민들은 헤롯의 후계자는 아버지와 판박이이지만 훨씬 취약하다는 것을 간파했다. 헤롯의 뒤를 이은 새 왕 아켈라오는 강력한 반격을 가함으로써 헤롯 대왕만큼 잔혹할 수 있다는 것을 과시했다. 학살극은 유월절에 일어났다. 과거 유대인들이 파라오 치하의 이집트에서 노예살이하던 시절에 하느님의 명을 받은 죽음의 천사는 새로 태어난 이집트인 맏아들만 다 죽이고 유대인들의 집은 '건너뛰'었는데, 유월절은 이 일을 기념하는 날이었다. 유월절은 유대 민족이 노예살이에서 해방된 것을 상징한다. 당시 모세는 유대 민족을 이끌고 이집트를 탈출해 하느님이 약속한 고향 땅으로 향했다.

유월절이 되면 예루살렘은 전 세계에서 모여든 수십만 명의 순례자로 북적인다. 이런 시기에 아켈라오가 예루살렘 성전 뜰을 가득 메운 군중 사이로 기병대를 돌진시켜 무력을 과시한 것은 그야말로 충격이었다. 아켈라오의 지시를 받은 바빌로니아인, 트라키아인, 시리아인 용병들이 창과 장검을 휘두르며 무고한 순례자 3,000명을 학살했다. 마리아와 요셉과 예수는 그 장면을 직접 목격했는데 천만다행으로 예루살렘 성전을 빠져나왔다. 세 사람은 또다른 반란을 막기 위해 출동한 로마군이 예루살렘 성벽 바깥에서 반란에 가담한 유대인 2,000여 명을 십자가형에 처하는 광경도 보았다. 시신은 끌어내려 매장하지 않고 십자가에 그냥 매달아놓았다. 이는 유대교 율법에 어긋나는 행위였다.* 시신을 썩

---

* 「신명기」 21장 22~23절 참조. "죽을죄를 지은 사람을 처형하고는 나무에 매다는 경우가

게 두거나 들개와 독수리 들의 밥이 되게 한 것은 로마제국에 대항하면 어떻게 되는지 똑똑히 보라는 경고였다.

로마는 곧 유대 내정內政에 적극 개입했다.* 기원후 6년 아우구스투스 황제는 아켈라오가 통치에 부적합하다고 보고 그를 갈리아로 추방해버렸다. 유대는 이제 로마에서 파견한 총독이 다스리는 로마 속주가 되었다. 물론 헤롯이 다스리던 왕국의 상당 부분을 관할하는 유대인 지배자들은 여전히 있었다. 그러나 이들은 꼭두각시에 지나지 않았으며, 칭호도 왕이 아니라 사분영주四分領主, tetrarch였다. 사분영주란 특정 지역을 넷으로 나눠 관장한다는 의미로 로마제국에 예속된 현지 지배자를 말한다. 헤롯 대왕이 다스리던 유대 지역은 그의 사후 아들들에게 이양됐다. 장남 아켈라오가 4분의 2를 차지하고 헤롯 안티파스(안디바)와 빌립(필립보)이 각각 4분의 1을 차지했다. 로마는 기원후 6년 아켈라오를 추방한 뒤 총독을 파견해 유대인들의 땅을 감시하게 했다.

예루살렘은 현지 귀족들과 예루살렘 성전 담당 대제사장이 관할했다. 이들은 산헤드린Sanhedrin이라는 기구를 통해 법과 질서를 유지했다. 재판관 71명으로 구성된 산헤드린은 유대교 율법을 집행하는 전권을

있다. 이렇게 나무에 달린 시체는 하느님께 저주를 받은 것이니, 그 시체를 나무에 단 채 밤을 보내지 말고 그날로 묻어라. 시체를 그대로 두어 너희 하느님 야훼께 유산으로 받은 너희 땅을 더럽히면 안 된다.”

* ‘유대인(Jew)’은 히브리어로 ‘예후디(Yehudi, יהודי)’다. 예후디는 원래 ‘예후다(유대) 땅에 사는 사람’이라는 의미다. 예후다에는 예루살렘과 예루살렘 성전도 포함된다. 예후디는 나중에 예후다 종교(유대교) 공동체 구성원을 의미하게 된다. 후대의 일부 예언서와 「에스더서書」에서는 예후디가 이런 의미로 사용됐다. 유대인을 ‘히브리인(Hebrews, עברים)’이라고도 한다. ‘이스라엘의 아들’이라는 뜻이다. 유대인을 그리스어로는 ‘이우다이오이(Ioudaioi)’, 라틴어로는 ‘유다이이(Iudaei)’라고 했다. 히브리어로는 ‘이스라엘(Israel)’ ‘이스라엘의 아들’ ‘예후딤(Yehudim)’이라고 해도 된다.

가졌지만 사형 처분의 경우에는 로마 총독의 재가를 받아야 했다.

이런 식으로 아우구스투스 황제는 유대교 신앙을 욕보이지 않으면서 로마제국의 통치권을 적절히 행사했다. 그러나 자신의 권위에 대해서는 절대 복종을 요구했다. 유대인들로서는 감내하는 것 외에는 선택의 여지가 없는 모욕이었다. 그렇다고 해서 유대인들이 반란을 포기했다는 의미는 아니다. 오히려 유대는, 유럽으로 뻗어나가는 한편으로 파르티아 사막을 넘고 지중해 연안 전체를 장악한 막강 로마제국 판도에서 그 어떤 지역보다 봉기가 많이 일어난 곳이었다. 최악의 반란은 기원전 4년에 일어났다. 예수가 한 살밖에 안 됐을 때였다. 일부 무리는 세포리스의 대형 궁성으로 쳐들어가 무기를 약탈해서는 주민들에게 나누어준 뒤 지방정부를 접수하려고 했다. 아우구스투스 황제의 명령이 떨어지자 시리아 총독 푸블리우스 퀸크틸리우스 바루스는 기병대를 동원해 반란 분자는 모두 죽이고 세포리스를 잿더미로 만들어버리는 한편 8,000명이 넘는 주민 전체를 노예로 만들었다.

그러자 유대인들은 로마 산産 도자기 불매운동에 나섰다. 큰 타격을 주지 못하는 소극적인 행동이지만, 아무리 탄압해도 유대인은 절대 로마의 군홧발에 완전히 짓밟히지는 않는다는 것을 매일같이 상기시켜주는 역할을 했다. 율리우스 카이사르가 집권하던 공화정 시기의 로마는 유대 내정에 별로 간섭하지 않았지만 제정 시기의 로마는 유대인들을 점점 억압적인 방식으로 지배했다.

지금 율법을 엄수하는 순례자 수천 명이 황량한 길을 가득 메운 채 요르단 강을 향해 몰려가고 있다. 이제 성전 바로 옆 병영에 주둔하는 로마 병사들에 대한 두려움과 불만은 사라졌다. 유월절이 끝난 것이다. 무리는 시계市界 바깥으로 통하는 성문 앞에서 걸음을 멈췄다. 세금 징수원에게 다시금 엄청난 세금을 바쳐야 하기 때문이다. 이번에는 예루살렘에서 구입한 물품에 대한 세금이다. 이런저런 세금으로 사람들 살림살이는 힘겹기 그지없다. 세금을 내고서야 무리는 고향 갈릴리로 가는 길에 들어섰다. 순례자들은 엄청난 대열을 이루어 걷고 있다. 강도나 인신매매범, 노예 상인들의 공격으로부터 안전을 확보하기 위한 것이다. 운 좋은 극소수는 당나귀에 짐을 싣고 가지만 대부분은 먹고 마실 것을 이고 지고 걷는다. 그런데 어제부터 열두 살 난 예수의 모습이 보이지 않았다. 하지만 마리아와 요셉은 행렬 어딘가에서 친구나 친척 들과 함께 있겠거니 했다.

이 길은 고향으로 가는 가장 편한 길도, 가장 짧은 길도 아니지만 제일 안전했다. 곧장 질러가는 길을 택하면 이틀이 단축되지만 그러려면 정북 방향으로 사마리아 지방을 통과해야 한다. 사마리아인과 유대인의 종족 감정은 악명이 높다. 또 산악 지역 오솔길을 지나야 하는데, 거기에는 살인을 서슴지 않는 산적들이 우글거린다. 이들은 유대인에 대한 증오가 대단하다.

그래서 순례자 행렬은 사마리아를 우회해서 험난하다고 할 수밖에 없는 길로 들어선 것이다. 도중에는 여인숙도 없고 식량과 물을 구할 방도도 없다. 지형은 사막과 바위투성이 황무지가 교대로 이어진다. 그래도 무리를 이루어 다니니 안전하다. 마리아와 요셉은 같이 가는 사람들과 다들 안면이 있다. 매년 이 순례길을 함께하기 때문이다. 사람들은 서로 돌봐주고 남의 가족까지 챙겨준다. 날이 어두워져서 꼬마가 부모를 잃으면 재워주고 다음날 아침 부모에게 보내기도 한다.

마리아와 요셉은 예수도 그럴 것이라고 생각했다. 예수는 똑똑하고 카리스마가 있는 아이여서 늘 남들과 잘 어울렸다. 따라서 어젯밤 모닥불 옆에서 부모와 같이 있지 않았다고 해서 놀랄 일도 아니었다. 부부는 아들이 아침이면 나타날 것이라고 굳게 믿었다.

그러나 아침이 밝고 다시 한낮이 됐다. 해가 벌써 중천에 걸렸다. 그제야 마리아와 요셉은 아들 예수를 본 지 꽤 오래됐다는 생각이 들었다.

부부는 긴 행렬을 되짚어가며 아들을 찾았다. 점점 불안해졌다. 동료 순례자들을 붙잡고 혹시 우리 아들을 보지 못했냐고 계속 물었다. 그러나 행렬이 예루살렘을 벗어난 뒤로 예수를 봤다는 사람은 아무도 없었다.

마리아와 요셉은 아들이 완전히 뒤처진 것이라는 결론을 내렸다.

달리 방도가 없었다. 부부는 온 길을 되짚어 갔다. 그렇게 예루살렘까지 걸어가서, 필요하다면 로마 병사에게 다시 한번 고개를 조아려야 할 것이었다. 예수를 찾는 게 급선무였다.

그의 운명은 예언대로 성취되어야 했다. 물론 걱정에 사로잡힌 부모는 그 운명이 얼마나 끔찍한 것인지에 대해서는 전혀 알지 못했다.

기원후 7년
3월 23일 오후
예루살렘

　마리아와 요셉은 한참을 걸어서 다시 예루살렘에 도착했다. 이제 예
수를 찾는 것은 시간 문제였다. 복작복작 정신없이 바쁜 도시에서 장사
꾼과 군인과 이국적인 여행객 들 사이 어딘가에 틀림없이 아들이 있을
것이다.

　한편 '신의 아들'―예수는 바로 이날 처음으로 스스로를 이렇게 칭하
게 된다―은 유대인 학자 한 무리가 유대교에 관해 토론하는 것을 황홀
한 표정으로 듣고 있었다. 열두 살 나사렛 예수는 높다란 성전 본관 그
림자가 드리워진 테라스에 앉아 있었다. 바로 옆은 '쪼갠 돌의 방'이라

소년 예수가 예루살렘 성전에서 학자들과 토론하는 모습을 담은 그림.

는 산헤드린 공회당이었다. 유월절에 수많은 순례자가 모여든 곳도 바로 지금 예수가 앉은 자리 주변이었다. 사람들은 테라스와 그 아래 계단까지 가득 메운 채 현자와 제사장 들이 하는 설교를 경청했을 것이다. 성전 구내는 이처럼 거룩한 분위기이지만 유대인들은 마음이 영 불편했다. 황제가 보낸 로마 병사들이 돌아다니며 소요의 조짐 같은 것이 없나 감시의 눈을 번득이고 있다는 것을 잘 알기 때문이었다.

그 많던 순례객은 고향을 향해 먼 길을 떠났고, 로마 병사들도 성전 인근 안토니아 요새 병영으로 돌아갔다. 그래서 평소 성전 구내에서 예배를 드리는 사람들은 기도하고 금식하고 경배하고 제물을 바치고 설교하는 일상으로 돌아갔다. 이런 규칙적인 종교 생활은 아이가 전에 겪어보지 못한 것이었다. 아이는 거기에 흠뻑 빠져 있었다. 수염도 안 난, 평상복 차림의 갈릴리 시골 출신 아이가 옷자락을 치렁치렁 늘어뜨리고 수염이 성성한 학자들 틈에 끼어 혼자 앉아 있는 모습은 이상해 보일 수도 있었다. 그런데 유대 역사에 대한 방대한 지식을 자랑하는 랍비들은 아무 말도 하지 않았다. 아니, 사실은 그 반대였다. 어린 예수가 복잡한 종교 관련 개념들을 잘 알고 있는 것을 보고 제사장과 랍비 들은 너무도 놀라워 할 말을 잃은 것이다. 그들은 예수가 하는 말을 귀 기울여 들으면서 예수를 대단한 학자처럼 대접했다. 그러면서 간간이 서로 쳐다보며 아이의 놀라운 재능에 감탄을 금치 못했다.

예수는 부모님이 벌써 나사렛을 향해 출발했다는 것을 잘 알고 있었다. 그는 무심한 아이가 아니었다. 다만 지식에 대한 갈증과, 고수들과 더불어 종교 문제에 관해 의견을 나눠보고 싶은 열망이 너무 큰 나머지 마리아와 요셉이 자신이 없어진 것을 알면 크게 걱정할 것이라는 데까지 생각이 미치지 못한 것이었다. 더구나 자신의 행동이 불효라고는 전혀 생각지 않았다. 하느님의 의미를 깊이 천착하고픈 마음에서 다른 생각을 모두 잊게 된 것이다. 모든 유대인 소년과 마찬가지로 그 역시 사춘기가 되면 그냥 어린 소년이 아니라 유대교 공동체의 온전한 일원으로 간주되고 따라서 자신의 행동에 대해서 책임을 져야 할 것이다. 그러나 예수는 또래 소년들과는 달랐다. 그는 자신이 믿는 종교에 대해 입에서 입으로 전해오는 이야기를 배우는 것으로 만족하지 않았다. 그 상세한 의미와 대표적인 인물들에 대해 다른 이와 치열하게 토론해보고 싶은 마음이 간절했다. 그런 열망 때문에 예수는 부모가 고향으로 떠난 지한참이 지난 지금까지도 새로운 질문거리를 찾고 있었다.

††✝

　한편 마리아와 요셉은 예루살렘에서도 좁은 길과 시장이 모여 있는 남동부 구릉지 일대Lower City를 정신없이 뒤졌다. 아이가 혹어 잘못됐으면 어쩌나 하는 마음에 애가 탔다. 귀향 대열에서 이탈했다가 납치를 당했을지도 모른다. 그런 일이 흔했다. 그러나 부부는 아들이 예루살렘 안에 있을 것이라고 믿었다. 혼자 겁에 질린 채 배를 쫄쫄 굶고 있을 게 분명했다. 어쩌면 제사장들이 가엾게 여겨 성전 구내에서 재워주었을지도 모른다. 성전에는 방이 많으니까. 아니면 골목길 한구석에 웅크리고 앉아 차가운 밤공기에 떨고 있을지도 모른다. 예수가 사라진 것은 참으로 이상한 일이었다. 평소 그 아이답지 않았기 때문이다. 예수는 품행이 반듯했다. 마리아와 요셉을 걱정시킬 아이가 아니었다.

　마리아와 요셉은 남문을 통해 성전 구내로 들어간 다음 널따란 돌계단을 올랐다. 계단을 한참 올라가면 성전 본관이 있는 성전산 정상이 나온다. 부부는 커다란 광장으로 발길을 옮겨, 예배를 드리는 사람들 틈에서 잃어버린 아들을 찾기 시작했다.

　그러나 어디부터 눈을 줘야 할지 난감했다. 로마 시내 광장보다 배나 큰 성전산은 3,600여 평 넓이를 길이 400미터의 성벽이 사방으로 둘러싸고 있다. 특히 키드론 계곡에서 올려다보면 137미터 높이의 위용을 자랑한다. 헤롯 대왕은 건물 건체를 불과 8개월 만에 완공했다. 건물이 들어선 자리는 과거 솔로몬과 스룹바벨이 지은 성전이 서 있던 바로 그 자리였다. 성전산의 대부분은 '이방인의 뜰'이 차지한다. 이방인의 뜰은 돌로 만든 드넓은 광장인데, 유대인과 이방인이 똑같이 드나들 수 있는 장소로 지금 마리아와 요셉이 서 있는 곳이다.

예수가 보이지 않자 부부는 성전 구역 중앙으로 걸음을 옮겼다. 거기에는 석회석과 금으로 된 섬처럼 보이는 15층짜리 건물이 우뚝 서 있었다. 성전 본관이다. 성전은 단지 예배 장소만이 아니라 유대인 누구나 로마의 억압을 피해 두려움 없이 자유롭게 말하고 신에게 기도할 수 있는 장소였다. 남자들이 다니는 뜰과 여자들이 다니는 뜰이 나뉘어 있고, 당번인 제사장들이 밤에 잠을 자는 방도 따로 있었다. 계단과 테라스에서는 제사장들이 유대교 신앙을 가르쳤다. 제단에서는 양, 비둘기, 암소 같은 동물을 잡아 제물로 바쳤다. 예루살렘을 방문한 사람이 언덕에 올라가 시내를 내려다보면 눈에 확 들어오는 곳이 바로 성전이었다.

성전 본관 주변은 야트막한 담장으로 둘러싸여 있다. 이방인의 뜰과 성전 건물을 차단하는 담장이다. 성전에는 담장에 난 문을 통해 유대인만 드나들 수 있었다. 출입문에는 로마 병사나 이방인이 문을 통과하고 싶은 유혹을 느낄 경우에 대비해 이런 경고문이 적혀 있었다. "이방인들이여! 성전 주변 창살과 담장을 넘지 말라. 잡히면 죽음이니, 그때는 자신을 탓해야 할 것이다."

이런 위협은 사실 공허한 것이었다. 유대인이 담장 문을 통과하는 로마 병사를 죽였다면 그 자리에서 처형당할 것이기 때문이다. 이따금 로마는 성전에 병력을 투입해 무력을 과시하기도 했다. 그러니 문에 적힌 경고문의 용도는 사실 따로 있었다. 이곳이 거룩하고 순결한 장소이며, 전통에 따라 아브라함이 아들 이삭을 제물로 바칠 뻔했고, 다윗 왕이 제1성전을 지었고, 하느님이 흙으로 최초의 인간 아담을 창조한 모리아 산(성전산)에 건축된 것임을 상기시켜주는 역할을 하는 것이다. 성전만큼 유대교 신앙을 심오하고 탁월하게 나타낸 상징물은 없었다.

†††

마리아와 요셉은 이방인의 뜰을 뒤로 하고 성전 문으로 들어갔다. 그러나 애만 더 탔다. 성전 안의 그 많은 방 어디에도 예수는 보이지 않았기 때문이다. 부부는 동문 주랑을 지나 '여자의 뜰'로 가봤다. 한 변이 71미터나 되는 사각형 뜰은 사방에 높이 26미터의 거대한 촛대 네 개가 놓여 있는데, 순례자 6,000명을 동시에 수용할 수 있었다. 불과 며칠 전인 유월절에도 수많은 사람이 여기로 몰려들었다. 그러나 지금은 텅 비어 있어서 예수가 있는지 없는지 쉽게 알 수 있었다.

아들 찾기는 이런 식으로 한 구역 한 구역을 더듬어가는 과정이었다. 예수가 '문둥병자의 집'에 없을 것은 분명했다. 당번 제사장들의 공동 숙소와 사무실이 있는 '화로火爐의 집'에도 아들이 있을 것 같지는 않았다. 대제사장을 비롯한 재판관들이 회의를 하는 산헤드린 공회당('쪼갠 돌의 방') 역시 예수가 드나들 곳은 아니었다. 마리아와 요셉은 마음이 다급해져 여기저기를 마구 돌아다녔다. 앞서 예루살렘 골목길과 시장에서 그런 것처럼 성전 구내를 정신없이 뒤진 것이다.

마리아와 요셉이 성전 구내를 돌아다니는 동안 소와 양의 울음소리와 피냄새가 진동을 했다. 제사장들이 제단에 바칠 동물을 준비하고 있는 것이다. 이들은 희생 의식을 집행한 다음 죽은 동물의 가죽을 벗기고, 흘러나온 동물의 피를 깨끗하게 청소했다. 동물 희생 의식은 성전의 일상이었다. 동물을 잡는 것은 개인이 지은 죄를 사함받기 위해서였다. 피냄새가 진동하는 것은 당연했다.

마침내 저쪽, 유월절이나 그 밖의 명절에 현자와 율법학자 들이 신자들에게 성경을 가르치는 테라스에서 예수의 목소리가 들렸다. 그러나

남쪽에서 바라본 예루살렘 성전.

그의 입에서 나오는 말들은 평소 마리아와 요셉이 잘 아는 아들의 말 같지가 않았다. 예수는 평소 유대교 율법과 전통에 대해 그렇게 깊은 지식을 갖고 있는 듯한 모습을 보인 적이 없었다. 그래서 마리아와 요셉은 아들이 거침없이 하느님에 관해 토론하는 것을 보고 입이 딱 벌어졌다.

그러나 부부는 화부터 먼저 났다. 이해가 가는 일이다.

"애야."

마리아가 더듬더듬 말했다.

"왜 이렇게 우리를 애태우느냐? 네 아버지와 내가 너를 찾느라고 얼마나 고생했는지 모른다."

"나를 왜 찾으셨습니까?"

예수가 대답했다. 무례한 대답이라고 느낄 수 있지만 그런 뜻으로 한 말은 아니었다.

"내가 마땅히 내 아버지의 집에 있어야 할 줄을 모르셨습니까?"*

존경받는 성전 랍비들이 예수의 대답을 들었더라도 딴 데 발설하지는 않았을 것이다. 소년의 말이 하느님이 '진짜' 자기 아버지—그냥 비유적인 의미에서가 아니라 글자 그대로의 아버지—라는 얘기라면 이는 신성모독에 해당하는 짓이기 때문이다. 아우구스투스 황제가 '신의 아

---

* 당시 이 말의 의미를 이해한 사람은 분명 아무도 없었다. 그러나 「누가복음」 2장 49절의 이 말은 예수가 '하느님의 아들'의 온전한 의미를 처음으로 밝힌 구절이다. 여기서 한 가지 주목할 점은 그리스어 원문에 '~해야 마땅하다'는 표현인 δεῖ(데이)를 썼다는 사실이다. 누가가 예수와 관련해서 이 표현을 여덟 번 사용한 데에는 다 의도가 있다. 49절에서는 아버지 하느님과의 '마땅한' 관계를 시사한다. 물론 이 말을 들은 사람들의 반응이나, 왜 그래야 하는지에 대한 설명은 제시돼 있지 않다. 복음서가 전개될수록 '하느님의 아들'이라는 칭호는 점점 더 큰 의미를 갖게 된다. 예수는 자신의 신성을 주장하기도 하고, 신만이 할 수 있는 기적을 행하기도 한다. 그러나 여러 차례 언급했음에도 제자들과 사람들은 그가 하는 말이 얼마나 엄청난 의미가 있는지를 파악하지 못했다.

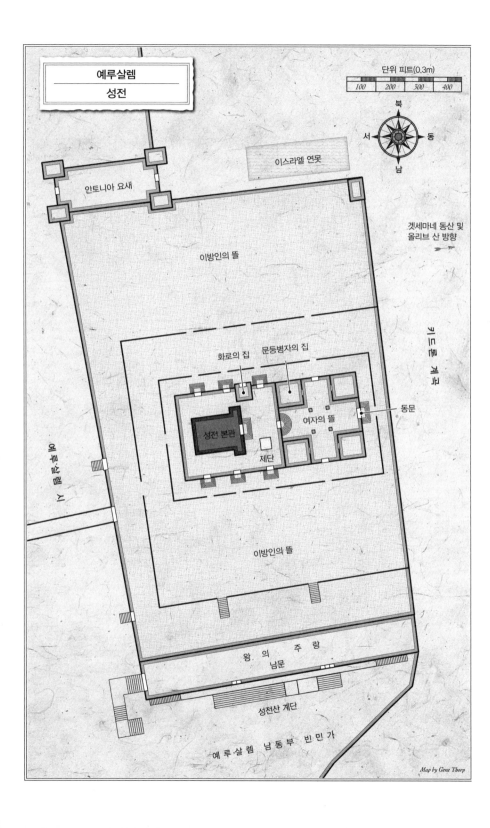

단위 피트(0.3m)

100   200   300   400

북
서   동
남

예루살렘
성전

안토니아 요새

이스라엘 연못

겟세마네 동산 및
올리브 산 방향

이방인의 뜰

화로의 집   문둥병자의 집

여자의 뜰   동문

성전 본관

제단

이방인의 뜰

키드론 계곡

예루살렘 시

왕   의   주   랑

남문

성전산 계단

예 루 살 렘   남 동 부   빈 민 가

Map by Gene Thorp

들'을 자처한 것과 마찬가지인 행위다. 그러나 로마 황제는 유대인이 아니기 때문에 유대교 율법에 따라 처벌받지 않는다. 그가 유대인이었다면 유대 민족의 조상 모세로부터 전해진 율법에 따라 사형에 처해진다.

그러나 예수는 유대인이었다. 율법에 따르면 예수가 신성모독을 저지르자마자 주변에 있던 사람들은 모두 그에게 손을 얹은 다음 멀찍이 물러나서 그에게 돌을 던져야 했다. 무방비 상태의 어린 소년은 그렇게 쓰러져 죽어갔을 것이다.

나사렛 예수의 말은 야곱의 아들로 마리아 옆에 맥없이 서 있는 목수 요셉이 아버지라는 게 아니었다. 한 분뿐인 유대 민족의 참하느님이 자신의 진정한 부모라는 얘기였다.

그러나 율법에 따르면 예수는 신성모독으로 처벌받지 않는다. 아직 미성년자여서 언행에 대해 책임을 지지 않아도 되기 때문이다. 어쩌면 랍비들은 그의 대담한 발언을 듣고 놀라는 한편으로 안도의 한숨을 내쉬었을지도 모른다. 이 명민한 어린 학자가 끔찍한 처형을 면제받을 것을 알았으므로.

†††

마리아와 요셉은 아들을 성전에서 데리고 나와 집으로 돌아갔다. 나사렛 마을의 길들은 비포장이고, 외부의 침략을 막아줄 성벽이나 그 밖의 방어 시설도 없었다. 당시에는 공동주택처럼 사는 경우가 많았다. 작은 안뜰이 가구를 나누는 역할을 하기도 했다. 나사렛은 갈릴리 시골의 완만한 구릉으로 둘러싸인 분지였다. 10킬로미터쯤 나가면 고대에 카라반隊商들이 다니던 길이 나오지만 나사렛을 통과하는 큰 도로는 없었다. 그런 식으로 살 수밖에 없는 작은 마을이었다. 지형적 조건 때문만이 아니라 식수원이라곤 샘물 하나가 전부였기 때문이다.

그러나 나사렛은 어린 소년이 자라나기에는 멋진 곳이었다.* 힘들여 올라볼 만한 구릉과, 탐험에 안성맞춤인 동굴들, 마음껏 뛰놀 수 있는 들판이 있었다. 여름이면 날씨가 아주 뜨거워서 예수는 편평한 흙 지붕 위에 올라가 잠시 눈을 붙이곤 했다. 뜨거운 햇살에 무화과와 올리브가 탐스럽게 영글어갔다. 봄은 일용할 빵을 만들 밀을 심는 계절이었다. 나사렛에서 30여 킬로미터만 나가면 지중해였다. 그러나 어린 예수는 생선은 소고기처럼 거의 구경하지 못했고, 지중해는 아주 먼 곳에 있는 바다나 마찬가지였다. 이렇듯 차고 넘치는 삶은 아니었지만 그래도 늘 부족하지만은 않았다. 나무와 들에서는 밀과 올리브, 양파, 콩을 얻을 수 있었고, 이따금씩 새끼양 고기도 맛볼 수 있었다. 계란 프라이에는 가장 귀중한 식재료인 올리브 기름을 썼다. 올리브유는 등잔불을 밝히거나 거칠어진 피부를 매끈하게 하거나 각종 음식을 만들 때도 썼다.

마리아와 요셉은 독실한 신앙인이었고, 하느님에 대한 사랑을 아들 예수에게 전해주기 위해 최선을 다했다. 예수의 집 문설주에는 양피지 두루마리가 담긴 작은 함이 걸려 있었다. 거기에는 유대교의 기본 기도

---

* 복음서들은 예수의 형제가 네 명이었다고 분명히 기록하고 있다. 야고보, 요셉, 유다, 시몬이 그들이다. 복음서는 또 예수에게 누이들이 있었다고 말한다. 그러나 몇 명이라고 특정하지는 않았다. 로마 가톨릭교회는 마리아가 평생 동정녀였다고 믿는다. 이런 교리는 예수가 활동하던 때부터 400년 뒤에 시몬이라는 이름의 초기 교회 지도자가 처음 제기했다. 가톨릭교회는 복음서에 언급된 예수의 형제와 누이가 사촌이라고 본다. 동방정교회는 이들을 이복형제로 본다. 요셉이 마리아와 결혼하기 전 사망한 전처가 낳은 자식들이라는 것이다. 개신교 종파는 대부분 마리아가 평생 동정녀는 아니었으며, 이들은 예수의 친형제, 친누이였다고 믿는다.

문 세마_{Shema}가 적혀 있었다. "들어라, 이스라엘아, 주 우리 하느님, 주님은 한 분이시다." 가족들이 아침에 일어나면 외우고, 매일 밤 가축을 집에 들여놓은 다음에도 외우는 기도문이다. 예수는 하느님이 아브라함과 맺은 계약에 따라 할례를 받았다. 옷은 「민수기」 규정에 따라 술로 장식하고,* 매주 유대교 회당(시너고그)에 나갔다. 회당에서 예수는 기도용 숄(탈리트)을 걸치고 작은 사각형 방 벽에 등을 기댄 채 기다란 의자에 앉아 두루마리 성서를 읽고 찬송가(시편)를 불렀다. 어린 시절 읽기와 쓰기를 배운 곳도 시너고그였다. 로마가 유대를 점령하고 있던 당시에는 유대교 전통을 지키는 일이 무엇보다 우선인 과제였기 때문에 교육이 그만큼 중시됐다. 바리새파로 알려진 경건한 율법 교사들은 아이들에게 히브리어와 율법을 가르침으로써 시너고그를 일종의 학교로 만드는 데 큰 역할을 했다.

　매주 안식일安息日이면 예수는 회당에 나가 아버지 요셉 옆에 앉았다. 주변에는 요셉의 친지들이 많이 보였다. 이들은 유월절이 되면 무리를 지어 멀리 예루살렘으로 순례를 떠났다. 마리아가 정식으로 결혼도 하지 않은 상태에서 임신한 몸으로 순례길을 힘들게 따라가던 것을 기억하는 사람이 아직 많았을 것이다. 이들은 마리아의 임신 사실이 알려졌을 때 그녀와 요셉이 당한 수모를 기억하고 있었다. 요셉이 주위의 만류에도 불구하고 끝내 아내를 버리지 않았다는 사실도 잊지 않았다. 나사렛 마을은 결국 요셉과 마리아가 합법적인 부부임을 인정해주었다. 그렇게 해서 예수는 열심히 일하는 유대교인으로 자라났다. 나사렛의 성

---

* 「민수기」 15장 38절. 「신명기」 22장 12절에도 같은 내용이 나온다. "네가 걸치는 옷자락 네 귀퉁이에는 술을 만들어 붙여야 한다."

년 남녀들이 다 그러하듯이 예수도 종교적인 삶을 추구했다.

유대 민족의 역사는 현재 이스라엘이라고 부르는 땅을 점령한 외부 침략 세력의 억압에 줄기차게 저항해온 역사였다. 어떤 면에서 로마의 점령은 갈릴리 사람들에게 그런 전통을 다시 일깨우는 계기가 됐다. 이들은 아우구스투스 황제 치하에서 상황이 악화되는 것을 말없이 감내했지만 원한은 점점 깊어갔다.

예수의 양육 과정은 남들과 다를 바 없었다. 매년 유월절에 방문하게 되는 예루살렘 사람들에게 그의 강한 갈릴리 억양은 귀에 설었을 것이다. 그는 매주 엿새를 목수로 아버지와 함께 일했다. 나사렛에서는 주로 지붕을 깔고 문설주를 달았고, 인근 도시 세포리스에 가서는 주춧돌을 놓았다. 예수는 계속 고향에 남아서 마을 언덕에 집을 짓고 가족을 부양할 운명인 것처럼 보였다.

그러나 어린 예수는 이 작은 마을에서 평생을 보낼 사람은 아니었다. 거룩하고 화려한 예루살렘이 그를 부르고 있었다. 예수는 매년 축일마다 예루살렘을 방문하면서 이 도시의 냄새와 음악 소리를 알게 됐다. 심지어 올리브 산이며 겟세마네 동산, 키드론 계곡, 성전 같은 예루살렘 일대의 랜드마크도 전혀 낯설지 않게 됐다. 해가 갈수록 예수는 꼬마에서 사내로 성장했다. 목수답게 어깨는 떡 벌어지고 손에는 굳은살이 박였으며, 지혜와 신앙에 대한 소명 의식은 점점 커졌다. 마음의 평온을 유지하는 능력과 강력한 카리스마 역시 타고난 것이었지만 더욱 강해졌다. 그리고 대중 앞에서 거침없이 조리 있게 말하는 법도 배웠다.

그러나 예수는 군중에게 말을 할 때는 조심했다. 그는 열세 살부터는 유대교 공동체의 온전한 일원으로서 자기 행동에 책임을 져야 하며, 하느님의 아들 운운하는 신성모독적인 발언을 하면 공개 처형을 당한다는 것을 알고 있었다. 그런 말을 했다가는 유대인들에게 돌로 맞아 죽을 것이고, 신성한 황제와 동급이라는 주장을 했다는 이유로 로마인들에게도 죽임을 당할 것이었다. 돌로 쳐 죽이는 형벌은 로마인들의 형벌에 비하면 그나마 점잖은 편이었다. 예수는 로마인들이 어떻게 처형하는지를 두 눈으로 똑똑히 지켜본 바 있다.

†††

바로 1년 전에 '가말라의 유다Judas of Gamala'*가 세포리스에서 반란을 일으켰다가 십자가형에 처해진 것으로 보인다. 예수를 포함한 갈릴리 사람은 너나할것없이 그 끔찍한 장면을 목격했다. 유다는 배운 사람이었고, 남편이자 아버지였다. 그는 자녀들을 정말이지 좀더 좋은 환경에서 키우고 싶어했다. 감당할 수 없는 세금으로 로마의 꼭두각시들이 인민의 삶을 피폐하게 하는 현실이 아니라 이스라엘 사람들 스스로 갈릴리를 다스리기를 원한 것이다. 유다는 갈릴리 지방 농촌과 포구를 돌아다니며 가난한 주민들을 선동했다. 로마에 세금을 내거나 예루살렘 성

---

* 가말라의 유다는 갈릴리 지방 사람이지만 '갈릴리의 유다'와 혼동하면 안 된다. 갈릴리의 유다는 기원전 4년 헤롯 대왕이 죽은 뒤 반란을 선동한 인물이다. 가말라의 유다와 갈릴리의 유다는 다른 사람이다. 그러나 일부 역사 기록은 두 사람을 혼동하고 있다. 둘 다 봉기를 주도했다는 이유로 끔찍한 죽음을 당했기 때문이다. 가말라의 유다가 어떻게 처형됐는지 정확히 아는 사람은 없지만 십자가형이었을 가능성이 제일 높다. 그리고 이 시기에 십자가형은 거의 로마인들의 전유물이었지만 유대 전통에도 십자가형은 없지 않았다. 가장 유명한 사례가 유대계 로마 역사가 요세푸스(기원후 1세기 후반에 활동. 『유대 전쟁사』(75~79년)와 『유대 고대사』(93년)가 유명하다—옮긴이)가 기록한 내용이다. 기원전 88년 당시 유대 왕 알렉산드로스 야나이오스는 바리새파 유대인 약 800명을 십자가형에 처했다(기록에 따르면 가말라의 유다의 아들도 둘 다 십자가형에 처해진 것이 분명하다).

전에 십일조를 바치지 말라는 얘기였다. 가말라의 유다는 심지어 새 유대교 종파까지 만들고 유일신에 대한 불굴의 헌신을 새롭게 강조했다. "아우구스투스 황제와 로마에 절하는 것은 죄악이다." 유다는 청중들에게 이렇게 말했다.

유다가 토지를 잃고 떠도는 농민들을 규합해 로마의 조종을 받는 갈릴리 정권을 무력으로 전복하려고 하지만 않았다면 로마인들은 그를 그저 괴상한 광신자 정도로 치부하고 넘어갔을 것이다. 그러나 반란 행위에는 바로 보복이 따랐다. 유다는 죽어야만 했다.

유다는 갈릴리의 사분영주 헤롯 안티파스의 명령으로 죽음을 맞았다. 안티파스는 과거 아기 예수를 죽이려던 헤롯 대왕의 다섯번째 아들이었다. 아버지와 아들 모두 권력을 동원해 갈릴리의 선량한 사람들을 등쳐먹고 탄압했다.

물론 아우구스투스 황제가 세수 전체의 상당 부분을 먼저 떼어갔다. 그는 비교적 젊은 시절부터 관대할 줄 알았다. 절대 권력은 그에게 어울렸다. 율리우스 카이사르의 후계자로 필리피 전투에서 겁쟁이라고 조롱을 받던 그는 이제 제국 전역에 호화 건물과 사원을 건립한 것으로 유명한 일흔 살의 군주였다. 그는 심지어 유대인들과 그들의 독실한 신앙을 높이 평가했다. 아우구스투스 황제는 호화롭게 살았다. 겉으로 드러내지는 않았지만 퇴폐적이기까지 했다. 풍요와 파격을 즐기는 성향은 그의 양자이자 후계자인 티베리우스가 더했다.

그러나 헤롯 대왕을 40년 가까이 유대 왕위에 앉혀둔 것은 아우구스투스 황제였다. 독재자 헤롯 사후 그의 왕국을 분할해 갈릴리 지방을 헤롯 안티파스에게 맡긴 것 역시 아우구스투스였다.

안티파스의 병사들은 신속히 가말라의 유다를 체포한 다음 궁전 뜰에 무릎을 꿇린 뒤 발가벗겼다. 십자가형을 시작하는 것이다.

현장에는 구경꾼들의 출입을 허용했다. 유다가 고통스럽게 죽어가는 모습을 똑똑히 보게 하려는 것이었다. 그 군중 속에 유다의 아들 야곱과 시몬도 있었다. 두 소년은 당시에는 몰랐지만 후일 아버지의 죽음에 대한 복수를 꾀하다가 똑같이 십자가형에 처해진다.

안티파스의 병사들이 유다를 무릎 꿇렸다. 앞에는 높지 않은 기둥이 박혀 있었다. 병사들은 유다의 두 손을 머리 위로 올린 다음 나무 기둥에 묶었다. 짧은 손잡이가 달린 채찍들을 두 병사가 가져왔다. 가죽끈으로 만든 채찍은 세 가닥으로 돼 있고 곳곳에 둥근 납조각과 양 뼈가 달려 있었다. 병사들은 차례로 가죽 채찍을 유다의 등짝에 날렸다. 매번 팔을 한껏 뒤로 젖혔다가 힘껏 내리쳤다. 채찍질이 가해질 때마다 가죽끈이 살갗과 근육을 찢어놓았다. 납추와 뼈는 심한 타박상을 입혔고, 심각한 내출혈이 일어났다. 로마의 처형 방법들이 다 그러하듯이 옷을 벗기고 채찍질을 하는 것은 특별한 목적이 있었다. 대중이 보는 앞에서 발가벗기는 것은 극심한 모욕을 주자는 것이고, 채찍질은 유다의 의지를 꺾기 위한 것이었다. 그렇게 되면 땅바닥에 내동댕이쳐 손목을 십자가에 못 박아도 전혀 저항하지 못한다. 로마식 십자가형은 사람을 죽이는 야만적인 방법이었을 뿐 아니라 죄수를 정신적, 육체적으로 완전히 파괴했다. 죄수는 남자일 수도 있고 여자일 수도 있고 어린아이일 수도 있었다. 유다가 십자가에 매달렸을 때에는 이미 텅 빈 껍데기에 불과했다.

유대교 율법에는 매질은 39회까지만 할 수 있다고 돼 있다. 원문대로 하면 "사십에서 하나를 감한 매"다. 로마인들은 그렇지 않았다. 헤롯 안티파스의 경우에는 이방인 용병들이 로마 병사 역할을 했다. 비유대인은 죄수를 원하는 만큼 때릴 수 있었다. 유일한 제약은 죄수가 십자가

가로대를 지고 형장까지 갈 수 있어야 한다는 것이었다. 한 병사가 횟수를 세는 가운데 다른 병사가 플라그룸flagrum이라는 채찍으로 유다의 등과 허벅지와 머리를 내리쳤다. 그럴 때마다 사람들은 유다가 서른아홉 대보다 훨씬 더 맞을 것이라고 생각했다. 그는 일반 범죄자가 아니었다. 국사범이었다. 위대한 역사가 요세푸스가 후일 기록한 바에 따르면 "유대 민족을 선동해 로마로부터 자유를 되찾자"고 한 그의 죄목은 반란이었다. 그러나 더욱 중요한 것은 유다가 로마와 헤롯 안티파스가 강요한 부당한 과세제도로부터 유대인들을 해방하려 했다는 점이다. 그는 당시의 과세제도를 일종의 노예제도로 봤고, 억압자들에 맞서 싸울 것을 유대인 동포들에게 촉구했다.

유다는 다시 한번 가죽 채찍이 살갗을 파고들자 극심한 고통에 비명을 질렀다. 그러나 형을 집행하는 병사들에게 저주를 퍼부을 정도로 어리석지는 않았다. 그랬다가는 채찍질만 더 당할 게 뻔했기 때문이다. 고문을 견디는 수밖에 없었다. 이윽고 유다는 피로 범벅이 됐다.

로마제국에서 사형 판결을 받은 사람을 죽이는 방법으로는 교수형, 화형, 참수형, 전갈을 가득 담은 자루에 넣어 물 속에 던지기, 그리고 십자가형이 있었다. 앞의 네 가지 처형 방법도 끔찍하지만 맨 뒤의 것이 단연 최악이었다. 십자가형은 로마제국 전역에서 집행됐고 헤롯 안티파스 같은 사분영주도 실시했지만, 목숨이 끊어지는 과정이 너무도 참혹해서 로마 시민에 대해서는 집행을 금했다.

가말라의 유다는 축 늘어진 채로 피를 흘리고 있었다. 채찍질은 이제 다 끝났다. 병사들이 나무를 대충 깎아 만든 가로대를 가져와 땅바닥에 툭 던졌다. 이어 등에서 피가 줄줄 흐르는 유다를 억지로 일으켜세운 다음 가로대(파티불룸patibulum)를 어깨에 얹었다. 표면이 거칠고 삐죽삐죽한

가로대를 세로 기둥에 붙이면 십자가가 된다. 다른 죄수들과 마찬가지로 유다는 가로대를 짊어지고 세포리스 성 밖으로 나서서, 세로 기둥을 박아놓은 형장까지 가야 했다. 거기서 십자가에 못 박힌 채 서서히 죽어가는 것이다. 사형집행인들은 그의 두 다리를 부러뜨려 또다시 끔찍한 고통을 가했다. 세포리스 사람들 수천 명이 보는 앞에서 십자가에 매달린 유다는 똥오줌을 참을 힘도 없었다. 오물이 흘러내리는 십자가는 수치심을 더 키웠다. 유다는 어둠이 깔릴 무렵 숨이 끊어졌을 것이다. 그랬다면 그나마 운이 좋은 편이다. 더 오래 죽지 않고 고통을 당하는 경우도 많았다.

유다가 처형됐다는 이야기가 갈릴리 전역에 퍼졌다. 그러나 그렇게 박해를 당한 것은 그만이 아니었다. 이후에도 무력으로 로마의 압제를 끝장낼 수 있다고 생각하는 예언자들이 무수히 나타난다. 이들은 모두 그런 환상과 만용의 대가를 목숨으로 치렀다. 그러고는 망각 속에 묻혔다. 마찬가지로 수세기가 흐른 뒤 가말라의 유다 이야기를 기억하는 사람은 거의 없었다.

†††

갈릴리는 유대 민족의 조상 아브라함이 가나안이라고 부르던 지역의 북단에 해당한다. 아브라함의 손자 가운데 하나가 야곱인데, 이스라엘이라는 이름으로도 알려진 그가 바로 현재 이스라엘인으로 알려져 있는 사람들의 조상이다. 지금은 유대로 칭하는 로마의 식민지가 후일 이스라엘이라는 이름을 얻게 된다.

갈릴리 지방은 두 '바다'와 접하고 있다. 하나는 지중해이고, 또하나는 '갈릴리 바다'라고도 부르는 광대한 내륙호 갈릴리 호수다. 갈릴리 호수 주위에는 곳곳에 가버나움(카파르나움) 같은 어촌이 있다. 갈릴리 는 북서쪽으로 시리아와, 남쪽으로 사마리아와 접해 있다. 인구는 많지 않고, 오르막과 내리막이 완만한 구릉지와 넓은 들판에 작은 마을들이 흩어져 있다. 주민은 대부분 유산으로 물려받은 땅뙈기를 부쳐서 먹고 사는 농민이다.

헤롯 안티파스는 10년 전 갈릴리로 돌아온 후 세포리스 시 재건에 혼 신의 힘을 쏟았다. 이곳에 정착한 그는 세포리스를 예루살렘보다 훨씬 더 화려한 왕도王都로 만들기로 결심했다. 아버지 헤롯의 왕국을 안티파 스와 그 형제들이 나누어 물려받았다는 것은 유대라는 나라를 셋으로 쪼개어 서로 다른 인물이 통치했다는 의미다. 안티파스는 갈릴리 지방 을, 동생 빌립은 지금의 요르단 땅을, 형 아켈라오는 남쪽 예루살렘 일 대를 차지했다. 그렇게 해서 세포리스는 갈릴리 지방의 중심 대도시로 변모했다. 갈릴리의 전형적인 농촌 풍경과는 완전히 딴판이었다. 나사 렛의 요셉이 계속 일감을 얻은 곳도 바로 세포리스였다. 안티파스가 줄 기차게 건설 프로젝트를 추진했기 때문이다. 호화 저택을 새로 짓거나 벽에 회반죽을 바르거나 대형 공공건물에 모자이크 바닥을 까는 등 언 덕 위에 석회암으로 건설된 으리으리한 대도시에서 목수가 할 일은 많 았다.

세포리스는 시장이 두 군데나 있을 정도로 규모가 컸다. 위쪽과 아래 쪽에 있는 시장에서 필요한 물건은 다 팔았다. 유리 제품, 도자기, 건어 물, 양파, 약초, 가축 등등. 북적북적한 시장통을 빠져나가 인적 없는 뒷 골목으로 들어가면 성性도 살 수 있었다.

세포리스는 예루살렘처럼 성벽으로 둘러싸인 도시로, 당나귀를 탄

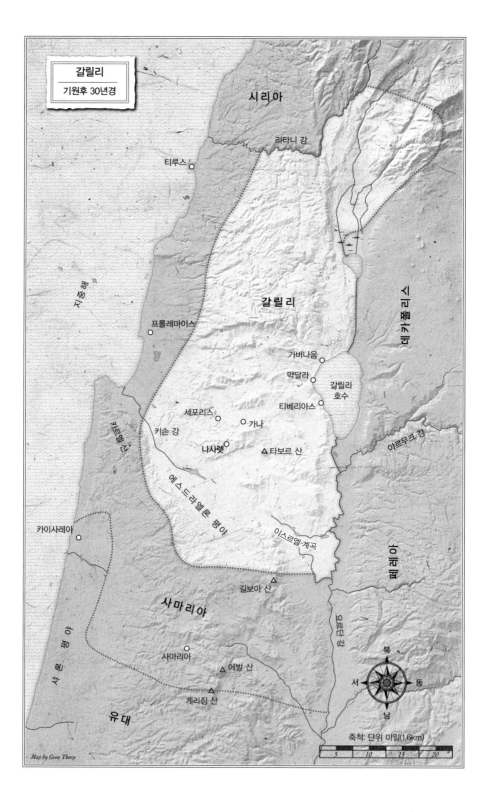

갈릴리

기원후 30년경

시리아

라타니 강

티루스

지중해

갈릴리

프톨레마이스

가버나움

막달라

세포리스

가나

티베리아스

갈릴리 호수

데가볼리스

나사렛

타보르 산

키손 강

에스드라엘론 평야

이스르엘 계곡

아르무크 강

페레아

카이사레아

길보아 산

요르단 강

사론 평야

사마리아

사마리아

에발 산

게리짐 산

북

서   동

유대

남

축척: 단위 마일(1.6km)

5   10   15   20

대상들이 매주 성문 앞에 몰려와 들여보내달라고 애걸했다. 가져온 물품을 팔려는 것이다. 세포리스는 갈릴리의 그 어떤 도시와도 달랐다. 인구가 늘고 번화하면서 의사, 법률가, 장인, 세금 징수원이 몰려들었다. 광대들은 극장에서 무언극과 희극을 공연했다. 그러나 이 놀라운 대도시를 건설하는 데에는 큰 희생이 따랐다. 안티파스의 과다한 세금 때문에 세포리스에는 농토를 잃은 사람들이 많이 들어와 살았다. 경작할 땅이 없거나 변변한 제 집 하나 없는 사람들이 빈민촌을 형성했다. 이들은 도둑질을 하거나 몸을 팔거나 구걸하며 근근이 살았다. '갈릴리의 보석'을 자칭하는 이 도시의 화려함 뒤에는 타락과 몰락의 기운이 도사리고 있었다.

세포리스는 번영의 상징이지만 갈릴리에는 굶어 죽는 사람이 많았다.

✝✝✝

요셉과 마리아는 대부분의 유대인들과 마찬가지로 헤롯 안티파스를 두려워하며 살았다. 검은 수염이 턱 밑을 덮고, 가는 콧수염이 입 주위를 감싼 안티파스는 영락없는 악당의 모습이었다. 아버지 헤롯 대왕은 큰 실수도 했지만 건설적인 일도 많이 했다. 그러나 안티파스는 그렇지 않았다. 가난을 모르고 자란 그는 어느 날 자기한테 왕국이 뚝 떨어질 것이라 생각하는, 세상 물정 모르는 풋내기였다.

안티파스는 유대에서 태어났지만 공부는 로마에서 했다. 그는 로마라면 껌뻑 죽었다. 아우구스투스와 로마제국에 경의를 표하기 위해 유대인들에게 세금을 마구 때렸고, 자신에게 도전하는 자는 로마 스타일의 십자가형에 처했다.

헤롯 안티파스.

갈릴리 사람들은 수십 년 동안 로마의 지배를 받으면서 적개심을 키웠다. 이런저런 명목으로 세금이 끝없이 부과됐다. 안티파스는 '사치와 향락' 외에는 관심이 없었다. 세금은 세포리스를 재건하고 호화 생활을 하는 데 썼다. 사치가 심해질수록 세금은 올라갔다.

당시 현금은 구경하기 어려웠다. 유대인 성인 남성은 모두 매년 예루살렘 성전에 반半 세겔(세켈)을 동전으로 납부해야 했다. 일종의 성전세로 반 세겔짜리 동전이 따로 있었다. 농민들은 성전세 외의 세금은 무화과, 올리브 기름, 곡물 등으로 납부했다. 세금을 피할 방법은 없었다. 수확

물을 팔려면 세포리스로 들어가야 했기 때문이다. 증오의 대상인 세금 징수원(세리)은 농민들이 가는 곳마다 따라붙었다. 어민들도 사정은 나을 게 없었다. 그들은 매일 어획량의 일정 부분을 세금으로 납부하는 외에 그물을 치거나 포구에 정박하는 대가로 별도의 수수료를 내야 했다.

세금 징수원만큼 혐오의 대상인 직종도 없었다. 이들은 가진 것 없는 사람들한테 금품을 뜯어내고, 세금이 연체된 사람들을 학대하거나 고문하기까지 했다. 세금 체납은 있을 수 없는 일이었다. 세금을 낼 수 없는 사람들은 안티파스의 부하들이 관리하는 창고에서 곡물이나 기름을 빌려 납부해야 했다. 그에 대한 이자율은 어마어마했다. 기름은 100퍼센트, 곡물은 25퍼센트였다. 이 빚마저 체불하면 결과는 파멸이었다. 농민들은 어쩔 수 없이 채권자에게 자녀를 노예로 팔거나 농장을 팔고 소작인으로 남의 땅을 경작해주어야 했다. 집과 유산을 잃고 거지가 되기도 했다. 유대인 자영농으로서의 존엄성을 지킬 수 있는 삶은 끝나고 주류사회 주변부로 밀려나는 것이다.

그런데 인구 4만 정도의 번창하는 도시가 또 있었다. 생계의 터전을 잃은 농민들이 이 도시로 몰려들어 사회의 하층을 이루었다. 도시의 이름은 막달라—로마인들은 '막달레나'라고 했고, 그리스어로 기록된 복음서 원문에는 '막달레네'로 나온다—였다. 나사렛 예수가 세포리스의 길거리를 돌아다니고 있을 때 마리아라는 이름의 생기발랄한 처녀는 막달라의 길거리를 누비고 있었다. 막달라 처녀 마리아의 부모는 무일푼이었다. 그러니 마리아의 순결이 지저분한 빈민촌 한구석에서 깨지는 것은 어쩌면 불가피한 일이었을 것이다. 마리아는 자라서 창녀가 된다. 살기 위해서 할 수 있는 일은 뭐든 했지만 그래도 이 세상에는 뭔가 좋은 것이 있을 거라는 믿음만큼은 강렬했다.

✝✝✝

요셉은 숙련된 목수였기 때문에 세금을 낼 형편이 됐다. 사실 갈릴리 사람 대부분은 세금을 간신히 납부하는 수준이었다. 영양실조에 걸린 사람들이 많았다. 먹을 것이 없었기 때문이다. 극심한 굶주림으로 머리칼이 빠지고 근육과 희망은 시들어갔지만 분노는 조용히 불타올랐다. 그러나 로마나 아우구스투스 황제에게 화살을 돌리는 대신 갈릴리 사람들은 서로에게 분노를 표출했다. 자기들 먹을 것도 언제 떨어질지 모른다는 생각에 친구와 친척에게 곡물이나 기름을 빌려주지 않았다. 빚을 탕감해주는, 유대인 특유의 전통도 더이상 지켜지지 않았다. 그리스, 페르시아, 아시리아의 지배를 받으면서도 끈끈한 유대를 자랑하며 오랜 세월 버텨온 농촌공동체가 아우구스투스 황제와 안티파스 치세에 이르러 무너지기 시작한 것이다.

유대 민족의 위대한 전설에는 이민족 침략자들을 물리친 신앙심이 깊은 영웅들이 많이 나온다. 유대인들은 천년 전의 영광스러웠던 다윗 왕 시절을 그리워했다. 그때 유대인들은 스스로가 주인이었고, 유대인의 하느님은 온 우주에서 누구도 부인할 수 없는 가장 강한 힘이었다. 갈릴리 주민들은 독립적인 사고의 소유자였다. 종국에는 내 운명의 주인이 될 것이라는 변함없는 믿음은 로마에 맞서 싸우라는 '가말라의 유다'의 호소가 크게 반향을 일으킨 이유이기도 했다.

그런 믿음 속에 희망이 있었다. 나라가 시련을 겪고 로마의 학정이 계속되면서 유대인들 사이에서 하느님의 힘에 대한 믿음은 더 강해졌다. 유대인들은 구원과 힘과 위안을 달라고 신에게 기도했다. 이런 세상이 바로 어린 나사렛 예수가 살던 곳이었다. 예수는 매일 쏟아져나오는 그런 기도를 들었다. 하느님이 구원한다는 약속은 억압받는 갈릴리의 유대인들에게 한 줄기 햇빛 같은 위안이었다. 이 어려움을 견뎌내기만 하면 언젠가, 어떤 식으로든 하느님이 누구를 보내 모든 것을 바로잡을 것이었다. 예전에 아브라함, 모세, 다니엘, 삼손, 다윗을 보내 그렇게 한 것처럼……

헤롯 대왕이 죽고 10년이 지난 지금, 예수가 사는 나사렛 마을과 온 유대 사람들은 유대인의 새로운 왕이 오기를 간절히 기다리고 있었다.

†††

예수가 고향에서 일어난 그 모든 소요 사태에 얼마나 영향을 받았는지는 알 수 없다. 그는 건강한 청년이 되었고, 부모를 잘 모셨다. 아버지 요셉은 예수 나이 열세 살에서 서른 살 사이 어느 시점에 사망했고, 아들은 가업을 물려받았다. 예수는 어머니에게 정성을 다했고, 어머니도 아들에게 정성을 다했다. 그러나 열세 살이 넘으면서 나사렛 예수는 침묵은 더이상 선택지가 아니라는 것을 알게 됐다.

주어진 운명을 이룰 때가 온 것이다.

그것은 세상을 바꾸게 될 결단이었다.

그리고 그 결단은 그를 고통스러운 죽음으로 몰고 갈 것이다.

2부

KILLING JESUS

이 사람을 보라

6장

기원후 26년
어느 날 정오
요르단 강, 페레아

세례자 요한John the Baptist은 강물에 허리까지 담근 채 서서, 다음 순례자
가 다가오기를 차분히 기다리고 있었다. 누런 강물은 찼다. 요한은 기슭
쪽을 바라봤다. 신자 수십 명이 질퍽질퍽한 요르단 강 주변에 줄지어 서
있었다. 한낮의 열기도 아랑곳하지 않은 채, 강물에 몸을 푹 담가 죄를
씻어주는 의식을 체험하려고 대기하고 있는 것이다.

신자들은 대부분 가난한 노동자였다. 그들은 요한과 그의 급진적인
가르침에 감전된 듯한 감동을 느꼈다. 피부는 햇빛에 그을고 수염은 빗
지 않아 무성한 긴 머리의 청년은 광야에서 메뚜기와 꿀(석청)을 먹으며

홀로 살았고, 그러면서 스스로를 단련해왔다. 메뚜기는 단백질원이었고, 꿀은 에너지원이었다. 차림새도 지금 강기슭에서 그를 염탐하고 있는 거만한 바리새파 사람들의 공들인 의상과 달랐다. 낙타털로 지은 거친 옷에 평범한 가죽띠를 허리에 바짝 조여 매고 있었다. 요한은 독신이었고 하느님에 대한, 오로지 하느님에 대한 열정으로 살았다. 그를 좀 이상한 사람이라고 생각하는 사람도 있고, 반란을 꾀하는 자라고 보는 사람도 있었다. 그의 직설적인 발언을 너무 신랄하다고 불편해하는 사람도 많았다. 그러나 그가 로마도 대제사장들도 주지 못한 어떤 것을 주겠다고 당당하게 약속했다는 것에는 누구나 동의했다. 그것은 희망이었다. 신자들이 여기로 몰려든 것은 그 약속을 듣기 위해서였다.

"우리 인간이 알고 있는 세상의 종말이 다가오고 있다." 세례자 요한은 이렇게 설파했다. "새로운 왕이 나타나 죄를 심판할 것이다. 강물에 들어와 죄 씻김을 받아라. 그러지 않으면 기름 부음을 받은 새 통치자—'그리스도Christ'라고 한다—가 끔찍한 방법으로 너희를 징벌할 것이다." 이런 주장은 종교적인 동시에 정치적인 메시지로서, 로마제국과 유대교 성전의 위계질서에 대한 직접적인 도전이었다.

세례자 요한은 다음 순례자가 다가오자 팔을 내밀었다. 이어 침례를 주려고 하는데 강기슭에 있던 세리가 큰 소리로 외쳤다.

"선생님, '우리'는 어떻게 해야 하겠습니까?"

세리라는 직업의 입장에서 물은 것이다. 그는 세리가 유대인들에게 돈을 뜯어 로마에 있는 이교도 왕에게 갖다 바친다는 이유로 경멸의 대상이 되고 있다는 사실을 잘 알고 있었다.

"너희에게 정해준 것보다 더 받지 마라."

요한은 이렇게 대답했다.

요르단 강변에는 그늘이 거의 없었다. 신자들은 찬 강물에 몸을 담글 차례만을 기다리며 참을성 있게 기다려야 했다. 그러나 그런 불편에도 불구하고 모두가 요한이 하는 얘기를 열심히 들었다.

"그러면 '우리'는 무엇을 해야 하겠습니까?"

한 군인이 소리쳤다. 당시 군인들은 사악한 신임 로마 황제 티베리우스의 명령에 따라 인간으로서 차마 못할 짓을 많이 하고 있었다.

요한의 대답은 그런 행위를 선과 악으로 재단하는 방식이 아니었다.

"협박하거나 속임수를 써서 남의 물건을 빼앗지 말고 너희가 받는 봉급으로 만족하여라."

세례자 요한은 옆에 와 서 있는 사람에게 다시 고개를 돌렸다. 그가 이런저런 죄를 고백하는 동안 요한은 주의깊게 들었다. 그러고는 그를 위해 기도하면서 이렇게 말했다.

"이제 나보다 더 능력 있는 분이 오실 것이오. 나는 그분의 신발 끈을 풀어드릴 자격도 없소. 나는 여러분에게 물로 세례를 주지만, 그분은 여러분에게 성령으로 세례를 주실 것이오."

남의 신발 끈을 푸는 일은 노예만이 하는 일이었고 그래서 요한의 이 말은 강렬한 느낌을 준다. 존경하는 마음을 듬뿍 담아 표현한 것이기 때문이다. 순례자가 알아들었다는 듯이 고개를 끄덕이자 요한은 그의 등에 한 손을 얹고 천천히 물 속으로 밀어넣었다. 그런 다음 몇 초 동안 그대로 잡고 있다가 다시 일으켜세웠다. 죄를 모두 용서받았다는 생각에 기쁨에 겨운 순례자는 다시 느린 물살을 거슬러 천천히 강기슭으로 나갔다. 그가 기슭에 닿기도 전에 또다른 신자가 똑같은 의식을 치르러 다가오고 있었다.

"당신은 누구요?"

강기슭에서 어느 사람이 따지듯이 물었다. 요한은 그러지 않아도 이런 질문을 기다려온 터였다. 그것은 세례자 요한이 이단적인 언사를 하는지 알아보라며 예루살렘에서 보낸 제사장이 한 질문이었다. 그는 혼자가 아니었다. 바리새파와 사두개(사두가이)파, 레위 지파支派 사람들도 함께 왔다.*

"나는 그리스도가 아니오."

요한이 큰 소리로 대답했다. 제사장들은 그가 유대인의 새 왕, 즉 그 옛날 하느님이 손수 뽑아 이스라엘 민족을 이끌게 한 사울과 다윗 왕 같은 인물이 온다는 얘기를 하고 다닌다는 것을 알고 있었다.

"그럼 당신은 누구요?"

바리새파 사람이 다그쳐 물었다.

"당신은 엘리야요?"

요한은 이렇게 비교하는 것을 전에도 들은 적이 있다. 요한처럼 엘리야도 곧 세상에 종말이 온다고 설파한 예언자였다.

"아니오."

요한이 단호하게 대꾸했다.

"당신은 누구요?"

제사장들이 다시 물었다.

"우리를 보낸 분들에게 전하게 대답을 해주시오."

요한은 예언자 이사야를 거론했다. 이사야라는 이름은 "주님이 구원

---

* 이들이 당시 유대교의 3대 세력이다. 바리새파(Pharisees)는 율법을 엄격히 지켰다. 사두개파(Sadducees)는 경건한 신앙심 면에서는 바리새파와 같았지만 부유하고 사고가 좀 더 유연했다. 레위 지파(Levites)는 야곱의 셋째아들 레위의 직계 후손으로 제사장 직분과 성전 경비를 담당하는 부족이었다.

하신다"는 뜻이다. 이사야는 800년 전에 활동한 인물로 대담한 예언을 많이 하다가 톱으로 몸이 잘려 순교했다고 전한다. 한 예언에서 그는 어떤 남자가 와서 사람들에게 세상이 끝나고 하느님이 지상에 나타나는 날에 관해 얘기할 것이라고 말한 바 있다. 그 남자는 "광야에서 외치는 이의 소리이며, 주님의 길을 곧게 하고 준비"할 인물이라고 이사야는 말했다.*

요한은 수많은 날을 기도하고 금식해왔다. 그는 자신이 이사야가 예언한 바로 그 사람이라고 진실로 믿었다. 설령 참혹한 죽임을 당할지라도 이 도시 저 도시를 다니며 만나는 사람 모두에게 '세상 종말이 가까워졌으니 세례를 받고 준비하라'는 말을 전해야 한다는 사명감에 넘쳤다.

"당신은 누구요?"

제사장들이 또 물었다. 대답을 독촉하는 목소리는 점점 높아졌다.

"광야에서 외치는 이의 소리요."

요한이 대답했다.

†††

예루살렘 성전 제사장들만 세례자 요한을 예의 주시하고 있었던 것은 아니다. 헤롯 안티파스는 새로 옮긴 화려한 도읍지 티베리아스(디베랴)—세포리스보다 훨씬 거창한 규모로 건설됐다—에서 요르단 강으로 염탐꾼들을 보내 요한의 일거수일투족을 감시했다. 당시 갈릴리 지방에

---

* 왕이 이 나라에서 저 나라로 행차하기 전에 도로를 개보수하는 당시 관행을 염두에 두고 한 말이다. 계곡을 메우고 굽은 길을 곧게 펴는 것은 왕의 여행길을 최대한 순탄하게 만들기 위해서였다.

서는 온통 세례자 요한 얘기뿐이었다. 안티파스는 이 카리스마 넘치는 전도자가 사람들을 꼬드겨 자신에게 반기를 들지 않을까 우려했다.

안티파스는 근 20년 전 '가말라의 유다'를 다루던 방식으로 요한을 처리하기로 마음먹었다. 그런데 폭력을 동원한 '가말라의 유다'와 달리 요한은 비폭력적 메시지를 전했지만 그에게 훨씬 더 큰 위협이었다. 유다가 처형당한 뒤로 갈릴리 사람들은 훨씬 더 살기 어려워졌다. 10년 전, 안티파스는 세포리스를 재건한 다음에 갈릴리 호수의 볕이 잘 드는 곳에 티베리아스 시를 건설하기로 작심했다. 이에 따라 갈릴리 사람들의 재정 부담은 커져만 갔다. 안티파스가 추진한 건설 계획이 다 그렇듯이 비용을 아낀다는 것은 상상할 수 없었다. 다시금 갈릴리 농민들이 그 비용을 세금으로 떠안아야 했다.

안티파스는 당시 로마 황제 티베리우스에게 경의를 표하는 뜻에서 신도시 이름을 티베리아스라고 명명했다. 12년 전 사망한 아우구스투스를 이어 황제가 된 티베리우스는 한때 야만적인 게르만족의 침략으로부터 로마를 수호한 위대한 장군이었다. 그러나 개인적으로 참담한 일을 몇 차례 겪으면서 괴물로 변해갔다. 티베리우스(디베료)는 한도라는 것을 몰랐다. 그가 좋아하는 오락 중에는 엄선한 '꼬마들'과 함께 수영하는 것이 있었다. 발가벗은 어린 소년들이 하는 일은 왕궁 수영장에서 그를 쫓아다니며 그의 사타구니를 살짝살짝 깨물어주는 것이었다.

이런 수영은 수많은 일탈행위 중에서 약과였다. 하지만 안티파스는 티베리우스의 행태를 도덕적 잣대로 왈가왈부할 입장이 아니었다. 재위 20년이 넘었지만 안티파스는 오로지 로마의 입맛에 맞춰 통치했다. 그리고 본인도 일탈행위 이력이 만만치 않았다. 그는 본처와 이혼하고 동생의 아내를 부인으로 맞아들였다. 유대인들로서는 도저히 용납할 수 없는 역겨운 행위였다.

이렇게 안티파스는 세례자 요한―요한이 지은 죄라면 주님이 오신다는 것을 열정적으로 주장한 것뿐이다―을 죽일 계획을 추진하는 한편으로, 신심 깊은 유대 땅 한 지방의 도읍을 이교도의 이름을 따서 명명했다. 예순여덟 살의 이교도 황제는 호화 저택에서 난잡하기 이를 데 없는 파티를 여는가 하면 정적들을 천 길 낭떠러지 밑으로 던져 죽이는 사악한 인물이었다.

안티파스는 제 운명을 제멋대로 하는 역겨운 티베리우스에 대해 애써 도덕적 판단을 회피했지만 세례자 요한은 그런 거리낌이 전혀 없었다.

†††

예루살렘에서는 종교와 국가가 불편한 동맹을 맺고 있었다. 이상한 결탁이었다. 그 세력 역시 세례자 요한을 추적하고 있었다.

20년 전 아우구스투스 황제가 헤롯 대왕의 아들 아켈라오를 통치 부적합자로 선언하고 내친 뒤로 유대 지역을 관할하는 로마 총독 자리에는 네 명이 거쳐 갔다.

다섯번째 총독이 막 부임한 상태였다. 그의 이름은 본디오 빌라도(폰티우스 필라투스)였다.

†††

세례자 요한이 요르단 강변에서 설교하고, 나사렛 예수가 자신의 참 정체성에 대해 이야기하기 시작할 무렵, 본디오 빌라도는 최근 사퇴한

발레리우스 그라투스 후임으로 해변 요새 도시 카이사레아^{유대 속주의 주도}에 도착했다.

육중한 몸에 거드름이 느껴지는 빌라도는 기사 계급에 속했고, 이탈리아 중부 출신 군인이었다. 부인은 클라우디아 프로쿨라였는데, 남편을 따라 유대로 왔다. 유대 총독은 안 좋은 자리였다. 유대가 워낙 통치하기 어려운 지역으로 알려져 있었기 때문이다. 그러나 남편이 이 변방에서 잘해내면 로마에 있는 고위층들도 다음에는 좀더 좋은 자리로 영전시켜줄 것이었다.

빌라도는 유대인의 친구가 아니었다. 부임 후 처음 취한 공식 조치 가운데 하나가 예루살렘 주둔 로마군 군기에 티베리우스 황제의 흉상을 새겨넣는 것이었다.* 그러자 사람들이 벌 떼같이 들고 일어나 항의했다. 유대교 율법은 형상을 만드는 것을 금하기 때문이었다. 그러자 빌라도의 명에 따라 병사들은 항의하는 무리를 둘러싸고 검을 뽑아 바로 달려들 것처럼 굴었다. 유대인들은 물러서지 않았다. 오히려 몸을 숙이고 고개를 내밀었다. 율법을 지키기 위해서는 죽어도 좋다는 뜻이었다.

빌라도가 유대교 신앙의 힘을 두 눈으로 똑똑히 본 것은 그때가 처음이었다. 그는 병사들을 물리고 군기는 다른 곳으로 치웠다.

---

* 로마군 군기는 금속 막대기 맨 꼭대기에 독수리상을 얹고 그 밑에 깃발을 매단 형태였다. 빌라도와 관련하여 문제가 된 군기는 독수리상 아래 깃발에 티베리우스 황제 형상의 문장(紋章)을 넣은 것이었다. 군기는 로마 군대의 상징으로 항상 기수가 들고 다녔다(어떤 이상이나 가치를 대변하는 사람을 '기수(standard-bearer)'라고 하는 것은 여기서 유래한 표현이다). 로마인들은 전투에서 군기를 잃는 것을 더할 수 없는 치욕으로 여겼다. 토이토부르크 숲 전투에서는 군기를 세 개(17, 18, 19부대 군기)나 적에게 빼앗겼다. 그러자 로마제국은 이를 되찾기 위해 게르만족 거주 지역 일대를 샅샅이 뒤졌다. 그리고 결국 성공했다. 4세기부터 로마군 군기에 예수의 형상이 들어간 것은 특기할 만한 일이다.

이 일을 겪고 나서 빌라도는 유대인들을 다루는 전략을 새로 짜냈다. 예루살렘 성전의 최고 권력자인 대제사장 가야바와 불편하지만 동맹관계를 맺은 것이다. 가야바는 제사장 집안 출신으로 부촌의 호화 주택에 살았다. 그는 예루살렘에서 종교 문제에 관한 한 전권을 가지고 있었다. 여기에는 죄인에 대한 사형선고 등 율법을 시행하는 권한도 포함됐다.

물론 가야바가 사형을 선고할 수는 있어도 실제로 형 집행 여부를 결정하는 것은 로마 총독이었다.

빌라도는 로마인 이교도였다. 가야바는 유대인이었다. 두 사람은 서로 다른 신을 섬기고, 다른 음식을 먹고, 다른 야망을 추구하고, 다른 언어를 사용했다. 빌라도는 신과 같은 황제의 명에 따라 복무한 반면 가야바는 하느님의 명에 따라 직무를 수행했다. 그러나 두 사람 모두 그리스어를 능숙하게 구사했고, 권력 유지를 위해서라면 무슨 일이든지 할 수 있다고 생각했다.

이런 식으로 국가와 종교는 유대 땅을 철저히 통제했다. 이제 동맹관계에서 제 역할을 해야 할 사람은 가야바였다. 그는 제사장들을 광야로 보내 세례자 요한의 목회 활동을 엄중 감시하게 했다.

✝✝✝

"이 독사의 자식들아."

세례자 요한이 그를 신문하러 요르단 강에 온 성전 제사장들을 향해 고함쳤다.

"도끼가 이미 나무뿌리에 닿았으니 좋은 열매를 맺지 않는 나무는 다 찍혀서 불 속에 던져질 것이다."

모든 눈이 충격에 빠진 제사장들에게로, 그리고 이어서 요한에게로 쏠렸다. 군중은 요한이 뭐라고 하는지 숨을 죽이고 귀 기울였다. 일부 학식 높은 제사장들이 극도로 위선적이라는 것은 세상이 다 아는 일이지만 감히 공개적인 자리에서 그들을 비판하는 사람은 없었다. 그러나 요한은 바리새파와 사두개파 사람 들에게 거침없는 어조로 "와서 세례를 받든지 영원한 불 속에 떨어져 타 죽든지 하라"고 명했다.

성직자들은 요한의 말에 경악했다. 그들은 아무 말도 하지 못했다.

요한은 세례를 받으러 온 군중에게 다시 눈길을 돌렸다. 이들은 농민, 장인, 세리, 군인으로 하나같이 요한의 금욕적인 생활과 거침없는 발언, 열정을 존경했다. 그의 행동에서는 누구도 두려워하지 않고 그 어떤 간섭도 거부하는 자세가 느껴졌다. 많은 사람들은 그런 행동을 대단히 부러워했다. 요한은 로마의 위협 같은 것은 아랑곳하지 않는 것처럼 보였다. 일부 군중은 요한이 세금을 내는지 궁금해했다. 그리고 만약 내지 않는다면 혹시 해를 당하지나 않을까 염려했다.

요르단 강변에 모인 사람들은 대부분, 아니 한 사람 한 사람 모두 가슴속 깊이 세례자 요한이야말로 본인이 말한 '앞으로 오실 메시아'가 아닐까 하고 생각했다.

†††

과연 그 메시아가 누구인지는 이튿날 밝혀졌다.

세례자 요한은 이날도 요르단 강물 속에 서 있었다. 뒤편 강기슭 저쪽으로는 베다니(베타니아) 마을이 보였다. 여느 때와 마찬가지로 날은 더웠고, 신자들이 세례를 받기 위해 장사진을 치고 있었다.

그런데 멀리서 한 남자가 강 쪽으로 걸어 내려오는 것이 보였다. 세례자 요한과 마찬가지로 나사렛 예수도 긴 머리에 턱수염을 기른 모습이었다. 샌들을 신었고, 간편한 옷차림이었다. 눈은 맑고 어깨는 떡 벌어진 것이 노동자 같았다. 그는 요한보다 어려 보였지만 나이 차가 클 것 같지는 않았다.

그때 갑자기 비둘기 한 마리가 예수의 어깨에 내려앉았다. 예수는 새를 쫓지 않고 내버려두었고, 새는 계속 편안히 앉아 있었다.

이 비둘기가 모든 것을 바꿔놓았다.* 비둘기를 보는 순간 평소 세례자의 격한 말 속에 들어 있던 분노가 사라졌다. 그 대신 자신이 설파한 예언이 현실이 된 것을 본 기쁨과 경외감이 넘쳐흘렀다. 순례자 무리가 지켜보는 가운데 감격에 겨운 요한은 예수를 가리키며 이렇게 말했다.

"보라, 하느님의 어린양이 저기 오신다. 나는 성령이 하늘에서 비둘기 모양으로 내려와 이분 위에 머무는 것을 보았다. 나는 이분이 누구인지 몰랐다. 그러나 물로 세례를 주라고 나를 보내신 분께서는 '성령이 내려

---

* 비둘기 출현 이야기는 『신약성경』 4복음서 모두에 나온다. 분명히 드러난 영적인 상징을 복음서 이야기에 포함시키려는 의도 같다. 그러나 정경 복음서와 『구약성경』에서 비둘기라는 단어는 늘 성령이 아닌 진짜 비둘기를 지칭한다. 「마태복음」 「마가복음」 「누가복음」(공관복음서라고 한다)은 비둘기가 예수가 세례를 받고 난 뒤에 나타났다고 말한다. 반면에 「요한복음」은 그전에 비둘기가 예수의 어깨에 내려앉았다고 기록하고 있다. 복음서는 말로 전해온 이야기와 그리스도의 생애에 관한 단편적인 기록들, 그리고 목격자의 증언 등을 종합해 작성한 것이다. 복음서마다 비둘기 이야기에 조금씩 차이가 있는 것은 그 때문일 것이다. 예수가 세례 받을 때 비둘기가 나타난 것은 우연의 일치였을 것이다. 그러나 4복음서는 예수가 죽고 70년이나 지난 뒤에 집필된 것이다(「마가복음」은 기원후 50년대 초, 「누가복음」은 59년에서 63년 사이, 「마태복음」은 70년대, 「요한복음」은 50년에서 85년 사이에 완성된 것으로 추정된다). 이렇게 오랫동안 비둘기가 예수 관련 구비 전승의 일부로 남아 있었다는 것은 비둘기의 출현이 당시 현장에 있던 목격자들의 기억 속에 아주 생생히 남아 있었음을 시사한다.

와서 어떤 사람 위에 머무는 것을 보거든 그가 바로 성령으로 세례를 주는 분인 줄 알라'고 말씀해주셨다. 과연 나는 그 광경을 보았고, 그래서 지금 이분이 하느님의 아들이라고 증언하는 것이다."

순례자들은 무릎을 꿇고 머리를 땅에 조아렸다. 예수는 이런 경배의 표시에 별 반응을 보이지 않았다. 잘한다 하지도 않고 그러지 말라고 하지도 않았다. 나사렛 사람은 그냥 강물로 걸어 들어가 세례자 요한 옆에 서서 세례 받기를 기다렸다.

요한은 어안이 벙벙했다.

"제가 '선생님께' 세례를 받아야 할 터인데, 어떻게 선생님이 제게 오십니까?"

예수는 정체를 밝히지 않았다. 그는 그저 목수였으며 평생 노동으로 먹고살아온 건축업자였다. 그는 「시편」과 『구약성경』을 외우고, 세금을 내고, 어머니를 모셨다. 지나가는 사람들 눈에는 그저 열심히 일하는 여러 유대인 가운데 한 사람으로 보였을 것이다. 그가 신적인 존재임을 드러내는 표지는 어디에도 없었다.

유대인의 문화에서 "내가 신이다"라고 선언하는 것은 사형에 해당하는 죄다. 그런데 이제, 예수는 세례자 요한에게 나지막한 목소리로 자신이 누구인지를 밝혔다. 예수는 강물에 머리를 숙이면서 요한에게 이렇게 말했다.

"지금은 내가 하자는 대로 하라. 우리가 이렇게 해야 하느님이 원하시는 모든 일이 이루어진다."

요한은 예수의 등에 한 손을 얹고 천천히 물 속으로 밀어넣었다.

"내가 너에게 물로 세례를 주니 회개하라."

요한은 예수를 물에 담그면서 이렇게 말했다. 그런 다음 예수를 다시 일으켜세웠다.

"나는 그 광경을 보았고, 그래서 지금 이분이 하느님의 아들이라고 증언한다."

세례자 요한이 큰 소리로 외쳤다.

'하느님의 아들'은 메시아—다윗 왕도 이 칭호를 받았다—임을 나타내는 왕의 칭호였다. 유대인들은 완벽한 왕 다윗이 그런 것처럼 메시아가 다시 와서 유대인의 왕이 된다고 믿었다. 요한과 예수를 바라보는 주변 사람들은 '하느님의 아들'이라는 요한의 말을 다윗이 받은 메시아라는 칭호와 같은 것으로 이해했다. 메시아는 '기름 부음을 받은 자'라는 뜻으로, 왕으로 와서 세상을 다스릴 인물을 말한다.*

군중들은 예수가 강기슭으로 나와 계속 걸어가는 동안 여전히 무릎을 꿇고 있었다. 예수는 홀로 광야로 향했다. 40일 밤낮을 금식하기 위해서였다. 이 여정은 의도적인 것이었다. 세상에 나아가 믿음과 희망의 메시지를 설파하기에 앞서 몸과 마음을 깨끗이 하려면 그 어떤 유혹도 당당히 맞서 물리쳐야 한다는 것을 알기 때문이었다.

---

* 이 대목은 예수의 공생애(公生涯)에서 대단히 중요한 의미가 있다. 그 이유는 두 가지다. 첫째, 「시편」 2장 7절과 「이사야서」 42장 1절 및 41장 8절에 이미 예수의 역할이 언급돼 있다. 「시편」 2장은 하느님이 세운 왕에 대한 찬양으로 특히 7절("나를 왕으로 세우시며 선포하신 야훼의 칙령을 들어라. '너는 내 아들, 나 오늘 너를 낳았노라.'")은 본질적으로 메시아에 관한 언급이다. 이는 「누가복음」 3장 16절에 나오는 세례자 요한의 말("이제 머지않아 성령과 불로 세례를 베푸실 분이 오신다. 그분은 나보다 더 훌륭한 분이어서……")로 다시 확인된다. 「이사야서」, 특히 42장 1절("여기에 나의 종이 있다. 그는 내가 믿어주는 자, 마음에 들어 뽑아 세운 나의 종이다. 그는 나의 영을 받아 뭇 민족에게 바른 인생길을 펴주리라.")은 예언자적 속성과 구원자적 속성을 동시에 지닌 종에 관한 언급이다. 따라서 예수의 세례는 메시아와 종이 통합되어 한 인물이 되는 과정을 보여준다. 둘째, 세례 자체는 이제 예수가 하느님의 승인을 받아 공생애(전도 활동)를 시작했음을 나타낸다. 승인은 하늘에서 들린 신의 말씀과, 성령에 의한 기름 부음으로 이루어진다.

세례자 요한의 임무는 이제 끝났다. 그러나 그와 더불어 그의 운명도 이미 결정됐다.

†††

세례자 요한은 예언자들 중에서도 극히 드문 경우였다. 살아서 자신이 한 예언이 실현되는 것을 본 것이다. 사람들은 아직도 세례를 통해 죄 씻김을 받기를 간절히 원했다. 엄청난 군중이 요한이 가는 곳마다 계속 따라다녔다. 추종자들의 수는 갈수록 많아졌다. 더이상 새로운 그리스도가 온다는 예언을 할 필요는 없었지만 요한의 타고난 언변은 어쩔 수가 없었다. 그는 비리와 불의를 보고 침묵할 사람이 아니었다. 그는 헤롯 안티파스가 본처를 버리고 동생의 전처와 다시 결혼함으로써 유대 율법을 어겼다는 사실을 알고는 침묵할 수 없었다. 세례자 요한은 방방곡곡을 돌아다니면서 안티파스를 큰 목소리로 규탄했다. 그 때문에 사람들은 통치권자에게 더욱 반감을 갖게 됐다.

안티파스는 감시하던 첩자들을 시켜 요한을 체포했다. 요한은 뜨거운 사막 지역을 쇠사슬에 묶인 채로 24킬로미터나 걸어야 했다. 마침내 목적지에 도달했을 때 그의 앞에는 놀라운 광경이 펼쳐졌다. 험준한 산꼭대기에 안티파스가 만들어놓은 마카이루스 요새가 서 있었던 것이다. 요한은 다시 요새까지 900여 미터를 올라가야 했다. 요새 주변은 온통 바위투성이 협곡이었다. 안티파스는 마카이루스를 난공불락의 성채로 만들고자 했다. 그는 동쪽에 있는 아라비아의 침략을 두려워해 이 천연 요새에 18미터 두께의 성벽을 두르고 27미터 높이의 망루를 여러 개 세웠다. "그것도 모자라 쇠뇌를 비롯한 전투 장비를 다량으로 구비하고,

적의 포위 공격이 장기화될 경우에 대비해 온갖 조치를 취해놓았다." 역사가 요세푸스가 후일 안티파스의 마카이루스 요새에 관해 기록한 내용의 일부다.

요새 한가운데에 있는 왕궁에서 내려다보는 풍경은 환상적이었다. 요한이 경치 구경을 할 수 있는 처지라면 저 아래 누런 요르단 강이 계곡들 사이로 뱀처럼 구불구불 휘감아 돌아가는 모습이 눈에 들어왔을 것이다. 어쩌면 육중한 성문을 통해 성채로 들어가는 순간 마지막으로 뒤를 돌아보려고 잠시 걸음을 멈추었을지 모른다. 그러나 성문은 너무 빨리 닫혀버렸다. 여전히 쇠사슬에 묶인 채 요한은 안티파스의 접견실로 들어갔다. 여기서도 요한은 유대인의 왕을 자처하는 자 앞에서 한 점 주눅 든 기색 없이 당당하게 서 있었다. 안티파스에 대한 비난을 철회할 기회가 있었는데도 요한은 그러지 않았다. "동생의 부인을 취한 것은 율법에 어긋나오." 요한은 권력자를 향해 이렇게 말했다.

안티파스 옆에는 문제의 여자 헤로디아가 앉아 있었다.* 요한이 안티파스를 비판한 것은 헤로디아에 대한 비난이기도 했다. 헤로디아는 남편 안티파스가 속으로 세례자 요한을 두려워하고 있으며, 처형 명령을 내리기를 꺼린다는 것을 알고 있었다. 그러나 헤로디아는 용의주도한 여자였다. 어떻게 해서든 보복할 방법을 찾고 있었다. '이 지저분하고

---

* 안티파스에게는 이 사태가 윤리적인 문제일 뿐 아니라 정치적인 문제였다. 역사가 요세푸스는 안티파스가 헤로디아와 결혼하기 위해 이혼한 아내가 나바테아 국왕 아레타스 4세의 딸이라고 적고 있다. 사정이 이러니만큼 두 나라 관계는 악화 일로였다. 안티파스의 영토 중 일부인 페레아 지방은 주민 다수가 나바테아계였다. 따라서 안티파스보다는 아레타스 4세에게 더 충성하는 입장이었다. 그런데 세례자 요한까지 체포했으니 상황은 더 나빠졌을 것이다. 후일 아레타스 4세가 전투에서 안티파스에게 참패를 안겨주자 사람들은 안티파스가 세례자 요한을 죽인 것에 대한 하느님의 징벌이라고 말했다.

막돼먹은 자가 어찌 감히 나를 능멸한단 말인가?'

결국 요한은 마카이루스 요새 지하 감옥에 투옥됐다. 이제 힘겨운 옥
살이를 견디면서 안티파스가 풀어줄 날만 기다리거나, 아니면 헤로디아
의 간계에 죽는 일만 남았다.

한편 안티파스에게는 더 큰 위협이 다가오고 있었다. 나사렛 예수가 전
도의 길을 나선 것이다. 이는 막강한 세상 권력자들에 대한 도전이었다.

7장

기원후 26년
어느 날 밤
카프리 섬 빌라 요비스

 갈릴리에서 아주 멀리 떨어진 로마에서는 신의 의붓아들을 자처하는 남자가 이사를 가고 있었다. 로마 생활은 티베리우스 율리우스 카이사르 아우구스투스에게는 아주 힘들었다. 아니, 티베리우스는 그렇게 생각했다. 그래서 그는 나폴리 만 앞바다 카프리 섬의 산꼭대기에 있는 요새로 들어가 온갖 향락을 누리며 남은 생을 보냈다. 지금 그는 침대 등받이에 기댄 채, 바로 앞에서 벌거벗은 어린 시녀와 소년 들이 성행위를 하는 모습을 지켜보고 있다. 로마제국 변방에서 미모를 기준으로 엄선해 데려온 이들은 예순여덟 살의 '늙은 염소'―사람들은 뒤에서 티베리우스를 그렇게 불렀다—를 위해 온갖 난잡한 성행위를 해야만 했다. 이들은 명령에 따라 목축의 신 판(파우누스)과 요정 님프 복장을 한 채 왕궁 정원을 뛰어다니며 성행위를 했고, 황제가 불러온 손님들과도 일을 벌였다.

오늘밤도 이들은 드넓은 왕궁에서 대기했다. 왕궁은 대리석으로 깐 바닥 곳곳에 음란한 조각상들이 서 있고 저 아래로 지중해 푸른 바다의 절경이 펼쳐져 있었다. 소년 소녀 들은 따분해하는 여드름 자국투성이의 황제에게 절대 복종하라는 명을 받았다. 황제의 상상력을 만족시키는 체위가 잘 안 될 때는 옆에 비치된 이집트 성행위 교본을 보고 따라하기도 했다.

소년 소녀 들은 한참 일을 벌이는 와중에도 티베리우스를 흘끗흘끗 쳐다보지 않을 수 없었다. 모든 게 흡족하게 진행되면 황제도 끼어들어 같이 놀았다. 그러나 분위기나 특이한 체위가 마음에 들지 않으면 황제는 그냥 나가버리지 않았다. 끔찍한 일이 소년 소녀 들을 기다리고 있었다. 황제는 '티베리우스의 도약대'라고 부르는 천 길 낭떠러지에서 아이들을 내던졌다. 그 정도 높이면 바다에 떨어지느냐 나폴리 만에서 튀어나온 바위에 떨어지느냐는 아무 차이가 없다. 어차피 살아날 수 없으니까.

'티베리우스의 도약대'라는 천연 낭떠러지도 티베리우스가 창안해낸 것이나 마찬가지였다. 그는 섹스를 즐겼을 뿐 아니라 남의 성행위 장면을 구경하는 것도 좋아하는 만큼, 낭떠러지 위에 선 소년 소녀 들이 살려달라고 애절복걸하는 모습에서 짜릿한 쾌감을 느꼈기 때문이다.

오늘밤 온갖 짓거리를 벌인 소년 소녀 들은 거의 모두 절벽 밑으로 던져지는 끔찍한 운명을 맞게 된다. 티베리우스는 자신이 이런 주색 놀음을 한다는 소문이 로마에 흘러들 것을 생각하니 견딜 수가 없었다. 소문을 막는 가장 좋은 방법은 한참 즐기고 나서 아이들을 죽여버리는 것이었다.

그러나 어린아이들은 이런 사실을 까맣게 몰랐다. 언젠가 이 지긋지긋한 빌라 요비스Villa Jovis'유피테르 신의 저택'이라는 말로, 카프리 섬에 지은 티베리우스 황제의 궁전를 벗어나 고향으로 돌아갈 수 있을 것이라고 믿었다. 그래서 죽기 살기로 '공연'에 몰두했다. 역겨운 황제의 요구나 변덕을 어떻게든 맞춰주어야 했다.

한편 점점 노쇠해지는 황제는 지금 베개를 쌓아놓고 거기 기대어 누워 있다. 손이 닿는 거리에는 늘 포도주 잔이 놓여 있다. 그도 한때 참된 사랑이 무엇인지, 진정한 행복이 무엇인지 아는 사람이었지만 지금은 눈은 침침하고 피부는 습진과 종기로 얼룩덜룩했다. 지금의 티베리우스는 양심이나 죄책감 같은 것은 털끝만큼도 없는 인간 망종이었다.

✝✝✝

티베리우스가 이곳 카프리 섬에 은둔한 것은 두 아들의 죽음 때문이었을 수 있다. 아니면 권력욕이 강한 음모꾼 어머니 리비아 드루실라(위대한 아우구스투스 황제의 미망인)와 같이 있는 것을 도저히 참을 수 없어서였을 수도 있다. 어쩌면 매일 끊임없이 몰려드는 청원자들에게 넌더리가 났기 때문일지도 모른다. 이런저런 은혜를 베풀어달라고 절박하게 애걸하는 그 모습은 너무도 역겨웠다. 암살에 대한 공포심 때문이었을 수도 있다. 대우에 불만을 품은 부관이나 버림받은 여자, 먼 조카뻘 되는 자 등등이 궁중에서 왕위를 노리고 음모를 꾸미는 일이 점점 잦아지는 것 같았다.

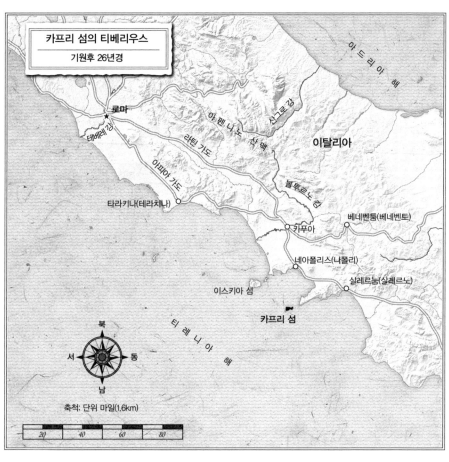

아니면 그저 '술이 너무 과하십니다' 운운하며 싫은 소리를 하는 신하들이 이젠 너무 지겨워서 여기로 왔는지도 모른다. 그는 오랜 기간 최고 권력자로서의 운명을 감당해왔다. 사람들의 기대를 만족시켜야 했고, 좋은 평판을 유지해야 했다. 이유야 어쨌든, 그는 도망치듯 아름다운 카프리 섬의 산꼭대기 성채로 들어왔다. 저 아래로 터키옥 같은 청록색으로 반짝이는 지중해를 보면 마치 딴 세상에 온 것 같았다. 여기서 그는 먹고 싶은 만큼 먹고, 자고 싶은 상대와 자고, 마시고 싶은 만큼 마시면서 로마제국을 멀리서 통치했다.

티베리우스는 신들이 어떤 운명을 선사할지 이미 알고 있었기 때문에 누구보다 신임하는 사람을 한 명 데려왔다. 황실 점성술사 트라실루스였다. 티베리우스는 카프리 섬에서 최대한 안락하게 지내기 위해 각종 목욕탕과 수조, 웅장한 홀, 호화 침실, 등대는 물론이고 특별 천문대까지 건설했다. 트라실루스는 여기서 매일 별의 움직임을 관찰해 점괘를 내놓았다.

물론 트라실루스도 잘못된 정보나 고의적인 왜곡으로 티베리우스를 실망시켰다가는 어린 성 노예들과 다를 바 없이 천 길 낭떠러지 밑으로 떨어져야 할 것이었다. 티베리우스는 누구도 믿어서는 안 된다는 것을 오래전부터 잘 알고 있었기 때문이다.

티베리우스는 율리우스 카이사르 피살 2년 후에 태어났다. 카이사르의 이름은 그의 본명(티베리우스 율리우스 카이사르 아우구스투스)에도 들어있다. 어머니 리비아가 친아버지와 이혼하고 후일 아우구스투스 황제가 될 남자와 결혼했을 때 그는 세 살이었다. 사실 티베리우스는 어머니가 저지른 배신의 수혜자였다. 아우구스투스 황제가 곧 그를 양자로 들인 것이다. 티베리우스는 마르쿠스 안토니우스와 클레오파트라 연합군을 격파한 것을 기념하는 행사 때 아우구스투스와 함께 전차에 올라 로마 시내를 누볐다.

소년은 온갖 특권을 누리며 자랐고 정통 교육을 받아 웅변과 수사학에 뛰어났다. 그는 스무 살에 군 지휘관이 됐다. 탁월한 전술가이자 두려움을 모르는 전사이던 티베리우스는 전쟁에서 여러 차례 승리를 거두면서 유명해졌다. 그러나 우울한 성격과, 얼굴을 뒤덮은 심한 여드름으로도 유명했다. 그는 로마로 돌아와 사랑에 빠졌다. 상대는 귀족 가문 출신 젊은 처녀 빕사니아로 두 사람은 곧 결혼했다. 빕사니아는 첫아들 드루수스 율리우스 카이사르를 낳았고, 이어 곧 둘째를 임신했다. 그러나 황제 아우구스투스가 두 사람 사이에 잔인하게 끼어들었다. 이 일로 티베리우스는 완전히 딴사람이 된다. 신의 아들을 자처하는 아우구스투스는 결혼 생활 8년째인 티베리우스에게 빕사니아와 이혼하고 최근 과부가 된 자기 딸 율리아와 결혼하라고 명했다. 티베리우스가 그럴 수 없다고 하자 황제는 명령에 따르든지 혹독한 처벌을 감수하든지 양자택일하라고 꾸짖었다. 망연자실한 빕사니아는 아이를 유산했다.

티베리우스는 정신이 나갈 정도로 격분했지만 황제의 명령에 따랐다. 얼마 후 로마 길거리에서 그는 사랑하는 빕사니아와 우연히 마주쳤고, 다들 보는 듯이 흐느끼면서 그녀에게 용서를 빌었다. 이 일은 아우구스투스의 귀에 들어갔고, 아우구스투스는 티베리우스에게 다시는 빕사니아를 만나지 말라고 경고했다.

이렇게 해서 티베리우스의 인간적인 따스함은 완전히 사라졌고, 그 순간부터 잔인하고 방탕하고 술에 찌든 삶이 시작됐다. 한때 수사학을 공부했고, 아이의 엄마를 그토록 사랑했던 남자는 정서적으로 완전히 파괴됐다. 이후 다시는 다정다감한 모습을 보이지 못한다. 그러나 새 부

티베리우스 황제.

인 율리아는 그의 그런 행태에 개의치 않았다. 본인도 방탕과 일탈이라
면 일가견이 있었다. 율리아는 난쟁이를 좋아했다. 티베리우스가 다시
전쟁에 나갔을 때—이번에는 갈리아였다—그녀는 난쟁이를 곁에 두고
내킬 때마다 욕정을 채웠다. 율리아는 엄청난 미인이어서 음탕한 욕망
을 채우기도 쉬웠다. 그녀는 술과 성이 난무하는 파티를 찾아다녔고, 아
무 거리낌 없이 돈을 받고 몸을 팔았다. 그러면서 남편 티베리우스를 우
습게 본다는 것을 공공연히 과시했다. 가장 충격적인 일은 따로 있었다.
티베리우스가 갈리아에서 돌아와서 보니 아내가 집을 창녀촌으로 만들
어놓은 것이었다.

율리아의 아버지 아우구스투스 황제도 경악했다. 그는 티베리우스에게 이혼을 허락했다. 그러나 후일 황제가 될 남자는 다시는 결혼하지 않는다.

이제 마흔이 다 된 티베리우스는 수치심을 못 이긴 나머지 그리스 로도스 섬으로 은둔했다. 술은 점점 늘어만 갔고, 잔인함이 몸에 배기 시작했다. 이런 행태는 죽는 날까지 계속된다. 살인을 밥 먹듯이 했고, 심지어 계산을 잘못했다는 이유만으로 참수형을 명하기도 했다.

재위 말년에 아우구스투스 황제는 로도스 섬에 가 있는 티베리우스를 다시 불러들여 황제 수업을 시켰다. 마땅한 후계자감이 달리 없었던 것이다. 티베리우스는 온갖 도전을 적극적으로 헤쳐나갔다. 기원후 14년 아우구스투스 황제가 사망하자 티베리우스는 황제가 되겠다고 덤빌 만한 자들은 모두 처형해버렸다. 그는 12년이라는 긴 세월 동안 원로원과 싸우면서 제국을 실무적으로 잘 꾸려나갔다. 그러나 양자인 게르마니쿠스*와 친아들 드루수스**가 서른셋과 서른넷의 젊은 나이에 석연치

* 게르마니쿠스는 원인을 알 수 없는 병으로 죽었다. 그는 대중적 인기가 높은 장군이었고 특히 군단 병사들의 절대적인 지지를 받았다. 토이토부르크 숲 전투 패전 설욕에 나서서, 빼앗겼던 17, 18, 19부대의 군기를 되찾은 것도 그였다. 아우구스투스 황제가 죽으면 그가 황위를 차지하려고 할 것이라고 보는 사람이 많았지만 게르마니쿠스는 티베리우스를 끝까지 존경하고 따랐다. 그런 게르마니쿠스를 티베리우스 황제가 죽였다는 소문이 돌았다. 훗날 외아들 드루수스에게 황위를 물려줘야 할 것을 생각하면 게르마니쿠스는 너무도 큰 위협이었기 때문이라는 것이다. 그런데 게르마니쿠스 살해 용의자인 시리아 총독 그나이우스 칼푸르니우스 피소가 재판정에 나와 떳떳하게 결백을 주장하는 대신 자살을 택함으로써 소문은 더더욱 신빙성을 얻었다. 게르마니쿠스는 황제가 되지 못했지만 그 아들 칼리굴라는 티베리우스 사망 직후 황위에 오른다. 그리고 티베리우스를 훨씬 능가하는 잔인한 엽기 행각으로 악명을 떨치게 된다.
** 드루수스는 아내 리빌라와 그 애인 황실 근위대장 루키우스 아일리우스 세야누스에게 독살당했다. 두 사람은 치밀하게 일을 꾸몄다. 그래서 음모가 드러난 것은 사건 발생 후 8년이 지나서였다. 리빌라는 독방에 갇혀 서서히 굶어 죽었다. 티베리우스 황제의 최측근

않은 이유로 갑자기 죽자 티베리우스는 더는 견딜 수가 없었다.

음모가 판을 치는 로마 생활에 넌더리가 난 티베리우스는 카프리 섬의 아우구스투스 황제 별장들을 대대적으로 증개축했다. 숲속의 작은 빈터에 야외에서 성행위를 하는 '음탕한 모퉁이'라는 것들을 꾸미는가 하면, 어린 소년들과 벌거벗고 같이 노는 특별 수영장도 여러 개 조성했다. 하인들은 황제의 명에 따라 아이들을 납치했다. 심지어 티베리우스는 '황제 기쁨 전담관'이라는 직함의 채홍사까지 두었다. '새 몸뚱이'를 황제에게 대주는 것이 그의 유일한 임무였다.

이런 짓거리들을 하면서도 티베리우스는 광대한 로마제국을 계속 지배했다. 암살 음모에 대한 걱정이 없는 외딴섬 높은 산꼭대기에서 티베리우스 율리우스 카이사르 아우구스투스는—주변에는 기분 내키는 대로 죽일 수 있는 자들밖에 없었다—풍속과 법률에 관한 명령을 내렸고, 이는 수많은 사람의 운명에 결정적인 영향을 미쳤다. 특히 로마 관리들에게는 반드시 준수해야 할 명령이었다.

새로 유대 총독으로 부임한 본디오 빌라도는 자신의 미래가 타락한 티베리우스를 얼마나 흡족하게 해주느냐에 달려 있다는 것을 잘 알고 있었다. 티베리우스는 로마식 다신교를 믿었지만 유대인의 종교적인 생

이던 세야누스는 훨씬 끔찍한 죽음을 맞았다. 황제가 카프리 섬으로 은둔한 뒤로 세야누스는 로마에서 2인자 이상의 권력을 누렸다. 기원후 31년 10월 18일, 세야누스가 포도주에 독을 타서 외아들 드루수스를 죽였다는 소식을 들은 티베리우스는 그를 체포하라는 명을 내렸다. 바로 그날 밤 세야누스는 로마에서 교살당했다. 시신은 구경꾼들에게 던져졌다. 군중은 시신을 갈기갈기 찢었다. 이어 군중은 인간 사냥에 나서서 세야누스의 친구와 친척을 모두 죽여버렸다. 세야누스의 아들과 딸은 그해 12월 체포돼 아버지와 똑같이 목이 졸려 죽었다. 딸은 아직 처녀여서 법률상 사형에 처할 죄를 범했어도 형을 집행할 수 없다는 얘기를 들은 티베리우스는 부하들에게 어린 유닐라의 목에 밧줄을 두른 다음 강간하라고 명했다. 이어 유닐라가 처녀성을 상실하자 밧줄을 잡아당기게 했다.

활양식을 높이 평가했다. 특히 안식일을 거룩하게 지키는 것을 보면서 유대 민족은 로마제국에서 가장 경건한 신민(臣民)이라고 생각했다. 티베리우스는 본디오 빌라도에게 유대인들을 다루는 지침을 내렸다. "관습으로 정착된 것은 절대 바꾸지 말라. 유대인들과 그들의 율법 모두 해하지 말고 잘 보살펴라. 그것이 질서 유지에 이롭다."

본디오 빌라도는 황제의 명을 좀더 확실히 지키기 위해 유대교의 우두머리이자 예루살렘 최고의 권력자인 대제사장 가야바와 일종의 동맹을 맺었다. 티베리우스 황제의 명령에 따르면 빌라도는 유대교 율법 문제에 관여해서는 안 되었다.

빌라도는 이 명령을 나중에도 절대 잊지 않았다.

✝✝✝

이제 쉰 살이 다 된 헤롯 안티파스는 티베리우스 황제에게 잘 보이는 것만이 살길이라는 것을 잘 알고 있었다. 이전에 그는 로마에서 오래 살았다. 로마의 생활 방식과 관습에 익숙하고 로마인과 똑같이 문학, 시, 음악을 즐겼다. 심지어 유대인이면서도 로마 귀족 스타일의 복장을 했다. 유대인들이 주로 입는 단순한 긴 옷 대신 반원형 토가를 입었다.

로마에 체류할 때 안티파스는 생선 내장을 삭혀 만든 소스를 음식에 뿌려 먹는 법을 배웠다. 로마인이 좋아하는 일종의 조미료로 맛이 강해서 약간 상한 음식이라도 이걸 뿌려 먹으면 상한 맛을 느끼지 못했다. 키르쿠스 막시무스 원형경기장에서 벌어지는 전차 경주도 자주 구경했다. 어쩌면 로마인처럼 노예를 정부로 삼았을지도 모르겠다. 로마에서는 매춘이 합법이었으며 매춘업자도 세금을 냈다. 유일하게 수치로 여겨지는 것은 로마 남성 시민이 동성애 관계에서 여자 역할을 하는 경우였다. 율리우스 카이사르의 정적들이 카이사르와 비티니아 왕의 관계를 두고두고 씹은 것은 바로 그 때문이었다.

안티파스는 유대 농민들에게는 절대적인 지배력을 행사했다. 그러나 로마가 하라는 대로 해야만 했다. 그는 티베리우스 황제가 하는 일에 대해서는 절대 부정적으로 말할 수 없었다. 그러나 로마 지배에 대한 유대인들의 환멸은 나날이 커져만 갔다. 안티파스는 티베리우스가 두려워 유대 민족에게 도움이 되는 개혁 조치 같은 것은 엄두도 못 냈다. 안티파스는 그저 입 꼭 다물고 재물만 열심히 챙기는 것으로 만족했다.

†††

로마제국은 광대했다. 그러나 로마 군단이 건설한 그 모든 도로와, 본국과 수많은 전초기지를 정기적으로 운항하는 뱃길들은 소문이 빨리 퍼진다는 것을 의미했다. 집안일을 하는 노예들이 쑤군거리면서 티베리우스의 잔인하고 기이한 일탈행위에 관한 소문이 널리 퍼졌다. 사람을 마음대로 죽이고, 조금만 자기를 무시한다고 생각하면 온 가족을 몰살하기도 했다. 심지어 아주 어린아이를 강간하기도 했다. 자기를 받아들이지 않는 여자는 귀족 집안 유부녀라도 하인들을 시켜 범하게 하는 식으로 보복을 했다.

그러나 안티파스는 티베리우스가 아니었다. 갈릴리의 지배자는 허영과 개인적인 약점을 비롯해 결함이 많았지만 로마 황제와 비교할 정도는 아니었다. 그러나 티베리우스의 부도덕한 일탈행위는 로마에서 가장 멀리 떨어진 이곳 변방까지 스며들 수밖에 없었다. 그 결과 점점 기강이 무너지고 정의가 흐려졌다. 황제는 유대 땅에 와본 적도 없고 나사렛 예수와 얼굴을 마주하거나 매년 예루살렘으로 몰려드는 유월절 순례자들을 본 적도 없지만, 신임 로마 총독 본디오 빌라도는 어떤 결정을 내리든 티베리우스의 승인을 받아야 했다. 안티파스도 마찬가지였다. 갈릴리 호숫가에 건설한 호화롭기 이를 데 없는 신도시를 전능한 황제의 이름을 따서 명명한 것도 그 때문이었다.

로마제국은 그렇게 파멸을 향해 서서히 내리막길을 걷기 시작했다. 지배계급에게는 정의나 고귀함 같은 것이 거의 남아 있지 않았다. 이런 상황에서 유대 농민들은 예언자들이 약속한 구세주를 찾을 수밖에 없었다. 한동안 그 구세주가 세례자 요한일 거라고 생각한 사람들이 있었다. 그러나 그는 지금 감옥에서 고초를 겪고 있었다.

이제 세례자 요한보다 훨씬 권능이 큰 새로운 구세주가 올 거라는 얘기가 조심스럽게 떠돌았다. 나사렛 예수가 막 등장하려는 순간이다.

8장

기원후 27년
4월 어느 날 낮
예루살렘

　예수는 손에 채찍을 감아쥐고 예루살렘 성전 뜰로 통하는 계단을 오
르고 있었다. 유대인 수십만 명이 갈릴리, 시리아, 이집트는 물론이고
심지어는 멀리 로마에서까지 예루살렘을 찾아와 또다시 유대교 최고의
명절을 지내고 있었다. 사실 유대인들에게는 선택의 여지가 없었다. 유
월절에 예루살렘 성전을 찾지 않는 것은 서른여섯 가지 죄 중 하나로
신이 내리는 벌을 받게 되기 때문이다. 신의 처벌은 카레트karet라고 하
는데, 이는 하느님으로부터 영적으로 '떨려 나간다'는 뜻으로, 그 내용
은 때 이른 죽음일 수도 있고 다른 징벌일 수도 있다. 처벌의 내용은 하

느님만 안다.* 따라서 나사렛 예수도 어려서부터 매년 봄이면 예루살렘까지 힘든 도보 순례를 했다.

예루살렘 전체에 경이로운 영적 분위기가 역력했다. 많은 유대인이 함께 예배를 드리고 신을 찬양하는 노래를 불렀다. 성전 관리들은 순례자들이 예루살렘으로 편히 들어올 수 있도록 겨울철 폭우로 망가진 흙길을 수리했다. 무덤에는 분명히 표시를 해서, 순례자가 모르고 무덤을 만져서 부정을 타는 일이 없도록 했다. 몸을 물에 푹 담그는 정결 의식을 할 수 있도록 샘물도 많이 팠다. 거룩한 도시 예루살렘에 들어올 때는 정결한 상태를 유지해야 하기 때문이다. 암반에 구멍을 파서 미크바 mikvah라는 욕조를 만들고 그 안쪽 면에는 회칠을 했다. 순례자들은 여기 들어가 앉아서 정결 의식을 치렀다.

예수도 예루살렘에 들어가기 직전 미크바 물 속에 몸을 담갔다. 성 안에는 흙으로 만든 화덕 수백 개를 임시로 설치해 누구든 유월절 축제 첫날 밤에 쓸 희생 제물을 구울 수 있게 해놓았다. 양치기와 양 떼가 좁은 길들을 잔뜩 막고 있어서 온통 매애매애 하는 양 울음소리였다. 새끼 낳는 시기를 보내고 산허리에서 막 내려온 녀석들이다. 예수는 흠 없는 새끼양을 제물로 바치기 직전에 성전 뜰 곳곳에서 울려퍼지는 은 나팔 소리와 레위 지파 합창단의 노랫소리를 들었을 것이다. 제사장은 제물로 바친 가축의 피를 금사발에 받은 다음 제단에 뿌리고 새끼양은 고리에 걸어 가죽을 벗긴다. 이어 신에 대한 감사를 표하는 기도문 할렐

---

* 카레트가 정확히 어떤 것인지에 대해서는 학자들 간에 논란이 많다. 역사가 요세푸스는 인간이 집행하는 육체적 처벌이라고 기록했다. 일부 학자들은 원래 죽게 돼 있는 시점보다 훨씬 먼저 죽는 것을 의미한다고 생각했다. '하늘의 손에 의해' 50세에서 60세 사이에 죽는다는 식으로 시점을 못 박기도 했다. 그러나 회개하면 카레트가 취소될 수도 있었다.

*이 낭송되고 성전 뜰마다 '야훼 하느님을 찬미하라'는 뜻의 할렐루야 노래가 울려퍼진다.

예루살렘의 유월절 풍경은 대개 이런 식이다. 헤롯 대왕이 성전을 재건한 후 계속 그래왔다. 유월절은 매년 감동도 다르고 사람마다 체험하는 바도 다르지만 의식은 늘 똑같았다.

이제 예수가 이방인의 뜰에 들어섰다. 잠시 후 그는 대담하고도 충격적인 혁명 같은 행동을 보여줄 것이다.

이번 유월절은 여느 해와는 달랐다. 그것은 이후 역사에서 예수가 쏟아낸 분노의 말로 기억된다. 예수는 채찍을 후려치면서 전도 활동을 시작할 준비를 한다.

†††

부분적으로 담을 둘러친 성전의 여러 뜰에는 피와 가축 냄새가 진동을 한다. 동전이 잔뜩 쌓인 탁자들이 한쪽 벽을 따라 죽 늘어서 있다. 차양의 그림자가 진 탁자에는 슐하님shulhanim이라 불린 교활한 '환전상'들이 거만한 표정으로 앉아 있다. 다른 도시에서 온 순례자들은 얼마 안

* 「시편」 113~118장을 낭송하는 것이다. 6개 장 전문을 다 소개하려면 너무 길어서 편별 요지만 순서대로 적어본다. 하느님의 위대함과 자비로움에 대한 찬양, 유대 땅이 하느님의 성역임을 일깨움, 주님은 한 분뿐인 참하느님임을 찬미함, 하느님이 우리를 죽음으로부터 구원해주심에 대한 감사, 하느님의 진실하고 영원한 사랑에 대한 일깨움, 적들로부터 구해주심에 대한 감사. 시편(詩篇)으로 번역되는 'Psalm'은 그리스어로 '현악기 반주에 맞춰 부르는 노래'를 뜻한다. 히브리어 『구약성경』 원문에는 'tehillim'(찬양) 또는 'tephillot'(기도)으로 돼 있다. 시편은 모두 150장인데 그중 117장이 가장 짧다. 단 세 문장으로 돼 있다.

되는 자산을 로마의 하수인들이 주조한 동전으로 교환하기 위해 길게 줄을 서서 차례를 기다리고 있다. 로마 동전에는 신들과 같은 살아 있는 존재의 형상이나 황제의 초상이 새겨져 있다. 이런 화폐는 반드시 예루살렘 표준 통화인 세겔*로 바꿔야 한다. 율법은 형상을 새기는 것을 금하기 때문에 세겔에는 식물이나 인간을 연상시키지 않는 문양이 새겨져 있다. '성전세용 동전'이라고도 하는 세겔에 대해 많은 순례자들은 좋지 않게 생각했다. 성전세를 내거나 희생 의식용 동물을 구입할 때는 세겔만 받았기 때문이다.

환전상들은 순례자들이 자기 지역에서 가져온 화폐를 세겔로 바꿔주는 특혜를 누리면서 엄청난 환율을 적용했다. 성전 대제사장들 역시 이런 사기를 통해 이득을 취했다. 성전 안뜰에는 순례자들이 내놓고 간 외국 돈과 세겔을 보관해두는 거대한 귀중품 보관실이 여러 개 있었다. 성전은 이 돈을 세금 낼 돈이 없는 농민들에게 빌려주고 엄청난 이자를 받아 챙겼다. 귀중품 보관실에 있는 채무 대장에는 모든 채무가 꼼꼼히 기록돼 있었다. 빚을 갚지 못하는 사람은 비참한 상황을 맞게 된다. 집을 빼앗기거나 땅과 가축을 잃고, 결국에는 채무 노예가 되거나 '불결한' 계층으로 전락한다. 예루살렘 아래쪽 빈민촌에는 성전에서 빌린 돈을 갚지 못해 자기 땅에서 쫓겨난 가족들이 바글거렸다.

이처럼 유월절은 신앙과 경건함의 축제일이기도 하지만 돈 때문에 말썽이 많은 날이기도 했다. 매년 400만 명이나 되는 유대인이 예루살

---

* 오늘날까지도 이스라엘의 화폐 단위는 세겔이다. 세겔은 당시 로마제국에서 널리 통용된 주화 데나리온보다 금속 순도가 높았던 것으로 추정된다. 1데나리온은 10~16앗사리온(당시 정기적으로 발행되던 최소 단위 동전)에 해당했다. 데나리온은 대개 은화였으며 현직 황제의 초상을 새겼다. 데나리온 대 세겔의 환율은 보통 4대 1이었다.

렘을 찾았다. 이는 상점 주인과 여관업자들에게는 수입이 는다는 의미였다. 그러나 과세와 환전을 통해 그런 이득의 대부분을 챙겨가는 것은 성전 제사장들과 로마의 상전들이었다. 가난한 순례자가 의무적으로 바쳐야 하는 희생 제물용 새끼양이나 비둘기를 살 때는 더 큰 이득이 발생했다. 제사장이 구입한 동물이나 새를 검사해서 단 하나라도 흠이 발견되면 희생 제물은 불결한 것으로 간주되어서 다른 것을 사야 하기 때문이다. 따라서 사람들이 성전 제사장들과 접촉하는 과정에서 속으로 분노를 키우는 것은 놀라운 일이 아니었다. 많은 사람이 채무 대장을 다 태우고 성전 귀중품 보관실을 털었으면 좋겠다는 생각을 했다. 실제로 40년 후 이스라엘의 아들과 딸 들은 바로 그런 행동을 한다.

그러나 이번 유월절 주간에는 그런 사태가 벌어질 조짐은 전혀 없었다. 오늘 예수는 이방인의 뜰로 올라가 드넓은 야외 광장으로 향한다. 요한에게 세례를 받고 광야에서 금식하며 보낸 후 지금까지 그의 전도 활동은 조용히 진행됐다.

나사렛 예수에게는 군대가 없었다. 그는 재물도 없고, 칼도 없었다. 어떤 운동을 뒷받침해줄 하부 조직이나 본부 같은 것도 없었다. 지금까지 그의 행동은 반란이나 기존 체제에 대한 도전과는 전혀 거리가 멀었다. 요한에게 세례를 받은 후로 제일 거창하게 외부에 모습을 드러낸 것이 고작 어머니와 함께 갈릴리 지방 가나 마을에서 열린 혼인 잔치에 참석한 일이었다. 예수가 스스로를 하느님이라고 하면서 혁명을 시작할 의도였다면 그것은 아직 그의 머릿속에만 있는 계획이었다. 그는 아직 군중 앞에서 제대로 된 메시지를 단 한 번도 설파하지 않았다. 로마나 예루살렘 성전 대제사장에게 도전하지도 않았다. 또 그럴 생각도 없는 것 같았다.

그러나 지금 예수는 동전이 산더미처럼 쌓인 탁자 앞을 지나면서 갈릴리에서 온 사람들이 무기력하게 줄지어 서 있는 모습을 보고 있다. 저 탐욕스러운 환전상과 거만한 제사장 들은 순례자들에게서 감시의 눈초리를 떼지 않고 있다. 그의 가슴속에서 뭔가 울컥했다. 유월절의 환전 관행은 예수가 어렸을 적부터 지금까지 하나도 변하지 않았다. 다만 오늘 예수는 분명히 잘못된 그런 관행을 바로잡기 위해 뭔가 해야 한다는 사명감 같은 것을 느꼈다.

이 나사렛 사람은 평소 화를 내는 법이 없었다. 격분하는 일은 더더구나 없었다. 평소에 예수는 평온함을 발산했고, 오히려 사람들은 거기서 강력한 흡인력을 느꼈다. 그런 예수가 환전상 탁자를 향해 거침없이 달려갔으니 그를 아는 사람들은 깜짝 놀랐다. 예수의 걸음걸이에는 힘이 넘쳤고, 강렬한 눈빛에는 강철 같은 결의가 번득였다.

환전상 탁자는 나무로 된 것이었다. 표면에는 동전을 밀고 잡아당기고 하면서 긁히거나 움푹 들어간 자국투성이었다. 동전은 크기와 모양이 다 달랐다. 그래서 차곡차곡 쌓이지가 않았다. 그래서 환전상들은 동전을 그냥 무더기로 쌓아놓고 앉아 있었다. 동전들이 예루살렘의 강한 햇빛에 번쩍였다.

탁자가 아무리 무겁다 한들 예수에게는 장애가 되지 않았다. 아버지 곁에서 20년 동안 목재며 돌을 날라온 예수였다. 그는 제일 가까운 탁자 밑에 두 손을 집어넣은 다음 탁자를 뒤집어엎어버렸다. 동전들이 사방으로 튀었다. 놀란 환전상이 고함을 치며 화를 냈고, 동전들이 폭포수처럼 돌바닥으로 떨어지는 순간 예수는 이미 그다음 탁자를 뒤집어엎고 있었다. 그런 식으로 줄줄이 다 엎어버렸다.

지금까지 예수의 이런 모습을 본 사람은 없었다. 예수의 행동은 미친 짓이었으며 마치 사람을 죽이기라도 할 듯한 기세였다. 군중이 놀라 입을 다물지 못하는 동안 예수는 밧줄을 꼬아 만든 채찍을 휘둘렀다. 그는 환전 탁자에서 염소와 양을 파는 가게로 옮겨갔다. 채찍을 탁 하고 내리치자 동물들이 사방으로 튀어나갔다. 이어 예수는 비둘기(역시 희생 제물용으로 파는 것이다) 새장이 있는 곳으로 성큼성큼 걸어가더니 새장 문을 열고 새들을 다 놓아주었다.

아무도 말릴 엄두를 내지 못했다.

예수가 워낙 기세등등해서 아무리 힘이 센 자라도 감히 끼어들 생각을 못 할 정도였다. 예수가 다가와 채찍을 휘두르면 남자 여자 아이 할 것 없이 다들 혼비백산해서 흩어졌다.

"다들 나가."

예수가 환전상과 가축 파는 자 들에게 소리쳤다.

"너희가 어찌 감히 내 아버지의 집을 시장 바닥으로 만들었느냐!"

조금 전만 해도 순례자들을 가지고 놀던 자들이 지금은 몸을 움츠렸다. 예수가 채찍을 자신들한테 휘두를까봐 두려웠기 때문이다. 환전상들은 동전이 땅바닥에 흩어지는 것을 뻔히 보면서도 주울 생각을 하지 못했다. 가축들은 이방인의 뜰 여기저기를 허둥지둥 뛰어다녔다. 암소며 염소, 양 들이 군중 사이를 뚫고 마구 달아났다. 도살의 칼날을 마주할 순간이 잠시 연기된 셈이다.

성전 뜰은 대단히 넓어서 예수가 이처럼 난리를 피우는 동안에도 성전 본관 안에 있는 제사장과 예배자 들은 아무 소리도 듣지 못했다. 예수가 동물들을 내쫓는 것을 보지 못한 많은 신자들은 갑자기 동물들이 날뛰는 것을 보고 놀랐다. 그러나 예수의 도발적인 행동을 본 가난하고 억눌린 사람들은 대단히 특별한 사건을 목격한 흥분에 가슴이 뛰었다.

그들은 꼼짝 않고 제자리에 서서 예기치 못한 이 놀라운 장면이 어떻게 전개될지를 지켜보았다.

갑자기 순례자 한 무리와 성전 관리들이 예수를 에워쌌다. 예수는 한 손에 채찍을 움켜쥐고 있었다. 그들에게 도전이라도 할 것 같은 기세였다.

"당신이 이럴 권한이 있음을 증명해보시오. 도대체 무슨 기적을 보여줄 수 있소?"

한 환전상이 따지듯이 물었다. 이런 소동이 벌어지고 있는데도 병사들은 달려와서 저지하지 않았다. 이 미친 자가 뭐라고 하는지 들어보는 게 낫겠다 싶었던 것이다.

"이 성전을 허물어라."

예수가 다짐하듯이 말했다.

"그러면 내가 사흘 안에 다시 세우겠다."

이제 그들은 예수가 제정신이 아니라고 생각했다.

"이 성전을 짓는 데 46년이나 걸렸는데, 그래 당신이 사흘 만에 다시 세우겠단 말이오?"

또다른 환전상이 조롱조로 말했다. 현장을 지켜보던 사람들 중에 니고데모(니코데모)라는 사람이 있었다. 독실한 바리새파 사람으로 산헤드린 의원인 그는 예수가 어떻게 대답할지 흥미롭게 지켜보고 있었다.

그러나 예수는 아무 말도 하지 않았다. 그는 아무리 말을 해봐야 이런 질문을 던지는 자들의 마음을 바꾸지 못할 것이라는 걸 잘 알고 있었다.

예수가 이방인의 뜰을 떠나자 아무도 그를 막지 않았다. 예수는 성전 본관으로 향했다. 뒤에서는 환전상들이 떨어진 은화와 동전을 주워담느라 짤랑대는 소리가 요란했다. 가축을 파는 사람들은 급히 달려가 달아난 동물들을 끌어왔다. 순례자들만이 지금까지 눈앞에서 벌어진 광경에 놀라움을 금치 못하고 있었다. 많은 순례자들이 그런 식으로 한번 뒤엎어보고 싶다는 생각을 했다. 갈릴리 억양과 평범한 옷차림, 노동자 같은 체구 등등을 볼 때 예수는 분명 자기네와 같은 부류였다. 이 사람을 영웅으로 생각하는 이들도 있었다. 그리고 이날 그가 한 행동은 곳곳에서 사람들 입에 오르내리게 된다.*

†††

예루살렘의 밤은 조용히 축일을 지내는 시간이었다. 순례자들은 잠을 자기 위해 개인 집 안뜰이나 여관으로 몰려갔다. 손님이 오면 문을 열어주는 것이, 그것도 흔쾌히 그렇게 하는 것이 관습이었다. 그러나 여행객 수십만 명이 모두 편히 잘 수 있을 정도의 공간은 없었다. 그래서 사람들은 성문 밖의 가파른 산허리와 계곡에 모닥불을 피워놓고 임시 잠자리를 마련했다. 올리브 산의 빽빽한 숲에서 키드론 계곡을 거쳐 예루살렘 성전 바로 남쪽인 다윗의 고을 베들레헴까지 가족과 친구 들은 담요와 침구를 펴고 밤을 보냈다. 하늘에는 별이 총총했다.

이 순례자들 중에 예수도 있었다. 예수는 유월절 주간에 성전 밖에서 숙식을 하면서 틈틈이 성전을 드나들었다. 그리고 '솔로몬 행각行閣'으로

---

* 4복음서 내용은 문자로 정착되기 전에는 말로써 전해졌다. 복음서마다 내용에 약간씩 차이가 나는 것은 그 때문일 것이다. 예수와 환전상들 이야기는 「요한복음」(2장 14~22절)에서는 예수가 공생활을 시작할 무렵에 있었던 일로 나온다. 반면에 「마태복음」(21장 12~17절), 「마가복음」(11장 15절), 「누가복음」(19장 45절)은 이 사건을 공생활 말기에 배치했다. 이 때문에 일부 학자들은 복음서마다 구체적인 묘사가 다르다는 점을 들어 예수의 성전 정화(淨化) 사건은 두 차례 있었다고 추정한다.

일컬어지는 성전 회랑에서 사람들을 가르쳤다. 여기가 바로 그가 성전 구내에서 제일 좋아하는 장소였다. 학자들 얘기를 듣지 않을 때나 그들과 한자리에 앉아 하느님 나라에 대한 가르침을 설파하지 않을 때에도 예수는 종종 이곳을 거닐며 그 분위기에 젖곤 했다. 예수가 가는 곳마다 군중이 몰려들어 하느님 나라에 대해 질문하고 그의 답변을 경청했다.

예수는 짧은 기간에 깊은 인상을 남겼다. 환전상들을 내쫓은 드라마틱한 사건이 상당히 효과를 본 것 같다.

나사렛 사람 예수는 대중과 함께 있을 때 편했다. 그는 사람들과 함께하는 것을 좋아했고, 거침없이 말했다. 가르침을 쉽게 설명하기 위해 비유적인 이야기를 많이 동원했다. 스스로 침묵하던 오랜 세월을 접고 메시지를 전파하는 것은 그에게는 일종의 해방이었다. 타고난 카리스마와 온유함 때문에 청중들은 더더욱 간절히 그의 말을 듣고 싶어했다. 그러나 환전상들에 대한 도발적인 행동을 놓고 보면 성전 관리들이 그를 예의 주시하게 된 것은 놀라운 일이 아니다. 율법을 철저히 지키는 바리새파 사람들이 특히 예수를 주시했다. 예수를 미심쩍어한 바리새파는 그에 대해 종교적 판결을 내리기에 앞서 일단 구체적인 정보가 필요했다.

산헤드린 의원으로 유대 사회에 상당한 영향력을 행사하던 니고데모는 어둠 속에 숨어 있다가 나사렛 사람 예수에게 다가갔다. 하필 밤 시간에 질문하고자 한 것은 마음속에 품고 있던 얘기를 환한 대낮에 성전 뜰에서 발설하기가 좀 뭐했기 때문이다. 천한 농민조차 다 들을 수 있을 테니 말이다. 니고데모도 이런 조용한 시간이야말로 주변의 간섭을 받지 않고 예수와 제대로 토론해볼 수 있는 기회라는 걸 잘 알고 있었다.

"선생님."

니고데모가 너울거리는 등불 불꽃이 휜한 곳으로 들어서면서 말했다.

고귀하다는 바리새파 사람이 어둠 속에서 나와 다가오는 것을 보고 예수가 놀랐다 하더라도 어디 가서 그런 얘기는 하지 않았을 것이다.

"우리는 선생님을 하느님께서 보내신 분으로 알고 있습니다."

니고데모가 바리새파를 대신해서 말을 이었다.

"진실로 진실로 너에게 이르노니, 누구든지 새로 나지 않으면 하느님 나라를 볼 수 없다."

이런 예수의 답변은 그의 가르침의 핵심을 표현한 것이었다. 지금까지 예수는 듣고자 하는 누구에게나 "인간이 영적으로 다시 태어나야 하느님에게 좋은 판정을 받을 수 있다"고 말해왔다.

바리새파에게는 새로운 개념이었다. 니고데모가 깜짝 놀라서 물었다.

"어떻게 그럴 수 있습니까? 다 자란 사람이 어떻게 다시 태어날 수 있겠습니까? 어머니 배 속에 다시 들어갔다가 나올 수야 없지 않습니까?"

예수가 다시 답했다.

"육肉에서 나온 것은 육이다. 영에서 나온 것은 영이다. 새로 나야 한다는 내 말을 이상하게 생각하지 마라."

니고데모는 참으로 혼란스러웠다. 그가 다시 물었다.

"어떻게 그런 일이 있을 수 있겠습니까?"

"귀하는 이스라엘의 이름난 선생이면서 이런 것들을 모르는가?"

예수는 성전에서 랍비들과 토론할 때도 이런 식의 반문을 자주 사용했다. 예루살렘에서 종교적 영향력이 막강한 인사를 힐난하는 것을 예수가 불편해서 이런 화법을 썼는지는 이 문장으로는 알 수 없다.

"하느님은 이 세상을 극진히 사랑하셔서 외아들(독생자)을 보내주시어 그를 믿는 사람은 누구든지 멸망하지 않고 영원한 생명을 얻게 해주셨다. 하느님이 아들을 보낸 것은 세상을 단죄하기 위해서가 아니라 세상을 구원하기 위해서였다."

니고데모는 예수의 말을 듣고 더더욱 궁금증이 일어 답답했다. 그는 정해진 율법에 충실해야 하는 사람이었다. 그런데 지금 예수가 하는 얘기는 하느님의 뜻을 따른다는 것은 준수해야 할 규정의 문제가 아니라 사랑의 문제라는 것이었다. 그리고 본인의 정체성을 직접적으로 밝히지는 않았지만 자신이 세상을 구원하러 온 하느님의 아들이라는 얘기였다. 예수는 다시 태어나야 한다고까지 했다. 사람이 충분히 할 수 있는 일인 것처럼…… 여기서 예수는 니고데모의 질문에 답하기보다 그 이상의 여러 문제를 제기하고 있는 것이다.

예수의 결론은 이랬다. "진리를 따라 사는 사람은 누구나 빛이 있는 데로 나아간다. 그리하여 그가 한 일은 모두 하느님의 뜻을 따라 한 일이라는 것이 드러난다."

니고데모는 예수가 예루살렘 성전 뜰에서 한 가르침들을 들었다. 그래서 나사렛 사람 예수가 비유와 우화를 들어 말하기를 좋아한다는 것을 잘 알고 있었다. "빛이 있는 데로 나아간다"는 표현이 오늘밤 예수가 불빛에 모습을 드러낸 것과 무슨 관련이 있는지는 분명치 않지만, 예수가 한 다른 말들과 마찬가지로 그에게 생각할 거리를 제공한 것은 분명하다.

예수는 다시 홀로 언덕을 올라 예루살렘으로 갔다. 니고데모는 예수와 그 가르침에 매료됐다. 이 강렬한 체험은 평생 잊을 수 없는 그의 운명이 된다.*

†††

나사렛 사람들이 셰마를 암송했다. 여럿이 기도문 읽는 소리가 하나로 녹아들었다. "들어라, 이스라엘아. 야훼 우리의 하느님은 야훼 한 분뿐이시다. 마음을 다 기울이고 정성을 다 바치고 힘을 다 쏟아 너의 하느님 야훼를 사랑하라."

안식일이었다. 셰마 암송은 안식일 예배의 시작이다. 예수는 예루살렘에서 돌아와서, 평생을 머리에 가리개를 하지 않고 다니던 바로 그 나사렛 시너고그에 앉아 있다. 회당은 작은 사각형으로 벽마다 나무 벤치가 붙어 있다. 제사장들과 귀중품 보관실과 희생용 동물이 있는 예루살렘의 성전은 유대인들의 삶의 중심이었다. 그러나 지역별 시너고그는 신앙 활동의 중심이요, 친숙한 장소였다. 여기서 신자들은 예배를 드리고 가르침을 나누고, 성경이 기록된 양피지 두루마리를 돌아가며 낭독한다. 시너고그는 유대교 신앙에 대단히 중요하다. 예루살렘에만도 400곳이 넘었다. 분위기는 예루살렘 성전보다 한결 편했다. 시너고그에는 대제사장이나 성직자, 표준 예배 전례 같은 것이 따로 없었다. 누구나 랍비('선생')의 역할을 할 수 있었다. 물론 동전이 수북이 쌓인 탁자도 없었다.

---

* 니고데모에 관해서는 대단히 부유한 바리새파 사람으로 산헤드린 의원이었다는 정도 외에는 알려진 것이 별로 없다. 역사가 요세푸스는 '니코데무스 벤 구리온(Nicodemus ben Gurion, '구리온의 아들 니고데모')'이라는 인물을 언급하고 있는데, 기원후 1세기에 유대인들이 로마에 대해 봉기를 일으키려고 했을 때 반대 의견을 낸 사람이다. 이 사람이 『신약성경』에 나오는 니고데모와 동일 인물일 가능성이 높다. 니고데모는 흔한 이름이 아니기 때문이다. 『탈무드』는 나크디몬 벤 구리온(Nakdimon ben Gurion)이라는 사람을 언급하고 있는데, 역시 동일 인물로 추정된다('니코데무스'는 나크디몬의 그리스식 표기다). 나크디몬이 원래 갈릴리 출신이라는 것도 예수와의 관계를 말해주는 징표 중 하나다. 니고데모는 말년에 재산을 다 잃고 결국 순교했다고 전한다.

예수는 나사렛 사람들과 함께 소리 높여 찬송가를 부르고 시편을 낭송했다. 다들 어려서부터 아는 사람들이었다. 그들도 예수 일가를 잘 알았다.

그러나 예수는 달라졌다. 더이상 단순한 목수로 만족하지 않았다. 예루살렘에서 돌아오고 나서 몇 달간 갈릴리 일대를 돌아다니며 시너고그에서 사람들을 가르쳤다. 그렇게 해서 유명해졌고, 깊이 있고 통찰력 있는 가르침으로 가는 곳마다 칭송을 받았다. 그가 사마리아인들에게 말을 거는 '죄'를 저질렀다는 소문도 있었다. 훨씬 당혹스러운 것은 의학 지식도 없는 이 사람이 어촌 가버나움에서 죽어가는 아이를 어떻게 치료했는지 설명할 길이 없다는 사실이었다. 그래서 지금 예수가 나사렛 주민들이 다 모인 이 자리에 같이 앉아 있는 모습은 하나의 사건이었다. 이제 예수가 일어나서 두루마리를 읽을 차례였다.

한 참석자가 예수에게 예언자 이사야의 말이 적힌 두루마리를 넘겨주었다.

예수는 히브리어로 읽어 내려갔다.

"주님의 성령이 나에게 내리셨다. 주께서 나에게 기름을 부어 가난한 이들에게 복음을 전하게 하셨다. 주께서 나를 보내 묶인 사람들에게는 해방을 알려주고 눈먼 사람들은 보게 하고, 억눌린 사람들에게는 자유를 주며 주님의 은총의 해를 선포하게 하셨다."

예수는 선 채로 지금 막 읽은 구절을 아람어Aramaic로 번역해주었다. 히브리어에 능숙하지 못한 신자들을 위한 것이었다. 성경은 서서 읽고, 가르치는 일은 앉아서 하는 것이 관례였다. 이제 예수는 다시 자리에 앉아 등을 벽에 기댔다. 그는 회당에 모인 모든 사람의 눈이 자신에게 쏠린 것을 잘 알고 있었다.

"오늘 이 성서의 말씀이 그대들이 들은 이 자리에서 이루어졌다."

예수가 차분한 어조로 사람들에게 말했다.

군중은 충격에 빠졌다. 예수가 성경 구절을 읽은 이 순간은 참으로 중대한 전환점이었다. 문제의 구절은 기름 부음을 받은 구원자, 즉 예언자인 동시에 메시아인 사람을 언급하는 내용이다. 그런 사람이 인간들을 자유롭게 해줄 것이라는 얘기였다. 그런데 예수는 지금 그 메시아가 바로 자기라고 말하고 있는 것이다.

사람들이 수군거렸다.

"저 사람은 요셉의 아들이 아닌가?"

답이 이미 나와 있는 질문이었고, 이 질문은 예수가 분수를 모르고 주제넘게 군다는 뜻이었다. '예수네 집안은 마을에서 제일가는 부잣집도 아니고, 예수가 마을에서 제일 많이 배운 것도 아니다. 그는 그저 목수 요셉의 아들일 뿐이다.' 사람들이 보기에 예수가 하느님이 복음을 전하라고 보낸 사람임을 자처하는 것은 신성모독이었다. 예수의 가족들도 예수가 그런 사람이라고는 생각지 않았다.*

예수는 자기 주장을 물리지 않았다. 이런 반응이 나올 줄 예상하고 있었던 것이다.

예수가 예언처럼 말했다.

"내가 분명히 말한다. 어떤 예언자도 자기 고향에서는 환영받지 못한다."

이어 예수는 지금 읽은 성경 구절이 바로 자신을 두고 하는 말임을 길게 설명했다. 이어 예언자 엘리야와 엘리사가 이스라엘 민족에게 거

---

* 「요한복음」 7장 5절. "이렇듯 예수의 형제들조차도 그분을 믿지 않았던 것이다."

부당한 예화 두 가지를 소개했다.* 청중은 그 이야기를 잘 알고 있었기 때문에 예수의 논점을 바로 알아들었다. 예수가 회당 사람들에게 한 말의 핵심은 "자신은 하느님의 아들이라는 사실을 오래전부터 알고 있었고, 이런 주장에 대한 당신들의 반응은 결국 하느님으로 하여금 당신들에게 등을 돌리게 하는 결과가 될 것"이라는 얘기였다. 예수는 '기근'이니 '과부'니 '문둥병자'니 하는 표현을 씀으로써 시너고그에 모인 모두를 분노케 했다.

일부 신자들은 예배를 드리는 집에 있다는 사실조차 잊고 벌떡 일어나 예수에게 달려들었다. 예수는 재빨리 문밖으로 몸을 피했다. 그러나 사람들이 계속 쫓아왔다. 방금 전까지도 기도를 하던 사람들이 협력해 예수의 퇴로를 차단했다. 예수는 동네 끝으로 몰렸다. 그곳은 갈릴리가 한눈에 내려다보이는 높다란 낭떠러지였다.

추격자들은 예수를 밑으로 던져 죽이려 했다. 그렇게 될 것 같았다. 예수의 힘으로는 그들을 당해내지 못할 것이기 때문이다. 그러나 마지막 순간에 예수는 돌아서서 추격자들을 정면으로 마주했다. 예수는 당당하게 서서 가슴을 쭉 펴고 꿈쩍도 하지 않았다. 사람들을 위협하는 것도 아닌데 카리스마가 넘치고 겁먹은 기색 같은 것은 전혀 없었다. 그다음에 예수가 했을 말이나 추격자들이 예수에게 퍼부었을 욕설 같은 것은 기록에 남아 있지 않다. 결국 성난 무리는 흩어졌고, 예수는 다친 데 없이 자리를 떴다.

그리고 계속 갈 길을 갔다.**

---

* 엘리야에 대해서는 『구약성경』의 「열왕기 상」 17~18장, 엘리사에 대해서는 「열왕기 하」 5장을 보라.
** 나사렛에서 성난 무리와 대치한 장면은 「누가복음」 4장 30절에 나온다.

† † †

예수는 자신의 정체에 대해 세 차례 선언을 했다. 한 번은 예루살렘의 대중에게 했고, 또 한 번은 바리새파 사람 니고데모에게, 그리고 마지막 한 번은 고향 시너고그에서 자신이 아주 잘 아는 사람들에게 했다. 세 차례 모두 그는 자신이 하느님의 아들이라고 선언했다. 죽임을 당할 수도 있는 신성모독적인 발언이었다. 그리고 주워담을 수도 없는 발언이었다. 이제 어린 시절의 그 평범하고 조용한 일상으로는 다시 돌아갈 수 없었다. 그리고 돌아가지도 않았다. 나사렛은 이제 그의 고향이 아니고, 그는 더이상 목수가 아니었다.

예수는 책을 쓰거나 노래를 만들거나 그림을 그린 적이 없다. 그러나 지금부터 2,000년 전에 그가 설파한 메시지는 수많은 사람에게 전해졌다. 지금까지 그의 삶을 다룬 책과 그를 기리는 노래와 그를 묘사한 미술 작품은 역사상 그 어떤 인간에 관한 것보다도 많다.

그러나 지금 이 시점에 나사렛 사람 예수는 철저히 혼자다. 이제 그는 그동안 살아온 삶을 떠나 갈릴리 곳곳을 떠돌며 희망과 사랑의 말을 전해야 할 운명이었다.

그의 말은 결국 수많은 사람을 영적으로 각성시켰다. 그러나 당시 예수의 삶을 손아귀에 쥐고 있던 권력자들의 마음은 바꿔놓지 못했다.

그들에게 나사렛 사람은 요주의 인물이었다.

9장

기원후 27년
어느 여름날 오후
갈릴리 땅 가버나움

어선들은 긴 하루를 호수에서 보내고 막 돌아온 상태였다. 가버나움 호숫가 도로는 사람들로 북새통이었다. 2.4미터 높이의 방파제와 마찬가지로 시커먼 화산암(현무암)을 깐 보도는 경제 활동의 중심지였다. 세리가 정식으로 수량을 헤아리기 전에 어부들은 잡아온 고기를 깨끗한 것과 부정한 것으로 나누고 있고,* 커다란 물탱크에는 산 고기가 가득

---

*「레위기」11장 9~12절에 적힌 율법에 따르면 지느러미와 비늘이 있는 물고기는 깨끗한 것으로 간주돼 먹을 수 있다. 반면에 뱀장어나 메기는 부정한 것으로 간주된다.

들어 있다. 현지 세리인 마태는 수산물 세관에서 오늘의 어획량을 측정하고 있었다. 저녁상에 올릴 신선한 고기를 사려는 손님들로 곳곳이 시끌벅적했다. 이날 팔리지 않은 수산물은 배편에 막달라(막달레나)로 보낸다. 막달라에서는 물고기를 말리고 염장한 다음 바구니에 꼭꼭 포장해서 로마제국 전역으로 수출한다.

이처럼 번창하는 가버나움에서 어업이 주요 산업이 된 것은 200년도 넘었다. 배와 그물이 석조 부두와 방파제 사이 30여 미터 길을 따라 줄줄이 늘어서 있다. 일부는 승객을 편하고 빠르게 저 아래 남쪽 막달라로, 또는 호수를 13킬로미터 가로질러 남동쪽 건너편 게르게사(거라사)로 실어 나르는 나룻배다. 그러나 대부분의 배는 고기잡이용이었다. 게네사렛(겐네사렛) 호수라고도 하는 갈릴리 호숫가의 주요 어촌 열두세 곳 중에서 제일 활기가 넘치는 곳이 가버나움이었다. 안티파스가 새로 건설한 도시 티베리아스도 그만은 못했다. 가버나움에는 로마군 백인대百人隊가 파견 나와 있을 정도였다. 세금을 철저히 징수하는 데 장애가 되는 요소가 있는지 감시하기 위해서였다.

따라서 예수가 자기 말을 들어줄 청중을 찾고 있다면 제대로 찾아온 것으로 보인다. 실제로 그는 청중을 찾고 있었다. 문제는 가버나움이 너무 번잡하다는 것이었다. 납으로 된 그물추가 돌바닥에 떨어져 쨍강쨍강하고, 가게 주인과 손님이 값을 깎으려고 시끄럽게 승강이를 하는 사이에서 그의 말에 귀 기울일 수 있는 사람은 없었다. 어부들도 아마실을 꼬아 만든 그물을 몇 시간 동안이나 던지고 끌어올리고 하느라 기진맥진한 상태였다. 그러니 종교적인 설교 따위를 들을 만한 기분이 아니었다.

그러나 예수는 아랑곳하지 않았다. 그는 걸음을 멈추고 서서 손가락 모양으로 기다랗게 뻗은 부두들을 이리저리 둘러봤다. 어선 여러 척도 하나하나 꼼꼼히 살펴봤다. 그는 지금 마음에 드는 배 한 척과 사람 하나를 찾고 있는 것이다.

바람을 타고 항해할 때 쓰는 돛 하나와 수면이 잔잔할 때 젓는 노 여러 개를 배마다 갖추고 있었다. 배는 목재로 만들었는데, 접합부는 쇠못을 사용하지 않고 목재에 이음매를 파고 깎아서 맞추는 장부* 방식을 사용해 더욱 튼튼하게 했다. 특히 갑판 아래 양쪽 내벽에는 두꺼운 늑재를 덧댔다. 배의 크기는 대략 길이 9미터, 너비 2.4미터, 높이 1미터 정도가 보통이었다. 배의 앞머리로 갈수록 뾰족하고 선미는 둥글었다. 현지 조선장이들은 선체에는 삼나무를, 늑재로는 참나무를 썼으며, 필요에 따라 알레포 소나무, 산사나무, 버드나무, 박태기나무도 사용했다. 가버나움의 배들은 아주 튼튼했다. 죽은 듯이 고요했다가 순식간에 폭풍이 몰아치는 갈릴리 호수의 변덕스러운 바람을 잘 견디게 만들었기 때문이다.

어부들은 훨씬 더 튼튼했다. 평생 그물질을 하느라 두툼한 손과 팔뚝에는 온통 굳은살이 박혔다. 얼굴은 햇볕에 타서 주름이 자글자글했다. 얼굴만 그런 게 아니라 온몸이 다 그랬다. 투망을 하다보면―비교적 큰 저인망이나 3중 자망을 사용하는 경우도 있다―물 속에 뛰어들어 고기를 건져내야 하는 경우가 많아서 아예 다 벗고 작업을 하기 때문이다.

예수는 탐색 범위를 빈 배 두 척으로 좁혔다. 배 주인들은 전에 만난 적이 있었다. 부두에서 보니 지금은 너비 6미터짜리 투망을 씻은 다음 펴서 널고 있다. 다음번 출항 준비를 하는 것이다. 두 사람은 그물이 엉키고 꼬인 부분을 조심스럽게 제거하는 한편 떨어져나간 그물추를 새

---

* 두 목재를 요철 모양으로 깎고 파서 끼우는 장부 방식은 십자가의 두 부분, 즉 가로대와 세로 기둥을 붙일 때도 흔히 사용됐다.

로 매달았다. 예수는 고기잡이에 대해서는 거의 모르지만 부두에서 내려와, 빈 배 가운데 하나로 자신 있게 발을 들여놓았다. 저지하는 사람은 없었다.

다시 호수 쪽으로 눈을 돌리자 물에서 한 블록쯤 떨어진 곳에 불룩 지붕이 얹힌 마을 시너고그가 보였다. 일반 가옥들은 물론이고 호숫가의 관청 건물들보다도 높았다. 가버나움 주민들이 하느님에게 예배를 드리고 자신을 선생으로 극진히 대우하던 때가 떠올랐다.

이십대 초반으로 보이는 어부 하나가 배로 다가왔다. 그의 이름은 시몬이었다. 단순하고 배운 것 없는 충동적인 청년으로 지난번에 예수를 본 적이 있었다. 호숫가 저 아래 타브가 인근에 있는 물이 따뜻한 광천鑛泉에서 열대성 어류 무숫musht 역돔 또는 틸라피아. '베드로 고기'을 동료들과 함께 잡고 있을 때였다. 당시 갈릴리 지방을 돌아다니며 메시지를 설파하던 예수는 시몬과 그 동생 안드레(안드레아)에게 자신을 따라와서 '사람을 낚는 어부'가 됨으로써 많은 영혼을 구원하라고 했다. 시몬은 처음에는 복음을 전파하라는 부름에 따랐지만 아내와 장모를 돌봐야 하는 처지였다. 예수의 제자로서 그의 메시지를 전파하는 일은 생계유지와 병행하기 어려웠다. 그래서 예수에 대한 헌신은 점점 시들해졌다.

그런데 지금 그 예수가 다시 나타난 것이다. 예수는 배에서 그를 마주 보고 서 있었다.

시몬은 돌아가시라는 말은 차마 하지 못하고 원하시는 게 무엇이냐고 물었다. 예수는 배를 풀어 호수 안으로 좀 들어가서 닻을 내리라고 했다. 그쯤에서 말을 하면 목소리가 수면을 타고 나가 사방에 잘 들릴 것이었다. 예수는 또 물 위에서 설교를 하면 누구나 귀를 기울일 것이라 짐작하고 있었다.

시몬은 기운도 없고 기분도 엉망이었다. 꼬박 24시간을 잠도 못 자고 일했기 때문이다. 작은 배를 몰고 호수로 들어가 그물을 내리고 걷어올리기를 몇 번이나 했는지 모른다. 그물을 뱃전으로 끌어올리느라 등이 뻐근했다. 호수를 수없이 드나들었지만 소득은 없었다. 이제 불 마시고 밥 먹고 싶은 생각뿐이었다. 편히 잠도 자야 했다. 그러나 무엇보다 시급한 것은 세금을 내는 일이었다. 그런데 어젯밤 조업은 세금 납부에 아무 도움이 안 됐다. 고기를 한 마리도 잡지 못했기 때문이다.

아마도 지금 이 순간 시몬은 아무 일도 하고 싶지 않았을 것이다. 어쩌면 빈손으로 집에 돌아가 아내와 장모를 볼 생각을 하니 난감한 심정이었을 것이다. 혹시 선생님(예수)이 몇 말씀 해주셔서 짐을 덜어주기를 기대하고 있을지도 몰랐다. 아니면 스승과 전에 한 약속을 어긴 것에 대해 죄책감을 느끼고 있을지도 몰랐다. 이유야 어쨌든 시몬은 계류장에 묶은 밧줄을 풀고 배를 호수 안쪽으로 몰았다.

그러는 동안 예수는 묵묵히 서 있었다. 그런데 말소리가 잘 들릴 만큼 배가 호수 기슭에서 멀어지자 예수는 자리를 잡고 앉아 가르침을 베풀 때 취하는 자세를 취했다.

시몬과 그의 배 덕분에 예수는 곧 가버나움 부둣가에 나온 사람들을 심오한 통찰이 담긴 말로 감동시킬 수 있었다. 늘 그렇듯이 사람들은 그의 카리스마에 매료됐다. 한 사람 한 사람, 하던 일을 멈추고 예수의 말에 귀를 기울였다.

예수가 피곤에 지친 어부 시몬에게 말했다.

"깊은 데로 가자. 가서 그물을 내려 고기를 잡아라."

시몬이 대답했다.

"선생님. 저희가 밤새 애를 썼지만 한 마리도 못 잡았습니다."

시몬으로서는 정말이지 배를 몰고 다시 깊은 데로 가고 싶지 않았지만 싫다고 할 힘도 없었다.

예수가 배 가운데 조용히 앉아 있는 가운데 시몬은 작은 돛을 올리고 갈릴리 호수에서 가장 깊은 지점을 향해 배를 몰았다.

†††

잠시 후 예수와 시몬은 고기를 엄청나게 많이 잡아 그물이 찢어질 정도였다. 잉어, 정어리, 무슷 등이 잔뜩 쌓여 시몬의 작은 배가 뒤집힐 지경이었다. 시몬은 어촌계 동료인 야고보와 요한에게 손짓을 해서 도움을 청했다.

시몬은 기쁘기보다는 겁이 났다. 예수가 배에 첫발을 디딘 순간부터 심오한 영적 기운이 넘치는 것이 시몬으로서는 매우 불편했다. 회개하고 모든 죄를 씻어야 한다는 예수의 가르침을 들은 뒤로는 더했다. 시몬은 이 사람이 자기 인생에서 당장 나가주었으면 싶었다. 그는 펄떡펄떡 뛰는 생선 무더기 위에 무릎을 꿇고는 예수에게 제발 내버려둬달라고 간청했다.

"제발 떠나주세요, 주님. 저는 죄인입니다."

예수가 시몬에게 말했다.

"두려워하지 마라. 이날부터 너희는 사람을 낚을 것이다."

†††

이렇게 해서 시몬—예수는 그에게 베드로라는 새 이름을 주는데, 이는 '바위'라는 뜻이다—은 예수의 첫번째 제자가 되었다. 베드로는 예수가 왜 자신에게 제자로 선택되는 영광을 주었는지 이해가 안 됐다. 지역에서 활동하는 랍비도 아니고, 가버나움에서 제일 경건한 선생도 아니고, 남들보다 신앙심이 깊은 어부도 아닌데 왜 그랬을까…… 곧이어 마태를 비롯해 다른 제자들도 합류하게 된다. 마태는 사람들로부터 멸시를 당하는 세리로 가버나움에서 헤롯 안티파스를 위해 세금 거두는 일을 하고 있었다.

기원후 28년 초 예수는 열두 제자 선발을 마쳤고, 제자들로 하여금 자신을 따라다니면서 가르침을 익히도록 했다. 언젠가 홀로 세상에 나가 스승의 메시지를 널리 전하게 하려는 것이었다.

제자들 가운데 넷—베드로, 안드레, 야고보, 요한—은 어부였다. 예수가 어부 중에서 제자를 여럿 뽑은 것은 어부들은 직업상 아람어, 히브리어, 그리스어는 물론 라틴어도 약간 할 줄 알아야 했기 때문이다. 이런 언어 능력은 추후 다양한 민족과 계층에 속하는 개종자들과 의사소통을 할 때 요긴하게 쓰일 터였다.

제자들은 한 명만 빼고는 모두 갈릴리 출신이었다. 그 한 명은 가룟(가리옷)Carioth—4복음서 그리스어 원문에는 '이스카리옷Iscariot'으로 표기돼 있다—이라는 고을 출신으로 이름은 유다였다. 가룟 사람 유다는 유대 남부 지방의 세련된 말씨를 썼고 돈 관리를 아주 잘했다. 그래서 예수는 세리 마태가 아닌 유다에게 일행의 재정 담당을 맡겼다. 예수는 그를 열두 제자*의 한 사람으로 뽑았을 뿐 아니라 공개적인 자리에서 친구라고 부르기도 했다. 훗날 이런 관계는 완전히 달라진다.

---

* 기독교에서 사도(使徒)와 제자(弟子)는 둘 다 예수 주위의 핵심층 열두 명을 일컫는 단

갈릴리는 가로 50킬로미터, 세로 65킬로미터 정도밖에 안 되는 작은 지방이었다. 갈릴리의 도시들은 고대부터 있던 길들과 '로마 도로Roman roads'*로 서로 연결돼 있었다. 상인과 순례자와 여행객들은 매일같이 이런 길을 오갔다. 가버나움을 선교 기지로 삼은 것은 현명한 선택이었다. 어촌 공동체는 멀리 있는 시장까지 수시로 수산물을 내보내야 했고, 따라서 가버나움 일대에서 예수의 말씀을 들은 사람들이 자반을 바구니에 담아 티루스(티레)나 예루살렘으로 팔러 가면서 예수가 전도한다는 소식을 널리 퍼뜨렸기 때문이다. 예수가 가버나움에서 나와 설교할 때면 군중이 몰려들기 시작했다. 예수는 항상 이동하지는 않았다. 제자들이 아직 직업이 있었고 부양할 가족이 있었기 때문이다. 그러나 달이 갈수록 그의 명성은 높아졌고, 그의 말을 들으러 모여드는 군중의 수가 늘어났다. 나사렛 사람 예수는 여러 시너고그는 물론이고 야외에서, 개인 집에서, 그리고 갈릴리 호숫가에서도 가르쳤다. 남자와 여자 들이 하던 일을 멈추고 그의 말을 들으러 왔다. 하느님의 사랑과 희망을 전하는 예

어다. 제자(disciple)는 추종자를 말한다. 반면에 사도(apostle)는 '파견된 자'라는 뜻의 그리스어 '아포스텔로(apostello)'에서 나온 말로 '세상에 나아가 가르침을 전함으로써 신앙을 행동으로 보이는 사람'을 일컫는다. 모든 사도는 제자이지만 모든 제자가 사도는 아니다. 예수의 핵심 추종자 열두 명은 예수가 제자로 거두고 나서 1년 가까이 지난 기원후 28년 겨울까지는 홀로 세상에 나아가 가르침을 전하지 않았다. 제자에서 사도로의 변화는 예수 사후에 극명해진다. 제자들이 유대 지방 바깥 멀리까지 나아가 예수의 메시지를 전하게 되는 것이다.

* '로마 도로'와 유대 땅 곳곳에서 발견되는 흙길 사이에는 중요한 차이가 있다. 로마인들은 도로를 돌로 깔았다. 도로 가운데는 약간 돋워서 물이 잘 빠지게 했다. 먼저 깊이 91센티미터, 너비 6미터 정도로 도랑을 판 다음 그 바닥에 큰 돌을 촘촘하게 깔고 자갈과 콘크리트를 버무린 반죽을 쏟아부었다. 그런 다음 다시 자갈을 깔고 고른 뒤 포장용 돌로 마감을 했다. 로마 도로는 가장자리에 홈을 파고 갓돌을 박았으며, 1마일(1.6킬로미터)마다 표시를 해서 로마까지의 거리를 나타냈다.

수의 간결한 메시지에 많은 청중이 귀를 기울였다.

그러나 모든 사람이 그를 흠모한 것은 아니었다. 별다른 무리도 없이 혼자서 비전투적인 메시지를 떠들고 다니는 자가 로마나 로마의 똘마니 헤롯 안티파스에게 문제가 되지는 않을 것 같았다. 로마의 유대 총독 본디오 빌라도가 거처하는 도시는 카이사레아(가이사랴)로 가버나움까지는 말을 타고 하루 거리밖에 안 됐다. 빌라도는 로마의 첩자들로부터 유대인들이 반란을 일으킬 가능성이 있다는 얘기를 들었다. 헤롯 안티파스의 첩자들도 예수를 예의 주시하고 있었다. 세례자 요한과 한패이거나 그의 후계자로 간주됐기 때문이다. 예루살렘과 갈릴리의 유대교 특권 성직자 계층, 특히 율법을 극도로 중시하는 바리새파도 이제 예수가 율법을 어기지나 않을까 예의 주시하는 한편 그의 가르침이 별 볼일 없는 것이라고 매도하기에 바빴다. 바리새파는 예수가 죄인들과 함께 포도주를 마시고 세상의 경멸을 한몸에 받는 세리 마태를 제자로 삼았다며 조롱했다. 예수가 병자를 치료하는 기적을 보였다는 소식이 갈릴리 지방 곳곳에 전해지자 종교 당국은 더더욱 경각심을 높였다.

그러나 예수는 후퇴하지 않았다.

오히려 더더욱 자기 주장을 펴나갔다. 이제 가버나움 외곽 산기슭에서 그가 하게 될 설교는 가난하고 억눌린 갈릴리 사람들에게 결코 잊을 수 없는 기억이자 투쟁의 원천이 되었다.

†††

"마음이 가난한 사람은 행복하다. 하늘나라가 그들의 것이다."
예수는 이런 말로 설교를 시작했다.

"슬퍼하는 사람은 행복하다. 그들은 위로를 받을 것이다."

"온유한 사람은 행복하다. 그들은 땅을 차지할 것이다."

"옳은 일에 주리고 목마른 사람은 행복하다. 그들은 만족하게 될 것이다."

"자비를 베푸는 사람은 행복하다. 그들은 자비를 입을 것이다."

"마음이 깨끗한 사람은 행복하다. 그들은 하느님을 보게 될 것이다."

"평화를 위하여 일하는 사람은 행복하다. 그들은 하느님의 아들이라고 일컬어질 것이다."

"옳은 일을 하다가 박해를 받는 사람은 행복하다. 하늘나라가 그들의 것이다."

예수는 자리에 앉아 힘찬 목소리로 수많은 군중에게 말씀을 전했다. 군중 가운데에는 바리새파 사람들도 있었다. 이들은 예수가 율법에 대해 자신만의 해석을 명쾌하게 제시하자 경악했을 것이 분명하다. 갈릴리 남자와 여자 들에게 지금과 같은 상황이 영원히 지속되지는 않을 것이라는 점을 일깨워주는 것으로 시작된 메시지는 곧 간음, 살인, 거짓 맹세를 하지 말며 가난한 사람에게 자선을 행하고, 원수를 사랑하라는 권면으로 이어졌다. 특히 가장 충격적인 것은 권력자들에게 굴종하지 말라고 당부한 내용이었다.

예수는 군중에게 모든 문제에서 하느님을 믿고 따르라고 말했다. 그가 하는 말들은 억눌리고 희망 없는 갈릴리 사람들의 마음에 힘을 불어넣어주었다.

"그러므로 이렇게 기도하라."

예수가 군중에게 말했다. 다들 입을 꼭 다물고 열심히 들었다.

"하늘에 계신 우리 아버지, 아버지의 이름이 거룩히 여김을 받으시며,

아버지의 나라가 오게 하시며, 아버지의 뜻이 하늘에서와 같이 땅에서도 이루어지게 하소서. 오늘 우리에게 필요한 양식을 주시고, 우리가 우리에게 잘못한 이를 용서하듯이 우리의 잘못을 용서하시고, 우리를 유혹에 빠지지 않게 하시고 악에서 구하소서."

이게 전부다. 로마의 지배하에 사는 갈릴리 농민이 신경 써야 할 문제는 여기에 다 들어 있다. 신을 절대적으로 믿고 따라야 한다는 것, 하루하루 먹고사는 일에 대한 걱정, 죄를 짓지 않도록 늘 노력해야 한다는 것. 그리고 마지막으로, 아무리 삶이 혹독해도 거짓말하고 사기 치고 도둑질하고 남의 아내와 간통하고 싶은 유혹에 굴복하는 것은 결국 인간을 신으로부터 영영 멀어지게 하는 잘못된 행동이라는 것을 일깨워준다.

예수가 설교를 다 마치자 청중은 충격에 잠겼다. 그의 말은 2,000단어가 채 되지 않았다. 그러나 그 짧은 말에는 강력한 힘이 있었다. 후일 '산상설교Sermon on the Mount'로 알려지는 이 설교는 인류 역사상 가장 중요한 연설이라고 할 수 있을 것이다.

군중은 그날 예수를 따라 산을 내려갔다. 봄을 맞아 높이 자란 풀들을 지나고 작은 석회석 바위들을 돌아 파릇파릇 밀싹이 자라는 벌판을 통과했다. 군중은 그렇게 예수를 뒤따라 가버나움까지 갔다.

도시로 들어간 직후 참으로 놀라운 일이 벌어졌다. 가버나움을 관할하는 로마군 장교가 예수의 제자를 자처한 것이다.

예수는 깜짝 놀랐다. 그런 고백은 군 생활이 끝나는 것을 의미할 수 있을 뿐 아니라 자칫하면 사형을 당할 수도 있기 때문이었다. 예수는 로마 백인대장百人隊長을 돌아보며 감격한 목소리로 말했다.

"내가 네게 진실을 말해주겠다. 정말 어떤 이스라엘 사람에게서도 이런 믿음을 본 일이 없다."

✝✝✝

산상설교가 있은 지 석 달 후 예수는 어느 바리새파 사람 집을 방문했다. 그가 예수의 가르침에 대해 이야기를 나눠보고 싶다며 저녁 초대를 한 것이다. 그의 이름은 시몬이었는데, 예수를 좋아하지 않았다. 시몬은 예수를 저녁에 초대해놓고도 주인으로서 예를 표하지 않음으로써 멸시하는 뜻을 보였다. 예수는 가버나움에서 이곳 막달라까지 흙먼지 풀풀 날리는 길을 6킬로미터가 넘게 걸어왔지만, 시몬은 관행에 맞게 예수를 대접하지 않았다. 발 씻을 물도 주지 않은 것이다. 얼굴에 입을 맞추어 존경을 표하지도 않았고, 머리에 올리브 기름을 부어주지도 않았다.

바리새파의 숫자는 온 유대를 통틀어 6,000명쯤 됐다. '바리새'라는 명칭은 '분리된 자들'이라는 뜻으로, 율법을 제대로 안 지키는 다른 유대인들을 멀리하는 태도를 일컫는다. 국가 지배층과 종교 교사 사이에 중간층은 없었다. 농민, 장인, 상인은 모두 하층계급이었다. 유대교 율법의 수호자를 자처하는 바리새파는 자신들의 성경 해석이 가장 정통한 것이라고 믿었다. 그들이 시너고그에서 가르칠 때마다 사람들도 그렇게 여겼다. 그런데 이제 예수가 성경을 자체적으로 해석하고 나선 것이다. 이는 기성 체제에는 위협이 아닐 수 없었다. 갈릴리 사람들부터 예수의 말에 열심히 귀를 기울이는 상황이었다. 바리새파 사람 시몬이 많은 친구들을 불러모은 가운데 나사렛 사람 예수를 초대한 것은 바로 그 때문이었다. 시몬은 예수에게 살살 부채질을 해서 신성모독적인 발언을 하도록 유도하려는 것이었다.

그때 젊은 여자 하나가 말없이 방으로 들어왔다. 그녀는 창녀였고, 예수가 하는 말을 들은 적이 있었다. 그녀를 초대한 것도 예수를 시험에

9장 | 173

빠뜨리려는 시몬의 계략이었다. 사실 이 상황은 대단히 이상하다. 평판이 나쁜 여자가 근엄한 바리새파 사람 집에 발을 들여놓는 경우는 없기 때문이다. 그러나 막달라 사람 마리아_{Mary of Magdala}*는 지금 예수 바로 뒤에 서 있다. 그녀는 두 손에 아주 값비싼 향유가 든 설화석고 단지(옥합)를 들고 있었다. 그런 걸 살 돈이 어디서 났는지는 복음서에 기록돼 있지 않다.

막달라 마리아가 뭘 해서 먹고사는지는 잘 알려져 있었다. 갈릴리의 좁은 동네들에서는 비밀이랄 게 없기 때문이었다. 그러나 마리아는 예수가 말한 사랑과 인정認定의 가르침을 진실로 믿게 됐다. 마리아는 감격에 겨워 무릎을 꿇었다. 예수의 발에 향유를 부어주려는 것이었다. 그러나 단지 뚜껑을 열기도 전에 흐느끼기 시작했다. 눈물이 하염없이 흘러내렸다. 부끄러움 같은 것도 없이 그녀는 얼굴을 나사렛 사람의 두 발에 꼭 가져다 대었다. 바리새파 사람의 집까지 걸어오느라 발은 아직 흙먼지투성이였다.

마리아의 눈물이 계속됐다. 예수의 발에 부은 향유와 눈물이 뒤섞였다. 이어 마리아는 긴 머리칼로 두 발을 닦고 사랑과 존경의 표시로 거기에 입을 맞추었다.

예수는 그녀가 이렇게 하는 것을 말리지 않았다.

'저 사람이 정말 예언자라면 자기 발에 손을 대는 여자가 누구이며

---

* 이 이야기(「누가복음」 7장 36~50절)에서 막달라 마리아라는 이름은 언급돼 있지 않다. 그러나 여기 등장하는 여자가 막달라 마리아라는 것은 기독교 교회의 오랜 가르침이었다. 누가가 마리아의 정체를 살짝 가린 것은 복음서 집필 당시 그녀가 아직 생존해 있었기 때문일 가능성이 높다. 누가는 세리인 마태(「마태복음」의 필자)에 대해서도 '레위'라는 이름으로 칭하면서(「누가복음」 5장 27절) 비슷하게 처리한다.

얼마나 행실이 나쁜 여자인지 알 텐데!' 바리새파 사람 시몬은 속으로 이렇게 생각했다.

"시몬, 내가 그대에게 물어볼 말이 있다."

마리아가 단지를 열어 발에 향유를 더 붓는 동안 예수가 말했다. 매혹적인 향유 냄새가 꽃향기 같은 달콤함으로 방 안을 가득 메웠다.

"말씀하십시오, 선생님."

시몬이 차분한 목소리로 답했다.

"이 여자를 보아라. 내가 그대의 집에 들어왔을 때, 그대는 내게 발 씻을 물도 주지 않았다. 그러나 이 여자는 눈물로 내 발을 적시고 머리카락으로 내 발을 닦아주었다. 그대는 내 얼굴에도 입 맞추지 않았지만 이 여자는 내가 들어왔을 때부터 줄곧 내 발에 입 맞추고 있다."

예수가 시몬에게 계속 말했다.

"그대는 내 머리에 기름을 발라주지 않았지만 이 여자는 내 발에 향유를 부어주었다. 잘 들어두어라. 이 여자는 이토록 극진한 사랑을 보였으니 그만큼 많은 죄를 용서받았다. 적게 용서받은 사람은 적게 사랑한다."

예수는 마리아에게 눈길을 돌렸다. 마리아는 눈을 똑바로 뜨고 예수의 얼굴을 쳐다보았다.

"네 죄는 용서받았다."

예수가 마리아에게 말했다.

예수를 신학적 함정에 빠뜨릴 기회를 노리던 시몬으로서는 지금이 바로 그때였다. 죄는 희생 제물을 바침으로써만 용서받을 수 있다. 바리새파의 눈에는 요르단 강에서 요한이 베푼 세례도 정식으로 죄를 사면해주는 행위가 될 수는 없었다. 그런데 지금 예수는 '자기가' 남의 죄를

막달라 마리아.

없애줄 권한이 있다고 말하고 있는 것이다.

이날 저녁 자리에 함께한 시몬의 친구들은 예수의 발언에 경악했다. 더구나 유명한 바리새파 사람이 있는 앞에서 그런 말을 했다는 게 믿어지지 않았다. "저 사람이 누구인데 죄까지 용서해준다고 하는가?" 그들은 서로 수군거렸다.

예수가 막달라 마리아에게 말했다.

"이제 평안히 가거라. 네 믿음이 너를 구원했다."

마리아는 자리를 떠났지만 아주 간 것은 아니었다. 마리아는 예수가 직접 뽑은 열두 제자 가운데 한 사람은 아니었지만 이후 예수 일행을 따라 돌아다닌다. 그녀는 다시는 예전 생활로 돌아가지 않았다. 그리하여 결국에는 나사렛 사람 예수의 마지막 날까지 함께한 유력한 목격자가 된다.*

†††

세례자 요한에게 마지막 날이 왔다. 요한은 마카이루스 요새 지하 감옥에서 2년을 보냈다. 축축한 감방은 바위로 된 산비탈을 깎아 만든 것으로, 어떤 경우에는 동굴이나 다를 바 없었다. 바닥과 천장, 벽도 온통 뚫을 수 없는 바위였다. 그가 앉아 있는 감방에는 창문도 없었다. 빛이라고는 두꺼운 나무 문의 작은 틈새로 들어오는 햇살이 고작이었다. 직사각형 문설주 주변에는 대충 쫀 돌을 층층이 쌓고 회반죽을 발라 붙였다. 감방은 고독과 적막의 장소, 습기와 추위의 장소였다. 이런 데서 한

---

* 유대 사회에서 여성은 종종 핵심적인 역할을 했다. 따라서 막달라 마리아가 예수와 그 제자들을 따라다닌 것은 이상한 일이 아니었을 것이다. 유대 민족의 역사에는 영웅적인 여성들이 많았다. 요셉의 어머니 라헬이 그랬고, 아브라함의 아내 사라가 그랬으며, 야곱의 부인 레아와 이삭(이사악)의 아내 리브가(레베카)가 그랬다. 미리암(미르얌)은 남동생 모세, 아론과 함께 유대 민족을 이집트에서 탈출시켰다. 창녀 라합은 이스라엘이 예리코(여리고) 성을 치는 데 중요한 역할을 했다. 예수 시대의 여성들은 세속 생활에서 맡은 역할은 남성과 달랐지만 동등한 존재로 간주됐다. 여성은 결혼 상대 선택권이 있었다. 자기 이름으로 계약을 체결할 수 있고, 재산을 사고팔 수 있으며, 결혼식장에서 발언할 권리도 있었다. 남성이 여성을 구타하거나 학대하는 일은 금지됐다. 강간의 경우, 여성의 의지에 반해서 일어난 일로서 해당 남자는 유죄로 간주됐다. 실제로 예수 시대에 여성들에 대한 처우는 21세기의 세계 곳곳에서 벌어지는 현실보다 나았다.

달 두 달 계속 갇혀 지내면서 희망을 잃지 않기란 어렵다. 맨바닥에서 그냥 자야 했고, 따뜻한 햇살을 받지 못해 피부는 창백해졌다. 이따금 안티파스가 성채와 도시 아래쪽 사이에 조성해놓은 수풀에서 향기가 흘러들지만 사막의 바람 탓에 이내 흩어시고 말았다. 아름다움을 상상할 수 있는 짧은 순간마저 사라지는 것이다. 생지옥이나 다름없는 감옥 생활이 세례자 요한의 정신을 갉아먹었다. 요한은 이제 예수를 메시아로 여기던 당초의 믿음이 과연 올바른 것이었을까 하는 의문이 들기 시작했다. 예수에게 말이라도 전해서 예수 본인의 다짐을 받고 싶은 마음이 간절했다.

세례자 요한에게는 많은 제자가 몰렸다. 요한은 추종자들에게 들판과 농장으로 돌아가라고 타일렀지만 광야에서 그를 따라다니는 사람이 적지 않았다. 그런데 그 제자들 중 둘이 감옥으로 요한을 찾아온 것이다. 요한은 이들에게 과제를 주었다.

"그분께 가서 물어보아라. '오기로 돼 있는 분이 바로 선생님이십니까? 아니면 우리가 다른 분을 기다려야 하겠습니까?'"

그분은 예수를 두고 하는 말이다.

외부와 격리된 시간이 길어지면서 요한은 자신의 전도 활동에 대해 다시 깊이 생각하게 됐다. 그는 아직 젊었다. 마흔도 되지 않았다. 그러나 감옥에 오래 있을수록 결국은 처형되고 말 것이라는 느낌이 들었다. 그의 평생의 과업은 사람들에게 메시아가 온다는 것을 알리는 일이었다. 그런데 지금 그 모든 게 허사가 아니었을까 하는 생각이 들었다. 어쩌면 예수는 또다른 위대한 선생이거나, 자신처럼 하느님이 세상에 온다는 것을 열렬히 설파하는 인물에 지나지 않을지 몰랐다. 요한의 제자들은 예수가 참으로 대단한 말을 하고 다닌다는 것과, 그가 언제 어디를

감옥에 갇힌 세례자 요한이 제자들을 예수에게 보내다.

가든 많은 군중이 따라다닌다는 소식을 요한에게 전해줬다. 또 예수는
세리나 창녀 같은 자들과 먹고 마시기를 꺼리지 않는다는 것과, 그런 죄
인들 가운데 일부는 예수의 구원의 말씀을 듣고 사람이 완전히 달라졌
다는 얘기도 해줬다. 두 제자는 또 요한에게 예수가 병자들을 고쳐주었
고, 나면서부터 귀가 먼 자들을 갑자기 들을 수 있게 했다는 사실도 말
해줬다.

　그러나 세례자 요한은 확신이 서지 않았다. 그는 평범한 사람들이 카
리스마 넘치는 종교적 인물에게 매료됐을 때 어떤 일이 벌어지는지를
여러 차례 직접 본 바 있다. 그들은 열광하며 온전한 정신이 아닌 것 같

은 행동을 한다. 모든 기적이 종교적 지도자 때문에 일어난 일이라고 주장하고, 하느님보다는 기적을 보였다는 인물에게 모든 관심을 쏟는다. 그런 일이 있었건 말았건 세례자 요한은 그런 데에는 관심이 없었다. 그의 유일한 관심은 하늘나라였고, 메시아가 언제 지상에 오느냐였다.

요한이 감옥에서 예수에게 메신저를 보낸 것은 그 때문이었다. 사막 한가운데 높은 산 위에 들어선 마카이루스 요새는 그야말로 인적 없는 외딴섬 같은 곳이었다. 외부와의 단절은 그만큼 견디기 어려웠다.

제자들이 떠난 지 몇 주가 지났다. 마카이루스 요새에서 갈릴리까지는 불과 나흘 거리였다. 세례자 요한은 예수에 관한 소식이 오기를 참고 기다리면서 기도했다.

마침내 지하 감방 문밖에서 샌들 끄는 소리가 들렸다. 제자들이 돌아온 것이다. 그들은 예수가 해준 구체적인 얘기를 가지고 왔다.

"그분은 돌아가서 요한에게 '너희가 듣고 본 대로' 알리라면서 이렇게 말했습니다. '소경이 보고, 절름발이가 제대로 걸으며, 나병 환자가 깨끗해지고, 귀머거리가 들으며, 죽은 자가 살아나고, 가난한 사람들에게 복음이 전해진다. 나에게 의심을 품지 않는 사람은 행복하다.'"*

제자들의 말을 들은 세례자 요한은 안도했다. 그토록 듣고 싶던 얘기를 분명히 확인해주는 말이었기 때문이다. 요한은 감방에서 몸이 쇠할 대로 쇠해졌지만 이제 마음의 평안 같은 것을 느꼈다. 자신이 공공연히 설파하던 대로 예수는 메시아임을 예수 본인이 다시금 밝혀주었기 때문이다.

거기서 끝이 아니었다. 기쁨에 들뜬 제자들은 요한에게 '예수가 성경

_____

* 「마태복음」 11장 6절.

에 예언된 대로 처녀의 몸에서 태어났다는 것을 암시했을 뿐 아니라 요한에게 따뜻한 찬사를 보냄으로써 굳건히 버티기를 당부했'고 전했다. 사실 예수는 요한의 제자들이 자리를 뜨려고 할 때 이렇게 말했다.

"너희는 무엇을 보러 광야에 나갔더냐?"

예수는 군중에게 요한을 두고 이렇게 물었다.

"바람에 흔들리는 갈대냐?* 화려한 옷을 입은 사람이냐? 아니다. 화려한 옷을 입은 사람은 왕궁에 있다. 그렇다면 너희는 무엇을 보러 나갔더냐? 예언자냐? 그렇다! 그런데 사실은 예언자보다 더 훌륭한 사람을 보았다. 성서에 '너보다 앞서 내 사자를 보내니 그가 네 갈 길을 미리 닦아놓으리라'고 하신 말씀은 바로 이 사람을 가리킨 것이다. 나는 분명히 말한다. 일찍이 여자의 몸에서 태어난 사람 중에 세례자 요한보다 더 큰 인물은 없었다."

✝✝✝

다시 1년이 흘렀다. 어느 날 밤 요한이 앉아 있는 감방 돌벽 틈새로 음악 소리와 춤추는 소리가 들렸다. 혜롯 안티파스가 생일을 맞아 갈릴리의 유력 인사들—고위 관리, 군 지휘관, 부자 친구 들—을 마카이루스 요새로 초대해 만찬을 베푼 것이다. 요새 왕궁에서 남자와 여자는 서로 다른 홀에서 식사를 했다. 남녀가 동석하지 않는 것이 관습이었다. 남자들이 식사하는 홀에 앉은 안티파스는 놀이패를 불러들였다. 이어 의붓딸 살로메가 등장해 혼자서 이국적인 춤을 추었다. 안티파스는 황

---

* 갈대는 혜롯 안티파스가 자신이 통치자임을 나타내기 위해 사용한 문장(紋章)이다.

홀한 표정으로 그 춤에 빠져들었다. 새까만 머리칼의 요염한 십대 아가씨는 홀 곳곳을 사뿐사뿐 누비고 다니면서 탬버린과 심벌즈 소리에 맞춰 엉덩이를 흔들어댔다. 남자들은 넋이 나가 살로메에게서 눈을 떼지 못했다. 그들은 노래가 끝나자 환호했다. 안티파스는 특히 무엇에 홀린 사람 같았다.

"네 소원을 말해보아라. 무엇이든지 들어주마."

안티파스가 살로메에게 큰 소리로 말했다.

그런데 안티파스는 이 정도로 끝내지 않았다. 요염한 살로메에게 손님들이 매료된 것을 본 안티파스는 그들에게 정말 화끈한 모습을 과시하고 싶었다.

"맹세한다. 네가 청하는 것이면 무엇이든지 주겠다. 내 왕국의 반이라도 주마."

살로메는 나이는 어렸지만 영리했다. 당장 어머니한테로 달려가 의논을 했다.

"무엇을 달라고 할까요?"

살로메가 헤로디아에게 물었다.

복수욕에 불타는 헤로디아가 고대하던 순간이 온 것이다. 그녀는 딸에게 말했다.

"세례자 요한의 머리."

살로메는 잔치가 벌어지고 있는 홀로 곧바로 달려갔다. 그녀는 의붓아버지를 똑바로 쳐다보면서 큰 소리로 말했다.

"당장 세례자 요한의 머리를 은쟁반에 담아서 가져다주십시오."*

---

* '은쟁반(silver tray)'은 일부 성경 영역본에는 'silver platter'로 돼 있다. '힘들이지 않고

안티파스는 가슴이 철렁했다. 정치적 음모라면 빠삭한 안티파스였다. 평생을 그런 식으로 줄타기를 해왔기 때문이다. 그는 조금만 의심스러워도 아버지가 아들을 죽이는 집안에서 자랐다. 그런 생리를 잘 알기 때문에 안티파스는 살아남을 수가 있었다. 그런데 이제 다른 누구도 아닌 아내 헤로디아에게 뒤통수를 맞은 것이다.

요한 같은 사람을 죽이면 심각한 결과를 야기할 수 있었다. 온갖 못된 짓과 방탕을 즐기는 안티파스이지만 그래도 그 역시 유대인이었다. 물론 신앙심은 깊지 않지만 그런 치명적인 행동이 좋은 결과를 가져올지 그러지 않을지를 따져볼 정도는 되었다. 실제로 훗날 유대계 역사가 요세푸스는 세례자 요한이 처형을 당하고 나서 10년 뒤 안티파스가 왕국을 잃은 것은 하느님이 세례자 요한을 죽인 것에 대해 징벌을 내린 것이라고 기록한다.

그러나 안티파스는 맹세를 한 터였다. 사람들이 다 보는 앞에서 그 약속을 물린다면 이제 그의 말은 신뢰를 잃게 될 것이었다. 다른 곳에서 무슨 약속을 해도 아무도 믿지 않을 것이다.

이렇게 해서 세례자 요한은 감방 문이 삐걱하고 열리는 소리를 듣게 된다. 경비병이 크고 예리한 칼을 들고 혼자 들어왔다. 희미한 달빛이 비치는 가운데 경비병은 세례자 요한의 무릎을 꿇렸다. 요한은 다가올 운명에 몸을 맡겼다. 경비병이 칼을 머리 위로 높이 쳐들었다가 힘껏 내리쳤다.

요한이 그 큰 칼의 무게를 느끼지도 못하는 순간 목이 댕강 떨어져 나갔다.

'쉽게'라는 뜻의 영어 관용구 'on a silver platter'는 여기서 나온 표현이다.

광야에서 외치는 이의 목소리는 이제 잠잠해졌다.

경비병은 요한의 머리털을 잡아 은쟁반에 올린 뒤 살로메와 그 어머니에게 가져다주었다.

✝✝✝

헤로디아는 마침내 세례자 요한에 대한 복수를 끝냈다. 그러나 헤로디아나 안티파스가 요한을 죽임으로써 갈릴리 전역을 휩쓸고 있는 종교적 열풍을 끝장낼 수 있을 것으로 생각했다면 대단한 오산이었다. 요한은 신자들의 죄를 씻어줌으로써 사람들에게 강한 열정을 불러일으켰다. 그런데 또다른 인물이 듣도 보도 못한 방식으로 기존 체제의 권위에 도전하고 있었다. 이제 살날이 1년 남은 나사렛 사람 예수였다.

10장

기원후 29년
4월 어느 날 낮
갈릴리 지방

　예수는 유명세를 단단히 치르게 됐다. 날이 갈수록 그의 목숨은 위태로워졌다. 많은 갈릴리 사람들이 예수를 그리스도라고 믿었다. 기름 부음을 받은 지상의 왕으로서 로마인들을 타도하고 유대인의 왕이 되어 자기 백성을 다스린다는 것이었다. 다윗 왕이 천년 전에 그런 것처럼 말이다. 이 때문에 로마 당국은 더더욱 예수를 예의 주시하고 있었다. 로마법에 따르면 왕을 자처하는 자는 황제에 대해 반란을 일으킨 것과 마찬가지였다. 이는 십자가형에 처해질 수 있는 대역죄였다. 이를 잘 아는 예수는 더이상 자신이 그리스도라는 얘기를 공개적으로 하지 않았다.

갈릴리 지방 유대인을 관할하는 최고 행정 책임자 헤롯 안티파스는 나사렛 사람 예수가 그리스도라고 보지는 않았지만 세례자 요한의 환생이라고 믿었다. 안티파스는 죽은 예언자의 혼령에 쫓기는 사람 같았다. 세례자 요한을 죽인 데 대한 징벌 같았다. 안티파스는 예수가 문제를 일으키지나 않을까 드러내놓고 우려했다. 그러는 한편으로 세례자 요한에 이어 또다시 예수 문제를 해결하기 위해 극단적인 조치를 준비하고 있었다.

그러나 아직 본디오 빌라도와 헤롯 안티파스가 행동에 나선 것은 아니었다. 지금까지 예수의 행적을 보면 그는 아주 평화적인 인물이었다. 딱 한 번, 예루살렘 성전에서 환전상들을 내쫓은 사건을 제외하면 예수가 지금까지 한 일 중에서 두 사람에게 위협이 될 만한 것은 없었다. 예수는 갈릴리 사람들에게 로마에 반기를 들라고 한 적도 없다. 수많은 청중에게 자신이 유대인의 왕이라고 말하지도 않았다. 따라서 유대 지역 로마 총독과 갈릴리 지방의 유대인 최고 행정관은 예수의 일거수일투족을 멀리서 지켜보는 정도로 만족했다.

종교 당국자들은 그러지 않았다. 예루살렘 성전 대제사장 가야바를 우두머리로 한 유대교 율법학자들은 예수를 명백하고도 현존하는 위협으로 간주했다. 가야바는 성전세로 부와 권력을 일구었다. 환전상들에게서 취하는 이문과, 희생 제물로 바치는 양에 대한 독점권도 큰 이권이었다. 가야바 가문은 또 예루살렘 외곽에 보유한 많은 농토를 소작을 주고 있었다. 그러니만큼 여차하면 그가 잃을 수 있는 것은 종교적 권위만이 아니었다.

무장한 혁명가가 로마에게 군사적 위협이라면 예수의 전도는 사두개파, 바리새파, 예루살렘 성전 교사 및 율법학자 같은 기성 종교 집단에 대한 위협이었다. 하느님을 진실로 잘 모신다는 이런 자들이 나사렛 사람 예수를 적절히 처리해야 한다는 판단을 내린 것은 그 때문이었다. 방법은 소리 소문 없이 체포해서 쥐도 새도 모르게 처단하는 것이었다.

그러나 나사렛 사람을 냉혹하게 죽일 경우 이를 주도한 종교 지도자들은 논란에 휘말리게 된다. 돈을 주고 사람을 사서 예수를 죽이기도, 자는 사이에 목 졸라 죽이기도 여의치 않았다. 그럴 수는 없었다. 바리새파는 전통적인 규정에 따라 일을 처리해야 했다. 이는 예수가 분명하게 율법을 어긴 혐의를 잡아서 그것을 빌미로 죽여야 한다는 의미였다.

그런 혐의를 잡기 위해 바리새파와 율법학자 들로 구성된 특별팀이 예루살렘을 출발했다. 갈릴리로 가 예수의 행태를 직접 조사하기 위해서였다. 이들은 성경에 정통했다. 나사렛 사람의 잘못을 찾아낼 수 있는 사람이 있다면 그것은 바로 그들이었다.

아니, 적어도 유대교 지도자들은 그렇게 믿었다.

††††

일은 출발부터 잘못됐다. 바리새파와 사두개파는 가는 곳마다 실패했다. 예수는 종교적, 지적 차원에서 그들이 지금까지 상대해온 인물들과는 전혀 달랐기 때문이다. 그들은 공개적인 자리에서 예수에게 힐문을 던짐으로써 예수를 난처하게 만들려고 했지만 나사렛 사람은 번번이 위기를 잘 넘겼고, 인기만 계속 높아갔다. 갈릴리 사람들은 예수의 이동상황을 꼼꼼히 챙기기 시작했다. 어디쯤 간다는 것을 파악해서 미리 가 기다리는 경우가 많았다. 물을 포도주로 바꾸고 절름발이를 온전히 걷게 하고 맹인을 보게 만들었다는 등의 예수 관련 일화들은 갈릴리 일대를 흥분으로 몰아넣었다. 이제 병이 있는 사람은 너나할것없이 그를 찾아나섰다. 들것에 실려 수킬로미터씩 힘든 길을 가는 것도 마다하지 않았다. 바리새파 사람들도 놀라운 사건을 직접 보았다. 안식일*에 예수가 한쪽 손이 오그라든 사람을 분명히 고쳐준 것이나. 바리새파는 이 행위를 즉각 율법 위반이라고 공언했다.

지적으로 탁월한 예수는 성경의 논리와 구절을 사용해 상대의 주장을 멋들어지게 반박하는 데 명수였다. "선을 행하는 데 율법에 어긋나는 것은 없다." 예수는 예루살렘 성전에서 파견돼 나온 자들에게 이렇게 말했다. 이들이 더더욱 난처해진 것은 예수가 초자연적인 행동을 함으로써 갈릴리 농민들을 기쁘게 해주는 능력이 있었기 때문이다. 바리새파 사람들은 올봄 초 벳새다(베싸이다) 인근 산에서 예수가 물고기 두 마리와 빵 다섯 조각으로 5,000명을 배불리 먹였다는 얘기를 들었다. 더욱 놀라운 것은 예수가 가버나움에서 죽은 소녀를 살려냈다는 얘기였다. 그러나 그중에서도 가장 놀라운 것은 예수의 제자들이 예수가 폭풍우가 몰아치는 갈릴리 호수 위를 걸어가는 것을 보았다고 주장하는 것이었다.

바리새파 사람들은 이런 기적을 믿으려 하지 않았다. 그러나 그들도 도저히 설명이 안 되는 치료 행위 한 가지는 직접 목격한 바 있었다. 그런데 그런 펠라오트pela'oth(기적), 오토트othoth(표징), 모페팀mophethim(불가사의)을 보았다고 주장하는 사람이 놀라울 정도로 많았다. 그리스어로 쓴 복음서들은 후일 위의 히브리어 단어들을 '두나메이스dunameis(힘 또는 권능)', '세메이아semeia(표징)', '테라타terata(기적)'로 번역했다. 그러나 아람

* 안식일(Sabbath)은 완전히 쉬는 날로 금요일 일몰부터 토요일 저녁 하늘에 세 별이 나타날 때까지이다. 힘이 들어가는 일은 물론이고 그 밖의 여러 활동이 금지된다. 안식일을 지키는 것은 하느님이 우주를 창조하고 나서 쉰 날을 기념하기 위한 것이다.

어를 쓰는 평범한 갈릴리 사람들은 예수의 각종 행위를 나타내는 표현으로 '네스nes(기적)'라는 아람어 단어 하나만을 사용했다.*

바리새파는 일반적으로 기적은 사실로 믿었지만 예수가 보인 기적은 믿지 않았다. 유대의 구비 전승—모세에서 욥, 에스더(에스델)에 이르기까지—을 보면 신(하느님)이 기적을 통해 모습을 드러내는 경우가 종종 나온다. 바리새파는 예수가 활동하고 있는 지금부터 200년 뒤 유대 민족의 구비 전승을 문자로 집대성한 책 『탈무드』를 만들게 되는데, 『탈무드』에는 하느님이 보였다는 기적이 차고 넘친다.

그러나 예수는 하느님이 아니었다. 바리새파는 그렇게 확신했다. 예수는 선동가요 거짓 스승이요 위험한 사기꾼이었다. 하늘에 있는 궁전 대신 지상에 있는 제자 베드로의 평범한 집에서 거하는 인물에 불과했다. 분명 그런 예수가 바리새파 사람들이 평생을 두고 묵상하던 지고지상한 신적 존재일 수는 없었다.

그래서 바리새파의 고민은 점점 깊어졌다. 예수는 그들의 권위를 갉아먹고 있었다. 예수의 활동을 그냥 내버려두면 자신들의 삶의 방식은 파괴되고 그동안 누려온 부와 특권은 날아갈 판이었다. 이는 용납할 수 없는 일이었다. 바리새파는 하느님을 사랑한다고 입버릇처럼 말하지만 대부분 오만하고 저만 옳다고 생각하는 부류였다. 그들은 종교적 신앙 체계를 지키는 것보다 특권적 지위를 누리는 데 훨씬 더 관심이 많았다.

그 지위라는 것은 예루살렘 성전 제사장들이 근 600년 동안 누려온 것이었다. 기원전 6세기 유다 왕국은 이민족의 침략에 패망하고 왕은

---

* 영어권에서는 12세기 어느 시점부터 초자연적인 사건이나 현상을 'miracle(기적)'이라고 일컫게 된다.

쫓겨났으며 유대인들은 바빌론으로 끌려갔다. 이후 유대 민족에게는 권력 공백기가 지속됐다.* 이 공백기를 채운 것이 모세 율법을 엄격하게 해석하는 바리새파 같은 종교집단이었다. 이들은 모세가 원래 전한 10계명 내신 수백 가지의 새로운 계율과 금령을 추가함으로써 유대인들의 존경을 받았고, 이후 그런 복잡한 계율을 '장로들의 전통'이라는 이름으로 후대에 구전으로 물려주었다.

이런 율법에 의문을 제기하는 사람은 거의 없었다. 특히 못 배운 갈릴리 농민들이야 더 말할 것도 없었다. 그런데 예수라는 자가 나타나 행동과 설교를 통해 그런 계율 가운데 많은 부분이 말도 안 되는 헛소리이며 바리새파와 사두개파 사람들의 행태는 더더욱 그러하다는 것을 보여주고 있는 것이다.

이제 나사렛 사람에 대해 뭔가 조치를 취해야 할 때가 됐다.

---

* 시드기야(치드키야)는 이스라엘의 마지막 왕이다. 확실치는 않으나 재임 기간은 기원전 597~586년으로 추정된다. 시드기야는 스무한 살 때 바빌론 왕 느부갓네살 2세에 의해 유다 왕국 왕위에 올랐다. 몇 년 뒤 시드기야가 공물을 바치지 않자 느부갓네살(네부카드네자르)은 군대를 보내 수도 예루살렘을 포위했다. 예루살렘은 결국 함락됐고, 사람들은 바빌론으로 끌려가 평생 노예살이를 했다. 예루살렘 성전도 파괴됐다. 성전은 페르시아의 키루스(고레스) 대왕이 유대인들의 귀국을 허용한 다음에야 재건됐다. 성전 재건 사업은 기원전 536년에 시작돼 기원전 516년에 끝났다. 이렇게 해서 완공된 제2성전은 기원전 1세기 헤롯 대왕 때 와서 다시 완벽하게 새로 단장됐다. 시드기야는 더 열심히 하느님을 경배하라는 예언자 예레미야의 충고를 무시하다가 수도 예루살렘을 탈출하던 중 바빌론 군사에게 붙잡혔다. 느부갓네살의 명령에 따라 시드기야의 어린 두 아들은 그가 보는 앞에서 죽임을 당했다. 이것이 시드기야가 이승에서 두 눈으로 본 마지막 장면이었다. 아들들이 죽은 직후 시드기야는 장님이 된다(당시 제일 많이 사용한 방법은 양 엄지손가락을 안와에 찔러넣고 짓이기는 것이었다). 시드기야는 사슬에 묶인 채 바빌론으로 끌려가 노예로 살았다.

†††

어느 봄날, 바리새파 사람이 예수를 힐난했다.

"왜 당신의 제자들은 조상의 전통을 따르지 않고 부정한 손으로 음식을 먹습니까?"

예수는 잠시 말이 없다가 다시 질문에 질문으로 답했다. 자주 사용하는 논법이다.

"왜 너희의 전통을 지킨다는 구실로 교묘하게 하느님의 계명을 어기느냐?"

갈릴리의 4월은 로마제국 율리우스력에 따르면 양치기가 산허리에서 양떼를 돌보고 농부들이 보리 수확을 마친 다음 밀 농사에 신경을 써야 할 때였다. 예수와 제자들은 시장에서 찬거리를 사가지고 돌아와 맛나게 먹던 참이었다. 그런데 곧 바리새파 사람들이 예수 일행을 둘러싼 뒤 왜 음식을 먹기 전에 손을 깨끗이 씻지 않았느냐고 따져 물었다. 음식을 먹기 전에 반드시 손을 깨끗이 씻는 것은 물론 잔이나 단지나 놋그릇 같은 것도 잘 씻어야 했다. 사실 이런 관행은 갈릴리의 어촌 사람들보다는 예루살렘 성전에 있는 자들에게나 어울릴 것이었다. 물론 배가 고플 대로 고픈 제자들도 그런 장황한 절차를 지킬 기분은 아니었을 것이다.

예수는 처음에 별말이 없었다. 그러자 바리새파는 이 순간을 놓치지 않았다. 호기심 많은 구경꾼들이 몰려들었다. 예수와 제자들 주변에 성격이 좀 다른 두 무리가 모여든 것이다. 그것은 일종의 올가미였다. 나사렛 사람은 꼼짝없이 거기 갇혔다. 달아날 구석이 없었다. 바리새파의 계획대로 걸려든 것이다.

일종의 미끼였다. 바리새파는 이제 예수가 신성모독 내지는 이단의 말을 입 밖에 내기를 바랐다. 그 정도만으로도 죄인으로 엮어넣기에 충분했다. 바리새파가 가장 듣고 싶어한 얘기는 신이라는 주장, 즉 만인이 보는 앞에서 예수가 '나는 하느님의 아들이다'라고 떠드는 것이었다. 세속의 왕이 아니라 천사들보다 높은 자리에서 하느님 바로 옆자리에 앉아 있는 존재라는 얘기를 해주어야 했다.

그 정도면 돌로 쳐죽이기에 충분했다.

종교 지도자들은 값비싼 의상에 장식용 술을 치렁치렁 늘어뜨렸다. 이마에는 머리띠로 작은 나무 상자를 잡아매놓았다. 상자 안에는 유대 민족이 이집트(애굽)에서 탈출하는 내용을 적은 작은 양피지 두루마리 하나가 들어 있다. 술과 이 성구함聖句函은 바리새파의 독실함을 나타내는 한편 종교적 권위를 강조하기 위한 장식이다.

그러나 그런 권위를 예수는 인정하지 않았다.

그는 당당하게 서서 바리새파 사람들에게 답했다. 갈릴리 사람들은 나사렛 사람이 무엇이라고 할지 궁금해서 더더욱 가까이 모여들었다. 평범한 장인과 어부인 그들은 바리새파에 비하면 차림새가 형편없었다. 예수 역시 갈릴리 사람으로 그들과 차림새가 똑같았다. 튜닉에 직사각형 긴 옷을 걸쳐 입고 술은 짧았으며 성구함 같은 것은 없었다.

사람들은 바리새파가 나사렛 사람을 곤경에 빠뜨리려고 한 것이 이번이 처음이 아니라는 것을 알고 있었다. 예수가 기가 막히게 답변을 한다는 것도 널리 알려져 있었다.

"이사야가 너희 같은 위선자들을 두고 잘 예언하였다."

예수는 바리새파와 사두개파 사람들을 똑똑히 쳐다보며 말했다. 이어 성경 구절을 인용했다.

"이 백성이 입술로는 나를 공경하여도 마음은 나에게서 멀리 떠나 있구나. 그들은 나를 헛되이 예배하며, 사람의 계명을 하느님의 것인 양 가르친다.'"

예수는 두려움이 없었다. 힘이 넘치는 말을 군중 모두가 들을 수 있었다. 어찌 보면 예수가 이런 설교를 한다는 것은 참으로 아이러니하다. 바리새파가 여기로 찾아온 것은 예수를 단죄하기 위해서인데 예수의 목소리는 오히려 '자신이' 그들을 단죄하고 있음을 분명히하고 있었던 것이다. "너희는 하느님의 계명은 버리고 사람의 전통을 고집하고 있다." 예수는 자신을 비난하는 자들을 이런 말로 꾸짖었다.

그들이 대답을 하기도 전에 예수는 군중을 돌아보며 말했다.

"너희는 내 말을 새겨들어라. 무엇이든지 밖에서 몸안으로 들어가는 것은 사람을 더럽히지 않는다. 더럽히는 것은 도리어 사람에게서 나오는 것이다."

✝✝✝

바리새파는 예수에게 더 망신을 당하기 전에 물러갔다. 그러나 군중이 남아 있어서 제자들이 제대로 식사를 할 수 없었다. 예수는 제자들을 근처에 있는 한 집으로 데려가 방해받지 않고 밥을 먹을 수 있게 했다.

그러나 제자들은 마음이 산란했다. 제자들은 지난 1년 동안 예수가 하는 말을 많이 듣고 가슴에 새겼고, 상식으로는 설명이 안 되는 수많은 기적을 직접 보았다. 제자들은 단순해서 예수가 권세 있는 바리새파 사람들에게 왜 그렇게 심한 모욕을 주는지 이해가 안 갔다. 이런 식으로 종교적 다툼이 계속되면 스승인 예수가 무슨 변을 당할지 알 수 없는 노릇이었다.

"바리새파 사람들이 화가 난 것을 아십니까?"

한 제자가 예수에게 물었다. 당연한 얘기였다.

이어 베드로가 큰 소리로 말했다.

"아까 말씀하신 그 비유의 뜻을 설명해주십시오."

베드로는 예수가 공개적인 자리에서 이유 없이 말을 할 사람이 아니라는 것을 잘 알고 있었다. 스승의 말은 종교적인 내용인 경우도 있고, 미묘한 정치적 메시지가 담긴 경우도 있었다. 사람들의 사기를 높여주기 위해 말하는 경우도 있었다. 최근 몇 달 동안 예수는 안식일에 보리를 먹는 문제에서부터 손을 씻는 습관에 이르기까지 모든 사안에 대해 바리새파와 논쟁을 벌였다. 그런데 오늘의 논쟁은 무엇에 관한 것인지 베드로는 이해가 가지 않았다. 예수의 가르침에 숨어 있는 중요한 메시지를 우리 제자들이 놓친 것은 아닐까 싶었다.

"너희도 아직 알아듣지 못하였느냐?"

예수가 한숨을 쉬며 대답했다.

"입으로 들어가는 것은 무엇이나 뱃속에 들어갔다가 뒤로 나가지 않느냐? 그런데 안에서 나오는 것은 곧 마음에서 나오는 것인데, 음행, 도둑질, 살인, 간음, 탐욕, 악의, 사기, 방탕, 시기, 중상, 교만, 어리석음 같은 여러 가지 악한 생각들이다. 이런 악한 것들은 모두 안에서 나와 사람을 더럽힌다."

가룟 유다도 같은 자리에서 예수의 말을 듣고 있었다. 유다는 열두 제자 중에서 유일하게 갈릴리 출신이 아니었다. 그는 무리에서 늘 아웃사이더였다. 이런 사실을 부정할 필요는 없다. 그는 다른 제자들과 똑같은 옷을 입고 똑같은 샌들을 신었다. 머리에는 햇빛을 막아주는 가리개를 썼고 들개들의 공격을 막을 지팡이를 가지고 다녔다. 이처럼 외양은 다른 제자들과 똑같았지만 말씨가 북부가 아닌 남부지방 말씨였다. 그가 입을 열 때마다 다른 제자들은 특이하다고 느꼈다.

그런데 지금 예수가 한 말은 유다를 제자들 무리에서 더 소외시켰다. 그가 도둑질을 했기 때문이다. 그는 재정 담당임을 악용해 일행의 얼마 안 되는 돈주머니에서 정기적으로 횡령을 했다.* 추종자들이 몰려와 예수에게 값비싼 향유를 부어주려고 하면 그는 늘 그걸 팔아서 공금으로 써야 한다고 주장했다. 이 모두가 따로 챙기려는 목적에서였을 것이다. 유다의 도둑질은 비밀로 남았지만 모든 도둑이 그러하듯이 죄의 값을 결국은 치르게 된다.** 예수는 지금 도둑은 단순한 죄인이 아니라 더러운 자라고 일깨워줌으로써 유다의 수치심을 더욱 깊게 했다. 갈릴리에서 도덕적으로 더럽다고 하는 것은 단순히 마음 상태만을 일컫는 말이 아니었다. 그것은 사회 최하층으로 전락한다는 의미였다. 더러운 자는 공동체에서 사실상 추방된다. 무두질이나 채굴 같은 힘든 직종에만 종사해야 하며 평생 토지를 소유할 수 없고 가난하게 살아야 한다.

유다는 그런 사람들을 많이 봤다. 예수를 따르는 무리 중에도 그런 자들이 많았다. 딱히 할 일이 없어서, 또는 예수의 말에서 삶이 언젠가는 나아질 거라는 희망을 느낄 수 있어서 따라다니는 자들이었다. 그들은 가족도, 농토도, 밤이슬을 가려줄 지붕도 없었다. 범죄의 길로 빠지는 자들도 많았다. 노상강도나 산적이 되어 동굴 같은 곳에서 무리를 지어

---

* 예수의 수입원에 관한 얘기가 「누가복음」 8장 2~3절에 나온다. 재산을 바쳐 예수 일행을 돕는 사람이 많았음을 알 수 있다.
** 「요한복음」 12장 6절. "그[유다]는 돈주머니를 맡아가지고 거기 들어 있는 것을 늘 꺼내 쓰곤 하였다."

살기도 했다. 그들의 삶은 힘겨웠고, 일찍 죽는 경우가 많았다.

가롯 유다가 꿈꾸는 삶은 그런 게 아니었다. 예수가 그리스도라면—유다는 그렇게 믿었다—자신도 언젠가 로마의 압제를 타도하고 유대를 직접 통치하는 데 동참할 수 있을 것이다. 유다도 어엿한 열두 제자의 일원이니만큼 미구에 들어설 새 정부에서 남들이 부러워하는 높은 자리를 차지할 수 있을 것이었다.

유다는 예수의 가르침을 믿었고, 유명한 스승의 덕도 보았을 것이다. 그러나 물질적 부에 대한 욕심이 정신적 욕구보다 훨씬 컸다. 유다는 자신의 욕심을 스승인 예수와 동료 제자들에 대한 배려보다 우선시했다.

돈을 위해서라면 가롯 유다는 무슨 일이든 할 수 있었다.

✝✝✝

바리새파와 사두개파 사람들은 예수에게 올가미를 씌우는 데 실패한 것은 아쉽지만 그 정도만 해도 예수를 체포할 정도의 증거는 충분히 확보했다고 보고 예루살렘 성전으로 돌아가 상급자들에게 보고를 했다. 예수는 감시의 눈길을 아랑곳하지 않는 것처럼 보였지만 사실은 그런 압력에서 상당히 부담을 느꼈다. 바리새파와 사두개파 사람들이 오기 전에도 예수는 호젓한 장소에 은신한 채 명상과 기도를 하려고 했었다. 그러나 이제는 제자들을 데리고 아예 갈릴리를 떠나 북쪽을 향해 걸었다. 안티파스의 동생 빌립이 다스리는 왕국으로 들어가서, 카이사레아 필리피(가이사랴 빌립보)라는 도시로 향한 것이다. 카이사레아 필리피 사람들은 이교도로서, 염소의 몸통과 뿔을 하고 얼굴과 상반신은 사람 형상인 목축의 신 판을 모셨다. 여기서는 예수가 그리스도를 자칭해도 아무도 신경 쓰지 않았다. 당국자들도 그에게 성경에 관해 묻는 일 따위는 없을 것이다. 카이사레아 필리피는 가버나움에서 북쪽으로 불과 55킬로미터밖에 떨어져 있지 않은데 예수는 마치 로마에 와 있는 기분이었다.

여름이 다가오고 있었다. 훌라 계곡 동쪽 경사면을 타고 가는 로마 도로는 사람들의 왕래가 잦았다. 예수와 제자들은 이 길을 따라가면서 산적이나 곰이 나타나지 않는지 긴장의 끈을 늦추지 않았다. 그런 우려만 빼면 이틀간의 여정은 평온했다. 사실 예수와 제자들에게는 이때가 일종의 휴가였다. 그리 먼 길은 아니었기 때문에 예수는 중간중간에 햇볕을 쪼이며 휴식을 취했다.

"사람들이 나를 누구라고 하더냐?"

예수가 제자들에게 물었다. 아우구스투스 황제에게 봉헌된 옴리트의 대규모 사원을 보고 문득 그런 의문이 떠오른 것 같다. 아우구스투스는 스스로를 신이라고 칭했지만 결국은 죽을 수밖에 없는 평범한 인간에 불과했다.

"어떤 사람들은 세례자 요한이라 하고, 어떤 사람들은 엘리야라 하고, 또 예레미야나 예언자 가운데 한 분이라고 하는 사람들도 있습니다."

제자들이 대답했다.

여행길에는 이런 식으로 질문하고 답하는 일이 많았다. 예수는 설교를 하거나 이것저것 질문을 던져 지적 논쟁을 촉발했다. 속마음을 곧이곧대로 털어놓는 일은 드물었다.

"그러면 너희는 어떠냐? 너희는 나를 누구라고 생각하느냐?"

예수가 물었다.

베드로가 큰 소리로 말했다.

"선생님은 그리스도, 살아 계신 하느님의 아들입니다."

예수는 동의를 표하면서 이렇게 말했다.

"요나의 아들 시몬아, 너는 행복한 사람이다. 너에게 그것을 알려주신 분은 사람이 아니라 하늘에 계신 내 아버지시기 때문이다."

예수는 충동적인 베드로의 원래 이름(시몬)을 들어 그를 칭찬했다. 그러면서 자신이 그리스도라는 것을 "아무에게도 말하지 말라"고 단단히 당부했다. 대중에게 이런 사실이 알려지면 로마군에게 체포될 수도 있기 때문이었다. 예루살렘의 유대교 권력자들은 잠시 따돌렸는지 모르지만 카이사레아 필리피는 로마나 다를 바 없었다.

그러나 제자들이 이제 예수가 속깊은 비밀을 말해주었다고 생각했다면 오산이었다.

"사람의 아들_{예수가 본인을 일컫는 말}은 반드시 예루살렘에 올라가 장로들과 대제사장들과 율법학자들에게 많은 고난을 받을 것이다."

예수가 설명을 이어갔다.

제자들로서는 도저히 이해가 안 가는 얘기였다. 예수가 그리스도라면 언젠가 나라를 다스리게 될 것이다. 그런데 종교 당국자들의 지원 없이 어떻게 통치를 할 수 있단 말인가?

그런데 예수는 거기에서 그치지 않았다. 이후 두고두고 논쟁의 근원이 될 또다른 말을 덧붙인 것이다.

"그들의 손에 죽었다가 사흘 만에 다시 살아날 것이다."

하느님의 아들이라는 예수가 제자들에게 이런 예언을 하고 있는 것이다.

제자들은 이 말이 무슨 의미인지 알지 못했다.

나사렛 예수가 살날이 이제 1년도 안 남았다는 것도 알지 못했다.

11장

기원후 29년
10월 어느 날 낮
예루살렘

본디오 빌라도는 당당한 자세로 말을 타고 예루살렘에 입성했다. 아
내 클라우디아는 마차를 타고 그 옆을 따랐다. 빌라도와 호위대원들은
적대감 넘치는 지역을 군사를 이끌고 통과했다. 빌라도의 휘하 병력은
3,000명이었다. 진짜 로마군은 아니고 헤롯 대왕을 호위하던 부대와 같
은 아랍, 사마리아, 시리아계 용병들의 혼합체였다.

빌라도의 행렬은 원래 주둔지인 지중해 도시 카이사레아의 요새에서
출발했다. 로마 총독은 1년에 세 차례 유대 민족 명절* 때 예루살렘을
방문했다. 카이사레아에서 예루살렘까지 97킬로미터 여행길은 일단 지

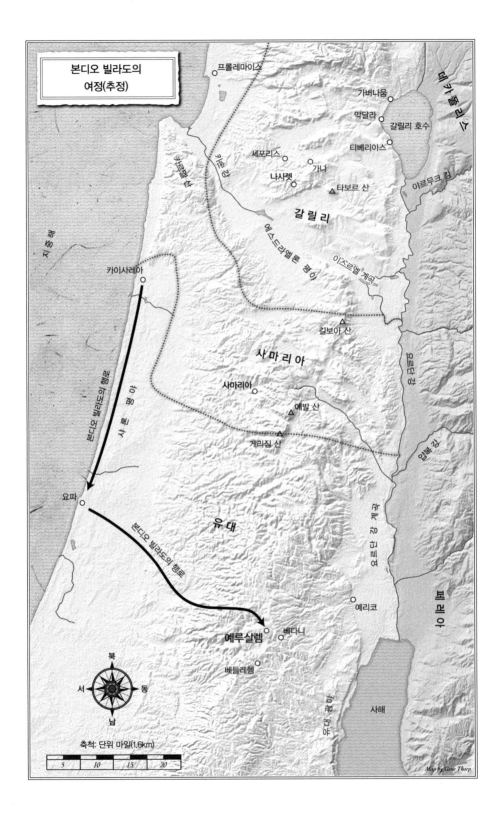

본디오 빌라도의
여정(추정)

프롤레마이스

가버나움

막달라

갈릴리 호수

세포리스

티베리아스

가나

나사렛

타보르 산

갈릴리

에스드라엘론 평야

이스르엘 계곡

아르무크 강

데카폴리스

지중해

카이사레아

길보아 산

사마리아

사마리아

에발 산

게리짐 산

요단 강

얍복 강

요파

유대

여리고

페레아

예루살렘

베다니

사해

베들레헴

북

서   동

남

축척: 단위 마일(1.6km)

5   10   15   20

Map by Gene Thorp

중해를 끼고 로마 포장도로를 따라 남쪽으로 내려간다. 중간 기착지인 요파에서 하룻밤을 묵은 다음 다시 동남쪽 내륙으로 접어든다. 그렇게 흙길을 따라 샤론 평야를 건넌 뒤 산악 지대를 통과하면 바로 예루살렘이다.

빌라도는 유대교 3대 명절의 하나인 초막절**을 맞아 로마의 위엄을 과시할 생각이었다. 유월절과 마찬가지로 초막절은 순례자 수십만 명이 예루살렘으로 모여드는 때였다. 유대인들은 광야에서 유랑하던 40년 세월을 기억하며 풍요로운 추수를 축하한다. 빌라도는 유대인들의 관습을 좋게 보지 않았다. 유대인들이 로마에 충성한다고 생각하지도 않았다. 빌라도 총독은 유대인의 명절 때면 아슬아슬한 줄타기를 해야 했다. 유대인들이 반란이라도 일으키면—대규모 집회 때면 그런 일이 종종 있었다—그 책임은 몽땅 자신에게 떨어질 것이고, 너무 강력하게 진압을 했다가는 유대 민족을 "잘 보살펴라"고 한 티베리우스 황제의 명령을 어긴 것이 되어 로마로 소환될 수 있었다.

이처럼 초막절 주간은 빌라도에게는 대단히 조심스러운 시기였다. 빌라도와 클라우디아는 헤롯 대왕이 쓰던 화려한 궁전에 묵으면서 꼭 필요한 경우가 아니면 외출을 삼갔다.

---

* 유대인 순례자들이 예루살렘을 방문하는 3대 명절은 유월절, 초막절(草幕節), 칠칠절(七七節, 맥추절)이다. 히브리어로는 페사흐(Pesach), 수콧(Sukkot), 샤부옷(Shavuot)이라고 한다. 유대인들은 세 명절에 예루살렘을 방문하는 것이 의무였지만 유월절에만 예루살렘을 순례하는 사람이 많았다. 유월절은 누룩을 넣지 않은 빵을 먹는 무교절과 연계해 치르기도 했다. 기원후 79년 예루살렘 성전이 로마군에게 파괴된 뒤로 유대인들은 더 이상 예루살렘을 순례할 필요가 없게 됐다. 그 대신 거주 지역의 시너고그에 모여 명절을 쇘다. 한편 유대력에서 가장 거룩한 날은 '욤 키푸르(Yom Kippur)', 즉 '속죄의 날'이다.
** 히브리어로 '수콧'이라고 하는 초막절은 모세가 약속의 땅을 찾는 동안 유대 민족이 광야에서 40년 동안 유목 생활을 한 것을 기리는 명절이다.

본디오 빌라도가 유대 총독으로 부임한 지도 벌써 3년이 되었다. 총독의 직무는 현지에서 일어난 분쟁을 조정해주고 평화와 질서를 유지하는 단순한 업무였다. 그러나 사실 점령자 노릇에는 늘 위험이 따랐다. 알렉산드리아에서 활동한 유대인 철학자 필론은 후일 빌라도에 대해 "성격이 완고하고 잔인한 인물"이라고 기록했다. 그러나 그런 그도 이미 유대인들에게 호되게 골탕을 먹은 바 있었다. 로마군 군기로 예루살렘 성전을 장식하라는 명령을 내렸을 때 예루살렘 주민들이 깃발을 제거하는 데 성공한 것은 물론이고 티베리우스 황제에게 편지를 보내 빌라도의 무분별한 행동을 낱낱이 일러바친 것이다.

티베리우스는 격노했다. 철학자이자 역사가인 필론은 당시 상황을 이렇게 묘사했다. "즉각, 다음날을 기다리지도 않고 황제는 빌라도에게 편지를 보냈다. 누구도 하지 않던 불필요한 짓을 한 데 대해 수없이 질타하는 내용이었다."

올해에는 긴장감이 더더욱 높아졌다. 자칫하면 비난의 화살은 결국 빌라도에게로 쏟아질 것이다. 빌라도는 새로 수도관을 건설해 예루살렘에 식수를 더 공급하는 계획을 추진했다. 그러나 선의로 시작한 이 계획이 예루살렘 성전 금고에서 비용을 대게 함으로써 말썽이 일었다. 유대인들은 '신성한 금고'를 세속적인 목적에 사용하는 것에 대해 분노했다. 심지어 최근 어느 축일에는 적지 않은 유대인 무리가 들고일어나서, 빌라도에게 수도관 건설을 중단하라고 요구했다. 그들은 빌라도가 예루살렘 거리에 모습을 드러내자 저주를 퍼부었다. 군중의 수가 늘어나자 용기백배한 무리는 더욱 소란스러워졌다.

그러나 빌라도는 이런 사태를 예견하고 군사 수백 명을 유대인 농민 순례자 복장을 입혀 잠복시켜놓고 있었다. 옷자락 속에는 단검이나 곤봉이 숨겨져 있었다. 군중이 빌라도가 머무는 궁전을 향해 행진하면서 거세게 야유를 퍼붓자 잠복하고 있던 군사들이 군중을 둘러싸고 공격을 시작했다. 비무장 순례자들을 곤봉으로 패고 칼로 찔렀다. "그렇게 해서 많은 사람이 살해됐다." 역사가 요세푸스는 후일 당시 상황을 이렇게 기록했다. "상처를 입고 달아난 자도 많았다. 선동은 그렇게 끝이 났다."

유대인들에게 빌라도는 악당이었다. 유대인들은 그를 "심술궂고 화를 잘 내는" 인물로 봤다. "돈이라면 무슨 짓이든 하고, 도둑질하고 폭행하고 학대했다. 재판도 없이 죄수를 처형하는 경우도 많았다. 그 포악함은 끝이 없었다."*

그가 유대인이었다면 당연히 처벌을 면치 못했을 것이다.

†††

본디오 빌라도는 가야바의 도움이 없이는 유대인들을 통치할 수 없었다. 가야바는 대제사장으로 산헤드린 법정의 수장이었다.

가야바는 노련한 정치가였고, 티베리우스 황제가 유대인의 전통 지키기를 중시할 뿐 아니라 다혈질인 빌라도 총독을 엄중 감시한다는 사실을 잘 알고 있었다. 빌라도는 유대 전체를 관할하는 책임자였지만 예루살렘의 일상을 관리하는 것은 가야바였다. 가야바는 잔인한 속셈을 종교적 책무와 경건함으로 위장하고 있었다. 유월절과 욤 키푸르 때 현란한 예복**을 입고 성전 뜰에 나와 속죄의식을 집전하는 바로 그 인물

---

* 이집트에서 살던 유대인 철학자 필론의 기록이다.

이 로마제국과 무도한 황제 티베리우스의 소중한 친구라는 사실을 아는 예루살렘 주민은 거의 없었다.

대제사장의 지위가 얼마나 대단한 것인지는 매년 욤 키푸르 속죄의식 때 극명하게 드러난다. 성전 본관 지성소至聖所라는 성역은 가야바만 들어갈 수 있었다. 유대교 신자들은 지성소를 신이 임재하는 장소로 여겼기 때문에 대제사장이 그 어떤 인간보다 하느님에게 가까이 다가가 있다고 믿었다. 이어 지성소에서 물러나온 가야바는 성전 뜰을 가득 메운 신자들 앞에 선다. 그의 양 옆에는 염소가 한 마리씩 놓여 있다. 속죄의식의 일부로서 대제사장은 어느 염소를 놓아주고 어느 염소를 유대민족의 죄를 씻기 위해 바칠 제물로 삼을지를 결정한다.

하느님이 임한 자리에서 속죄의식을 거행하는 이 사람이 바로 빌라도가 성전 금고를 털었을 때 한마디 이의도 제기하지 않은 그 대제사장이었다. 가야바는 거룩한 도시 한복판에서 유대인들이 학살을 당할 때도 아무 말 하지 않았다. 빌라도가 명절이 끝날 때마다 보석으로 장식된 대제사장 예복을 반환하라고 명해도 군말 없이 따랐다. 로마인들에게는 값비싼 의상을 직접 보관하는 것이 힘을 과시하기 위한 조치였다. 그런 의상은 명절이 시작되기 일주일 전에 성직자들에게 내준다. 나름으로는 세탁 등 정화 작업을 미리 할 수 있도록 배려해주는 것이다.

가야바 이전의 대제사장들은 로마의 꼭두각시였다. 조금이라도 순종

** '현란하다'는 말은 대제사장이 성전에서 입는 예복을 묘사하기에는 턱없이 부족한 표현이다. 가야바는 우선 기다란 청색 튜닉을 입었다. 튜닉은 여러 개의 종과 긴 술로 장식되어 있었다. 허리 부분은 장식용 띠로 바짝 조여 매고 그 위에 대담한 색깔의 조끼를 걸쳤다. 금실로 장식한 조끼는 어깨 부위에는 이스라엘 열두 지파의 이름을 새기고 네모 판모양의 가슴받이에는 햇빛을 반사하는 각종 보석을 박아넣었다. 머리에는 두건을 쓰고 그 위에 신의 이름을 적은 3단 금관을 얹었다.

하지 않는 기미를 보이면 바로 교체됐다. 그러나 사두개파의 일원인 가야바는 권력을 유지하는 간단하면서도 탁월한 기술을 체득했다. 로마가 하는 일에는 간섭하지 않는 것이다.

로마도 대개는 예루살렘 성전에서 하는 일에 간섭하지 않았다.

전자가 빌라도가 총독 직무를 잘 수행하는 데 도움이 됐다면 후자는 가야바의 권력을 키워주었다.

두 사람 다 이런 점을 잘 알고 있었고, 상부상조하는 관계에 만족했다. 이렇게 해서 가야바의 전임자 네 명이 대제사장직을 고작 1년밖에 유지하지 못하고 쫓겨난 반면 가야바는 벌써 12년째 재임중이었다. 쫓겨날 기미도 전혀 없었다. 가야바가 대제사장에 발탁된 뒤로 로마와 예루살렘 성전의 결탁 관계는 점점 강고해졌다. 반면 대제사장과 노동하는 유대인들 사이의 거리는 점점 벌어졌다.

빌라도와 가야바가 다른 점보다 닮은 점이 많다는 것도 서로에게 도움이 됐다. 빌라도는 로마의 부유한 기사騎士 계급* 출신이고, 가야바는 수세기 동안 성전 제사장을 맡아온 부유한 성직자 가문 출신이었다. 둘 다 중년 나이에 유부남이었다. 아마도 두 사람 모두 하루 일과가 끝나면 최고급 수입산 포도주를 즐겨 마셨을 것이다. 빌라도가 예루살렘에 체

---

* 기사는 원로원 의원이 될 수 있는 귀족계급 바로 아래 계급이었다. 기사 계급에 속하는 인물이 신분 상승을 하려면 정치나 전투에서 탁월함을 입증해야 했고, 어마어마한 부도 필요했다. 총독 자리는 부를 일구는 가장 좋은 방법이었다. 현지인들에게 광산 채굴권과 각종 사업 독점권을 주는 대신 수수료를 챙길 수 있고 세금도 일부 착복하는 것이 관행이었기 때문이다. 빌라도는 유대 총독이 되기 전까지 외치 관련 경험은 없었던 것으로 보인다. 따라서 총독이 된 데에는 고위급 인물의 지원이 있었을 것으로 추정된다. 일부 학자들은 빌라도가 황실 근위대장 출신의 실세 루키우스 아일리우스 세야누스와 가까웠다고 보고 있다. 세야누스는 티베리우스 황제가 카프리 섬에 은둔해 있는 동안 로마제국을 사실상 관할하던 행정가로 후일 역모 행위가 밝혀져 티베리우스에게 처형당한다.

류할 때 두 사람이 머무는 숙소는 불과 300미터 정도밖에 떨어져 있지 않았다. 예루살렘 서부 호화 주택가Upper City에 위치한 두 궁전에서는 남녀 노예들이 모든 시중을 들었다. 두 사람은 또 모시는 신은 전혀 달랐지만 독실한 신앙인을 자처했다.

빌라도나 가야바가 그야말로 원치 않는 것은 메시아 같은 인물이었다. 그런 자가 등장하면 용의주도하게 유지하고 있는 세력의 균형을 깰 것이기 때문이다. 가야바와 종교 당국이 예수가 거룩한 도시 예루살렘에 발을 들여놓는 순간 바로 체포할 계획을 세운 것은 바로 그 때문이다.

갈릴리에 갔다가 돌아온 바리새파 성직자들은 열심히 보고서를 작성했다. 나사렛 사람이 율법을 어긴 내역이 기다랗게 나열됐다. 예수를 죽이려는 음모가 막 시작된 것이다.

†††

그런데 예수의 계획은 좀 달랐다.

그는 카이사레아 필리피에 잠시 머물다가 갈릴리로 돌아와 머물고 있었다. 제자들은 초막절을 지내러 예루살렘으로 갈 채비를 하고 있었다. 제자들은 예수도 같이 가서 이번 기회에 본인이 그리스도임을 공개적으로 선언하기를 간절히 바란 나머지 충고 같은 것을 하려고 했다. 전에 없던 일이었다.

제자들이 출발에 앞서 간청했다.

"예루살렘으로 가시지요. 널리 알려지려면 숨어서 일해서는 안 됩니다. 이런 훌륭한 일들을 할 바에는 자신을 세상에 드러내는 것이 좋겠습니다."*

예수가 대답했다.

"나의 때는 아직 오지 않았다. 너희에게는 아무 때나 상관없다. 세상이 너희는 미워할 수 없지만 나는 미워하고 있다. 세상이 하는 짓이 악해서 내가 그것을 들추어내기 때문이다. 어서 올라가 명절을 지내라. 나는 아직 때가 되지 않았으니 이번 명절에는 올라가지 않겠다."

예루살렘의 종교 지도자들은 지난봄 갈릴리에 갔을 때 본 예수 제자들의 얼굴을 기억하고 있었다. 그래서 제자들이 예수 없이 시내로 들어오는 것을 보고 크게 실망했다. 다시 한번 예수가 그물을 빠져나간 것이다.

"그자는 어디 있는 거야?"

바리새파들은 성전 뜰을 가득 메운 군중의 얼굴을 하나씩 뜯어보며 서로 수군거렸다.

"그자는 어디 있는 거야?"

초막절이 시작되자 예수에 관한 소문이 무성했다. 예루살렘 주변 크고 작은 마을의 주민들은 예수에 대해 소문으로 듣는 것 외에는 아는 게 별로 없었다. 많은 사람이 종교 당국이 퍼뜨리고 있는 소문은 예수를 악마 내지는 사기꾼으로 몰려는 시도라고 생각했다. 갈릴리에서 올라온 순례자들은 예수가 좋은 사람이라는 것을 침이 마르도록 설명했다. 다른 사람들은 예수가 쫓기고 있다는 소문을 전파했다.

며칠 동안 예수의 행방에 대한 추측이 예루살렘 전역을 떠돌았지만 정확한 것을 아는 사람은 아무도 없었다. 제자들도 마찬가지였다.

초막절은 8일 동안 진행되는데 예수가 성전 뜰로 살며시 들어온 것은

* 「요한복음」 7장 4절.

중간쯤 지났을 때였다. 예수는 남의 눈에 띄지 않게 예루살렘으로 올라갔다. 그는 거침없이 설교하기 시작했다. 최근 몇 달간 그의 모습에서는 어떤 슬픔 같은 것이 느껴졌다. 혼자 있는 시간도 많아졌다. 설교할 때 비유를 들어 말하는 경우가 더 많아졌다. 그런 얘기야말로 훨씬 기억에 남고, 성경 구절만 인용하는 것보다 여러 가지를 함의할 수 있기 때문이었다. 다른 무엇보다도 예수는 제자들에게 이미 말한 바 있는 곧 다가올 죽음에 대해 마음의 준비를 한 것처럼 보였다.

그러나 그때가 아직은 오지 않았다. 그래서 지금은 성소에서 담대하게 진리와 정의를 설파하는 중이었다. 바리새파나 사두개파 사람들도 지나다가 쉽게 들을 수 있을 정도였다. 순식간에 모여든 순례자들의 무리는 하느님에 대한 깊은 통찰이 담긴 예수의 말을 들으며 경탄을 금치 못했다.

"이 사람이 저들이 죽이려고 찾는 바로 그 사람이 아닌가?"

무리 속에서 몇몇이 수군거렸다.

"종교 당국에서 그를 정말 그리스도라고 결론지은 것이 아닐까?"

일부는 또 이렇게 말했다. 이런 생각은 반론에 부딪혔다. 그리스도가 갈릴리 같은 벽지에서 나온다고 상상하기는 어려웠기 때문이다. 예언자들이 말한 대로 그리스도는 다윗이 태어난 고을 베들레헴에서 나와야 했다.

"우리는 이 사람이 어디 출신인지 알고 있다."

"그렇다. 너희는 나를 알고 있다."

일부 사람들이 하는 말을 듣고 예수가 답했다.

"그리고 내가 어디 출신인지도 알고 있다. 나는 여기 내 발로 온 것이 아니다. 나를 보내신 분은 참되시다. 너희는 그분을 알지 못하지만 나는 그분을 안다. 나는 그분으로부터 왔고, 그분이 나를 보냈기 때문이다."

예수는 자신이 그리스도라는 것을 시인할 뻔했다. 바리새파와 대제사장은 신성모독 발언을 했다는 이유로 성전 경비대를 보내 그를 체포하게 했다. 그러나 경비대는 빈손으로 돌아와 가야바와 바리새파 사람들 앞에 섰다. 왜 못 잡아왔는지 설명도 하지 못했다. 주요 제사장들 중에는 갈릴리에서 예수에게 새로 태어나는 것에 관해 물었던 니고데모도 있었다.

"어찌하여 그를 잡아오지 않았느냐?"

제사장들이 질책조로 물었다.

"이제까지 그 사람처럼 말하는 사람은 본 적이 없습니다."

한 경비대원이 대답했다.

"너희마저 속아넘어갔느냐?"

바리새파 사람들이 경비대원들을 꾸짖었다. 지금 이곳은 고위 제사장들만 질문을 할 수 있는 성전 내부라는 사실을 깜빡 잊을 만큼 분노가 컸던 것이다.

니고데모가 한 발 앞으로 나와 한마디했다.

"우리 율법에 먼저 그 사람의 말을 들어보거나 그가 한 일을 알아보지도 않고 죄인으로 단정하는 법이 어디 있소?"

그러자 다른 종교 지도자들은 같은 편인데도 니고데모에게 핀잔을 주었다.

"당신도 갈릴리 사람이오?"

그들은 멸시조로 말했다.

"갈릴리에서 예언자가 나오는 법은 없소."

†††

예수는 남은 초막절 기간에도 성전 뜰에 나와 계속 설교했다.

예수가 군중에게 말했다.

"나는 세상의 빛이다. 나를 따라오는 사람은 어둠 속을 걷지 않고 생명의 빛을 얻을 것이다."

예수가 말을 이었다.

"나는 이제 간다. 너희는 내가 가는 곳에는 오지 못할 것이다."

그러고 나서 잠시 후 예수는 사라졌다. 순례자들은 집—이집트일 수도 있고 시리아나 갈릴리, 그리스나 갈리아 또는 로마일 수도 있었다—으로 돌아가는 길에도 예수에 관해 이야기했다. 이제 예수를 진짜 그리스도라고 믿는 사람이 많았다. 그렇게 확신하지는 못해도, 자신이 하느님이 보낸 사람이며 자신을 믿으라고 간절히 당부하는 예수의 육성을 분명히 들은 사람도 많았다.

예수를 그리스도라고 믿든 믿지 않든 각지의 유대인들은 메시아가 오기를 갈망했다. 그런 순간이 오면 로마는 패망하고 세금 부담과 결핍에서 풀려날 것이었다. 로마에 충성하는 병사들이 유대인을 가축처럼 취급하거나 때리고 찔러서 거룩한 도시의 하수구가 유대인의 피로 가득 차는 일도 없을 것이다. 실제로 빌라도는 그런 악랄한 짓을 했다. 유대인들에게 그런 희망은 생명줄 같은 것이었다. 로마의 가혹한 압제에 굴하지 않을 용기를 거기서 얻었다.

그리스도만이 그들을 이끌 수 있었다. 예언자들은 그런 사람이 곧 온다고 약속했다. 그리고 분명히 예수는 간접적으로나마 자신이 유대인의 메시아라고 몇 차례 언급했다. 그는 자신의 아버지에 대해 말했고, 자신

| 예수는 왜 죽었는가

은 "위에서 왔다"고 했다. 그러나 아직 공개적인 자리에서 확실하게 "내가 그리스도다"라고 말하지는 않았다.

예수는 예루살렘 성전에 여러 차례 모습을 드러냈다. 그리고 기회 있을 때마다 제사장들과 바리새파의 주의 주장을 반박했다. 그는 힘과 자신감이 넘쳤다. 과연 지도자의 모습다웠다. 예수가 유대 민족을 구원하러 온 메시아라면 이제 정체를 분명히 드러내야 한다며 조급해하는 사람들도 있었다.

순례자들 가운데에 별로 배우지 못한 사람들은 예수가 말로 선언해주기를 고대했다. 배운 사람들은 그런 말을 들을 필요가 없었다. 그저 예수가 나귀를 타고 예루살렘에 입성하는 순간만을 기다렸다. 그 순간, 그 순간에만 예수가 하나뿐인 참된 그리스도라는 확신을 갖게 될 것이었다.

"네 임금이 너에게 오신다. 그는 의로우며 구원을 베푸는 분이다." 예언자 스가랴(즈가리야)가 500년 전에 한 예언이다. "그는 겸손하여 어린 나귀를 타고 오신다."

✝✝✝

산헤드린 의원 정도면 누구나 스가랴의 말을 알고 있었다. 초막절이 끝나고 여러 달이 흘렀다. 지금 71명이나 되는 종교 지도자들은 '쪼갠 돌의 방'에서 특별 회의를 하고 있다. 성전산 북벽 가까이에 있는 화려하고 근엄한 이 건물은 판결을 내리는 곳이다. 건물의 절반은 성소 안쪽에, 나머지 절반은 성소 바깥에 걸쳐 있다. 양쪽에 모두 출입문이 나 있다. 건물 이름이 말해주듯이 건설 과정에서 철제 연장을 사용했기 때문에 신에게 경배하는 장소로는 부적합했다.*

산헤드린은 유대인의 최고 종교재판소로 어떤 면에서는 사분영주 안티파스보다 훨씬 힘이 있는 고위급 인사들의 회의체였다. 이 방 안에서는 가야바가 최고의 권위를 행사했다.

본디오 빌라도는 이제 지중해변 카이사레아**의 궁전으로 돌아가 편히 쉬고 있었다. 4월과 유월절까지는 예루살렘에 갈 필요가 없었다. 예수는 갈릴리를 떠났는데 행선지는 알 수 없다는 보고가 들어왔다. 목격자들은 그가 다시 기적을 행하고 있다고 말했다. 베다니 마을에서 올라온 놀라운 보고에 따르면 나사로(라자로)가 죽었다가 살아났다. 나사로는 방금 죽은 것도 아니고 이미 무덤에 묻힌 지 나흘이나 지났는데 예수가 많은 사람이 보는 앞에서 그를 살려냈다.

나사로의 시신은 이미 썩는 냄새가 났다. 예수는 무덤 입구를 가린 돌을 치우라고 명했다. 이는 그저 치유의 행위가 아니라 일반적인 인간으로서는 도저히 불가능한 권능을 가지고 있다는 것을 보여주는 행위였다.

"그 사람이 많은 기적을 행하고 있으니 어떻게 하면 좋겠소?"

바리새파 사람 하나가 말했다.

"그대로 내버려두면 누구나 다 그를 믿을 것이고, 그렇게 되면 로마인들이 와서 이 거룩한 곳과 우리 백성을 짓밟고 말 것입니다."

가야바가 맞는 얘기라며 이렇게 말했다.

---

* 하느님은 모세에게 다듬지 않은 돌로 제단을 쌓으라고 명했다. 그래야 부정을 타지 않기 때문이었다. "돌로 나의 제단을 쌓을 경우에는 다듬지 않은 돌로 쌓아라. 거기에 정을 대면 부정을 타게 된다"(「출애굽기」 20장 25절). 방도 같은 방식으로 만들어야 부정을 타지 않는다고 여겼을 것이다.

** 지중해변의 카이사레아는 멀리 떨어진 내륙 도시 카이사레아 필리피와는 다른 도시다.

"당신들은 온 민족이 멸망하는 것보다 한 사람이 백성을 대신해서 죽는 편이 더 낫다는 것도 모릅니까?"

이제 말은 필요 없었다.

†††

알고 그랬든 모르고 그랬든 예수는 유대 예언자들의 예언을 하나씩 하나씩 계속 성취하는 삶을 살아왔다. 그는 유대인으로 태어났고, 조상은 다윗이었다. 베들레헴에서 태어날 때는 새벽하늘에 큰 별 하나가 떠올랐다. 자라서 성경을 배우면서는 언행이 예언자들이 한 예언에 들어맞도록 의도적으로 노력했다. 그런데 이제 마지막 징표가 나타날 차례였다. 예수가 유월절에 나귀를 타고 예루살렘에 입성한다면 강력한 메시지를 보내는 셈이다. 예언자 스가랴가 기록한 대로였다. "한껏 기뻐하여라, 시온의 딸아! 환성을 올려라, 예루살렘의 딸아! 보라, 네 임금이 너에게 오신다. 그는 의로우며 구원을 베푸는 분이다. 그가 겸손하여 나귀, 어린 새끼나귀를 타고 오신다. 그가 모든 민족에게 평화를 선포할 것이요, 이 바다에서 저 바다까지, 유프라테스 강에서 땅끝까지 다스리시리라."

스가랴의 예언을 이루는 것은 쉬운 일이었을 것이다. 나귀는 유대 땅 어디에나 있었다. 예수로서는 제자에게 한 마리 가져오라고 하면 되었다.

서른여섯 살의 예수는 현명했기 때문에 예언에 맞춰 행동했다. 그는 신앙에 대한 이해가 심오하고 성경에 대한 지식이 넓고도 깊었다.

그러나 덜렁 나귀를 타고 예루살렘으로 들어갈 만큼 바보는 아니었다. 그것은 사형선고나 마찬가지였기 때문이다. 예언자들은 '유대인의 왕'이 어떻게 태어나고 어떤 삶을 살지에 대해 아주 구체적으로 밝혀놓은 바 있다. 그가 어떻게 죽을지에 대해서도 분명히 예언했다.

그는 저지르지도 않은 죄로 말미암아 허위로 고발당한다.

그는 얻어맞는다.

그는 침 뱉음을 당한다.

그는 옷이 벗겨지고, 군인들이 그의 옷을 누가 차지할지를 놓고 주사위를 던진다.

그는 십자가형에 처해진다. 두 손, 두 발에 못이 박히지만 뼈는 하나도 부러지지 않는다.

그를 사랑하는 사람들은 바라보며 통곡하지만 그의 고통을 덜어주기 위해 할 수 있는 일은 아무것도 없다.*

†††

기원후 30년 4월 2일 일요일. 본디오 빌라도는 방금 예루살렘에 도착해 헤롯 대왕이 살던 궁전에 여장을 풀었다. 사분영주 헤롯 안티파스도 빌라도가 머무는 궁전에서 한 블록 떨어진 하스몬 왕궁에 자리를 잡았다. 같은 시각, 가야바는 예루살렘 서부 호화 주택가에 있는 궁궐에서 연중 최대 명절인 유월절 준비를 하고 있었다.

유월절 주간이 시작됐다.

---

* 해당 예언이 적힌 성경 구절을 차례대로 인용하면 다음과 같다. 「시편」 27장 12절과 35장 11절, 「미가서」 5장 1절, 「이사야서」 50장 6절, 「시편」 22장 18절, 「시편」 22장 16절과 「스가랴서」 12장 10절 및 「신명기」 21장 23절, 「민수기」 9장 12절과 「시편」 34장 20절 및 「출애굽기」 12장 46절이다.

제자들은 나귀를 구하러 나가 있다.

나사렛 사람 예수의 살날은 이제 엿새 남았다.

3부

KILLING
JESUS

네가 하느님의 아들이거든
이 십자가를
벗어보라

12장

기원후 30년
4월 2일 일요일 오후
예루살렘 외곽

갈릴리에서 예루살렘으로 가는 흙길은 다시 예루살렘 성 안으로 들어가려는 유월절(파스카) 순례자들로 붐볐다. 해가 쨍쨍했다. 이맘때면 이렇게 날씨가 좋을 때가 왕왕 있다. 순례자들은 푸른 오아시스 예리코의 종려나무(대추야자) 농장과 헤롯 대왕이 겨울철에 머물던 왕궁을 지났다. 그다음부터는 작은 농촌이 잇따라 펼쳐진다. 과수원과 포도밭, 올리브 나무 숲 옆으로 관개가 잘된 채소밭이 늘어서 있다. 많은 여행자들이 예루살렘이 900미터 정도밖에 안 남은 이 지점에서 걸음을 멈추고 미크바에 들어가 정결의식을 치렀다.

정결례는 유월절을 제대로 지키기 위한 필수 과정이다. 이를 통해 예배자는 몸과 마음으로 신의 거룩함을 받아들일 수 있는 상태가 된다. 이런저런 준비를 하려면 유월절 당일 1주일 전쯤 예루살렘에 들어와 있어야 한다. 사람들은 미크바에 몸을 푹 담그고, 유월절이 끝날 때까지는 아내와 성관계도 하지 않는다. 사정 행위가 몸을 더럽힌다고 믿었기 때문이다. 마찬가지로 생리중인 여성은 미크바에 몸을 담글 수 없고 예루살렘 성전 구내에 들어가는 것도 금지됐다. 파충류를 만지는 것도 몸을 더럽게 만드는 행위였다.* 시체와 접촉을 하거나 그림자가 시체에 닿기만 해도 즉각 부정한 것으로 여겨져 유월절 행사에 참여할 수 없었다. 사람을 죽인 자도 당연히 부정한 것으로 여겨졌다.

이처럼 순례자들은 예루살렘 입성에 앞서 정신적으로 유월절 맞을 준비를 하는 것이다. 그들은 미크바에 몸을 담가야 한다는 것을 생각하면서 육체적 욕망을 불러일으킬 수 있는 접촉을 일절 삼간다. 순례자들은 유월절을 맞아 예루살렘에 새끼양 굽는 냄새가 진동할 것을 예상하면서 가지고 있는 돈을 세어본다. 어떤 제물에 얼마가 들어가고 시내에 들어가면 내야 할 세금은 얼마쯤 되고 하는 계산에 머리가 아프다. 그러나 울퉁불퉁한 바위투성이 광야를 오래 걸은 탓에 발과 다리도 쑤시고 아프지만 예루살렘의 자석 같은 흡인력에 얼굴에는 기쁨이 넘친다. 그들은 이제 남겨두고 온 집이나 농장, 돌아가자마자 바로 수확해야 할 보리 같은 것은 다 잊고 거룩함과 정결함만을 생각했다.

이윽고 순례자들은 올리브 산이라는 높은 언덕으로 올라갔다. 영광에 싸여 숨이 멎을 것만 같은 예루살렘의 전경이 한눈에 들어온다. 성전

---

* 「레위기」 22장 4~7절.

은 백색과 금빛으로 빛나고, 성전산의 육중한 성벽들은 늘 그렇듯 보는 이를 압도한다. 웅장한 성전을 보면서 순례자들은 이제 유대적 삶의 중심에 들어왔음을 느낀다.

예루살렘 성전을 대대적으로 증개축해 지금과 같은 유월절 행사를 하게 된 것은 50년 정도밖에 되지 않았다. 그러나 50년 전 이 자리에 서 있었을 나이의 사람들에게도 이번 유월절은 역사상 가장 기억에 남을 사건이 될 것이다. 예루살렘에서 오늘 같은 날은 전에도 없었고, 앞으로도 없을 것이기 때문이다.

✝✝✝

"우리는 지금 예루살렘으로 올라가고 있다."

예수가 유월절을 치를 준비를 하면서 제자들에게 말했다.

"거기에서 사람의 아들은 대제사장들과 율법학자들의 손에 넘어가 사형선고를 받을 것이다. 그리고 이방인들의 손에 넘어가 조롱과 채찍질을 당하며 십자가에 달려 죽었다가 사흘 만에 다시 살아날 것이다."

이 말을 들은 제자들은 기분이 뒤숭숭했지만 내색하지 않았다. 예수 일행은 여러 날 걸어서 온 일반 순례자들과 달리 몇 달간 이곳저곳을 돌아다니고 있었다. 6개월 전 초막절이 끝난 뒤 예수와 제자들은 갈릴리로 돌아가지 않고 여기저기를 순회했다. 처음 머문 곳은 에브라임이라는 마을로 예루살렘에서 북쪽으로 불과 24킬로미터 거리였다. 일행은 여기서 다시 더 북쪽으로 올라가 사마리아와 갈릴리 접경 지역까지 갔다. 이어 유월절이 다가오자 방향을 반대로 틀어 요르단 강을 따라 남쪽으로 향했다. 그러다가 거룩한 도시로 향하는 긴 순례자 대열과 합류한 것이다.

예루살렘으로 가는 길에도 제자들은 서로 총애를 받으려고 신경전을 벌였다. 야고보와 요한이 예수에게 새 정부에서 핵심 참모가 되게 해달라고 청했다. "선생님께서 영광의 자리에 앉으실 때 우리 중 하나는 선생님 오른편에, 하나는 왼편에 앉게 해주십시오." 이 말을 듣고 다른 제자 열 명은 분개했다. 제자들은 하나의 팀을 이뤄 예수를 2년 넘게 따라다녔다. 생업과 아내와 보통 사람이 누리는 삶 같은 것도 모두 포기했다. 모든 제자가 새 메시아가 로마의 압제를 타도하고 누릴 영광을 나눠 갖기를 바랐다. 베드로는 예수가 군사력을 사용할 것으로 확신한 나머지 칼을 구입할 생각도 하고 있었다.

그러나 예수는 전쟁을 할 생각이 전혀 없었고, 새 정부를 구성할 계획도 없었다. 예수는 야고보와 요한을 꾸짖지는 않았으나 두 사람의 청을 조용히 물리쳤다. 이어 제자들을 모두 불러 모아놓고 높은 자리를 차지하려고 다투기보다 남을 섬기는 사람이 되라고 간곡히 당부했다. "사람의 아들도 섬김을 받으러 온 것이 아니라 섬기러 왔고, 또 많은 사람을 위하여 목숨을 바쳐 몸값을 치르러 온 것이다."

다시 한번 자신의 죽음을 예고하는 발언이었다. 그러나 제자들은 예수가 그리스도임을 드러낼 영광의 순간만을 생각하느라 곧 죽는다는 스승의 말은 귀에 들어오지 않았다. 로마를 타도하는 일 같은 것은 없을 것이고, 새 정부 같은 것도 없을 것이었다.

그러나 제자들이 스승의 말을 귀담아듣지 않은 것도 이해는 간다. 예수는 비유를 사용하는 경우가 많았고, 예수를 둘러싼 사람들의 분위기는 대단히 열광적이었다. 예수에게 열광한 나머지 죽는다는 얘기 같은 것은 안중에도 없었을 것이다. 수많은 순례자가 예수를 왕족처럼 대했고, 그의 한마디 한마디에 귀를 기울이며 열정과 경외심으로 그를 맞았다. 예리코에서는 맹인 둘이 예수를 향해 "주님, 다윗의 자손이시여"라고 외쳤다. 다윗의 자손이라는 말은 그리스도에게만 적용될 수 있는 표현이었다. 제자들은 예수가 그런 말을 하는 맹인들을 꾸짖지 않는 것을 보고 다시 힘이 났다.

베다니 마을에서 예루살렘까지는 걸어서 40분 거리였다. 예수 일행은 그날 밤 베다니에 있는 나사로와 그 여동생들(마르다와 마리아)의 집에서 묵었다. 해가 지고 안식일이 시작된 때에 돌아다니는 것은 위험했기 때문이다. 나사로의 집은 유월절 주간에 예수 일행의 베이스캠프 같은 곳이 된다. 예수와 제자들은 밤이면 그 집으로 돌아와 따뜻한 식사를 하고 휴식을 취했다.

안식일은 한 주의 가장 거룩한 날이다. 유대인들은 안식일을 샤바트 Shabbat라고 하는데, 로마인들은 '토성의 날(토요일)'이라고 했다.* 유대교에서 안식일은 신이 우주를 창조하고 난 다음 쉰 것을 기념하는 의무적 휴일이었다. 예수와 사도들은 이날을 조용히 보내면서 내일부터 시작되는 유월절 주간을 준비했다.

다음날 아침 예수는 제자 두 명에게 특별한 심부름을 시켰다. "맞은편 마을로 가보아라. 그러면 나귀 한 마리가 매여 있을 터인데 그 새끼도 곁에 있을 것이다. 그 나귀를 풀어 나에게 데려오너라. 혹시 누가 무어라고 하거든 '주님이 쓰시겠답니다'라고 하여라. 그러면 곧 내어줄 것이다."

---

* 일주일의 요일 명칭은 로마인의 천체관에서 유래했다. 일, 월, 화, 수, 목, 금, 토요일은 각각 해, 달, 화성, 수성, 목성, 금성, 토성에서 따온 것이다.

이어 예수와 나머지 제자 열 명은 길을 나섰다. 이날 저녁에도 나사로의 집으로 돌아올 것이기 때문에 몸은 가벼웠다. 식량을 담을 가방이나, 순례자들이 대부분 가지고 다니는 지팡이 따위가 필요 없었기 때문이다.

예수를 보고 수많은 순례자가 몰려들었다. 순례자들은 이제 여정이 거의 끝났다는 기대감에 들떠 있었다. 그 유명한 나사렛 사람 예수와 함께 있다는 생각에 기쁨을 금치 못하는 사람도 많았다.

벳바게(벳파게) 건너편에는 심부름 보낸 제자 둘이 예수를 기다리고 있었다. 하나는 사람을 태운 적 없는 나귀의 고삐를 잡고 있었다. 나귀의 등에는 아무것도 없었다. 다른 제자가 직사각형 겉옷을 벗어 나귀 등에 얹었다. 임시 안장이었다. 다른 제자들은 겉옷을 벗어 땅에 펴서 나귀가 밟고 갈 양탄자처럼 만들었다. 순종의 표시였다. 그러자 여러 순례자도 겉옷을 벗어서 땅바닥에 깔았다. 종려나무 가지나 올리브 나무, 편백 가지를 꺾어 흔들며 환호하는 사람들도 있었다.

이는 모두가 고대해온 징표였다. 스가랴의 예언이 이루어진 것이다.

"이스라엘의 왕에게 찬양을!"

한 제자가 소리쳤다.

그러자 사람들도 따라서 예수를 찬양하며 환호성을 올렸다.

"호산나!'우리가 당신께 구하오니 우리를 구원하소서'라는 뜻의 히브리어 지극히 높은 하늘에서도 호산나!"

예수가 나귀 등에 오르자 사람들은 절을 했다.

"오 주여, 우리를 구원하소서."

사람들은 그리스도가 마침내 자신들을 구원하러 온 것을 감사하며 간절히 기원했다.

"오 주여, 우리에게 승리를 주소서. 주님의 이름으로 오시는 이여, 찬

미받으소서."

「시편」118장에 나오는 이 감사의 구절은 유월절에 부르는 찬송가다. 소박한 농민들이 그렇게 오랫동안 학수고대해온 순간이었다. 절하는 사람들은 갈릴리를 출발한 수천 명 중에서도 자녀와 자녀의 자녀들에게 "예수 그리스도가 당당하게 예루살렘에 입성하는 장관을 목격했다"고 이야기해줄 수 있는 복받은 극소수였다.

그러나 모두가 절을 하지는 않았다. 바리새파 무리는 못마땅한 표정으로 예수가 들어오기만을 기다리고 있었다. 군중 속에 끼여 있던 그들은 나사렛 사람을 향해 소리침으로써 신성모독 혐의를 피할 수 있는 마지막 기회를 주었다.

"선생님, 제자들이 저러는데 왜 꾸짖지 않습니까!"

그러나 예수는 오히려 그들에게 이렇게 답했다.

"잘 들어라. 그들이 입을 다물면 돌들이 소리 지를 것이다."

예수가 왔다는 얘기를 들은 또다른 사람들은 예루살렘에서 뛰어나와 나사렛 사람이 가는 길에 종려 가지를 펼쳐놓았다. 이는 전통적으로 승리와 영광을 상징하는 행위였다.

나귀가 올리브 산 정상에서 멈춰 서자 예수는 그 아래 펼쳐진 풍경을 굽어봤다. 산허리에는 천막이 즐비했다. 가난한 갈릴리 사람들은 유월절 기간에 여기서 잠을 잤다. 규모가 작은 키드론 계곡 건너편에서 예루살렘이 예수를 부르고 있었다. 예루살렘 성전은 한낮의 햇빛 아래 찬란하게 빛나고 있었다. 키드론 계곡으로 구불구불 내려가는 길을 순례자 무리가 잔뜩 메웠다. 흙과 석회암이 뒤섞인 오솔길은 유난히 가팔랐다. 예수도 나귀를 타고 내려가면서 고꾸라지지 않도록 조심 또 조심했을 것이다.

오늘은 예수의 날이었다. 예수의 온 생애가 바로 이 순간을 향해 달려왔다. 그는 이제 나귀를 타고 나아가 '유대인의 왕'이라고 선언할 것이었다.

그런데 갑자기 예수가 눈물을 흘리기 시작했다. 좋은 친구인 나사로, 마리아, 마르다와 마지막 한 주를 같이 보내고 감회에 젖어서 그랬을지 모른다. 아니면 이 위대한 도시가 결국은 파괴될 것을 예견했기 때문일 수도 있다. 어쩌면 예루살렘을 바라보면서 이 화려한 행진도 곧 막을 내릴 것임을 예상했기 때문일지도 모른다. 성벽 안에는 지금 권세 높은 적들이 도사리고 있었다.

최근 3년 동안 예수는 찬양과 존경을 받았다. 그러나 의심하고 해코지하려는 자도 많았다. 예수와 그의 가르침을 깊이 믿는 제자들조차 종종 그의 진정한 본질과 그가 세상에 보내는 메시지를 이해하려 하기보다 그 안에서 더 높은 자리를 차지하려고 서로 다투었다.

예수는 자신이 세상의 그리스도를 훨씬 뛰어넘는 존재라는 것을 제자들에게 분명히 밝혀왔다.

제자들은 그게 무슨 말인지 알아듣지 못했다.

예수는 제자들에게 자신이 신적인 존재, 즉 하느님의 아들이라고 누차 말했다.

그러나 제자들은 그런 개념을 이해할 수 없었다.

예수는 자신이 그리스도이지만 그의 왕국은 이 세상의 왕국이 아니라는 점을 분명히 밝히곤 했다.

제자들은 그가 무슨 얘기를 하는지 이해하지 못했다.

예수는 세 번이나 제자들에게 이번 주에 죽을 것이라고 말했다.

그러나 추종자들은 그게 무슨 말인지 깊이 생각해보려고도 하지 않왔다.

무엇보다도 실망스러운 것은 제자들이 예수의 진정한 메시지를 제대로 이해하지 못한 것 같다는 두려움이었다. 제자들은 예수를 누구보다도 잘 아는 사람들이었다. 예수를 따라 수많은 전도 여행을 했고, 그의 가르침을 몇 시간씩 직접 듣기도 했고, 함께 조용히 앉아 경건한 마음으로 기도를 하기도 했다. 그러나 제자들은 스승이 자신을 진정 어떤 존재라고 주장하는지에 대해 여전히 이해하지 못했다.

†††

승리의 순간에 예수는 극심한 고뇌에 시달렸다. 오랫동안 그는 유월절에 할 말을 구상하고 그것이 오래전부터 따라다녔거나 최근에 합류한 추종자들에게 미칠 영향을 점검했다. 그는 왕이라고 주장하면 십자가형을 받게 될 것을 알고 있었다. 유월절에 도살당하는 수많은 새끼양들과 같은 신세로 전락하는 것은 시간 문제였다.

예수는 올리브 나무들 사이로 난 길을 굽어보았다. 멀리 겟세마네 동산과 움푹 파인 좁다란 키드론 계곡이 눈에 들어왔다. 계곡 건너편을 보니 아래로 내려가던 그 오솔길이 다시 저 위 예루살렘 성벽 쪽으로 이어져 있었다. 성문들도 뚜렷이 보였다. 문 앞에는 로마 병사들이 보초를 서고 있었다. 예수는 사람들이 성문에서 뛰어나와 자신을 향해 경배하면서 주변 종려나무에서 가지를 꺾어 열심히 흔드는 것을 보았다. 존경의 뜻을 나타내는 녹색의 펄럭임에 예수는 감명을 받았다. 많은 사람이 자신을 기름 부음을 받은 이로 믿고 있다는 증거였기 때문이다. 모세와 다윗이 다시 살아나 그들을 질곡에서 구원하러 온 것이나 마찬가지였다.

그러나 예수는 모세와 다윗이 위대한 업적으로 기억되고 있지만 한때 사회에서 내침을 당하기도 했다는 사실을 알고 있었다. 예수는 모세 같은 왕자도 다윗 같은 전사도 아니었다. 그는 지식인이었다. 그의 무기는 논리였다. 「신명기」에 이렇게 예언되어 있다. "너희 하느님께서는 너희를 위하여 나와 같은 예언자를 너희 이스라엘 사람들 가운데서 일으켜세워주실 것이다. 너희는 그의 말을 들어야 한다."

그러나 이런 예언은 위험한 것이었다. 예수가 스스로를 하느님의 아들이라고 주장한다면 셋 중 하나가 된다. 광신자든지 거짓말쟁이든지 성경의 예언을 성취하는 신적 존재든지…… 군중 중에서 예수가 미쳤다거나 사기꾼이라고 생각하는 사람은 거의 없었다. 그러나 예수를 '사람의 육신으로 온 하느님'이라고 믿으려면 엄청난 비약이 필요하지 않았을까?

†††

이제 갈 시간이 왔다. 사방에서 호산나의 환호성이 울려퍼지고 조금 떨어진 곳에서는 바리새파 사람들이 노려보고 있는 가운데 예수는 나귀를 타고 앞으로 나아갔다. 예수와 나귀는 조심조심 올리브 산을 내려간 다음 키드론 계곡을 건너고 추종자들이 늘어선 한가운데를 통과했다. 이어 예수는 언덕을 올라 위대한 영광의 도시 예루살렘으로 들어갔다.

기원후 30년
4월 3일 월요일 오전
예루살렘

　새벽이다. 예수와 제자들은 벌써 움직이기 시작했다. 베다니에서 다
시 예루살렘으로 향했다. 어제 예루살렘에 입성할 당시 울리던 환호성
이 아직도 나사렛 사람의 귀에 쟁쟁했다. 예수가 성문 앞에 도착해 나귀
에서 내리자 사람들은 "갈릴리 나사렛에서 오신 예언자 예수"라며 존경
과 애정을 표했다. 예수의 예루살렘 입성은 일종의 대관식 같은 것이었
다. 그러나 당국자들에게는 대단히 우려할 만한 사건이었다. 예루살렘
에서는 기원전 4년과 기원후 6년에 반란이 일어난 후로 지금까지 그런
소란이 없었다. 물론 반란을 일으킨 사람들은 목숨으로 대가를 치렀다.

예수는 이를 잘 알고 있었다. 로마 총독과 유대교 제사장들이 반란자와 체제 전복 세력에 대해 감시의 눈길을 늦추지 않고 있다는 것도, 빌라도와 가야바가 나사렛 사람이 나귀를 타고 시내로 들어오는 과정에서 군중이 소란을 피웠다는 보고 정도는 이미 받았을 터라는 것도 잘 알고 있었다. 그러나 예수는 말없이 나귀에서 내린 다음 곧장 거대한 계단을 올라 예루살렘 성전으로 들어갔다. 이번에는 가르치러 온 것이 아니라 갈릴리에서 올라온 사람들과 똑같이 순례자로서 온 것이었다. 그는 성전의 모습과 소리와 냄새를 보고 듣고 느꼈다.

로마 병사들이 이방인의 뜰 곳곳을 지키고 있었다. 성전 경비대도 예수와 그를 둘러싼 군중을 감시하고 있었다. 그러나 나사렛 사람을 체포하려는 기미는 없었다. 대중의 사랑을 받는 인물을 선불리 체포했다가는 폭동이 일어날 수도 있었다. 수십만 명이 예루살렘으로 쏟아져들어오는 상황에서는 사소한 충돌도 걷잡을 수 없는 사태로 번질 수 있다. 병사와 경비대원 들은 무장을 한 상태였다. 그러나 수적으로 본다면 순례자 수와는 비교가 안 될 만큼 적었다. 예수를 체포하려는 순간 바로 순례자 농민들이 달려들 수도 있었다. 예수처럼 평화적인 인물을 체포하는 불의에 대한 분노가 과다한 세금으로 들끓던 분노와 뒤섞일 것이다.

예수가 성전 뜰을 떠난 때는 늦은 오후였다. 밤이 되기 전에 베다니로 돌아가기 위해서였다. 예수와 제자들은 온 길을 되짚어 예루살렘을 빠져나갔다. 산에는 여전히 천막이 즐비했고, 전날 흙길에 깔던 종려나무가지와 올리브 나뭇가지들이 그대로 남아 있었다. 어제 군중들은 그를 왕으로 받아들인다는 뜻을 분명히했고, 그의 도착을 대관식의 전주곡처럼 여겼지만, 예수는 가야바나 빌라도가 반란을 획책하고 있다고 여길 만한 말이나 행동은 전혀 하지 않았다.

그러나 오늘, 월요일에는 전혀 달랐다.

†††

예수는 길가에 무화과나무 한 그루가 서 있는 것을 보았다. 예수와 제자들은 막 베다니를 벗어났는데, 예수는 아침에 식사를 거의 하지 않은 상태였다. 예수는 혼자 나무 쪽으로 다가가 열매를 따려고 했다. 물론 무화과가 아직 철이 아니라는 것은 잘 알고 있었다. 그는 열매가 달려 늘어진 가지를 찾았지만 잎사귀밖에 보이지 않았다. 그는 나무를 향해 화를 내면서 말했다. "이제부터 너는 영원히 열매를 맺지 못할 것이다."

이런 돌출 행동은 그답지 않은 일이었다. 제자들은 의아해했다.

그러나 예수는 다시 걸음을 옮겼다. 일행은 어제에 이어 다시금 예루살렘으로 가 곧바로 성전으로 들어갔다. 예수가 환전상들의 탁자를 뒤엎은 것은 3년 전 일이었다. 그런데 이번에도 그럴 생각이었다. 다만 이번에는 채찍은 들지 않았다. 예수도 그때와 달리 이제 무명인사가 아니었다. 3년 전 사건은 대단한 일은 아니어서 예수는 곧바로 성전에서 가르칠 수 있었다.

그러나 이번에는 상황이 달랐다. 자칫 큰일로 번질 수도 있었다. 나사렛 예수는 이제 유명해진 것이다. 사람들은 그가 가는 곳마다 따라다녔다. 그의 일거수일투족이 감시 대상이었다. 바리새파 사람들은 예수가 치명적인 실수를 함으로써 그에 대해 부정적인 여론을 조성할 수 있는 기회가 오기만을 기다렸다. 말썽을 피하면서 여느 유월절처럼 조용히 넘어가는 것이 현명했다. 쓸데없이 화를 낸다든가 해서 사람들의 이목을 끄는 것은 그야말로 어리석은 짓이었다.

그러나 예수는 그런 데 개의치 않고 느닷없이 탁자를 뒤엎었다. 동전들이 사방으로 튀었다. 이어 그 옆의 탁자도, 다시 그 옆의 탁자도 뒤엎었다. 오늘은 양과 소를 파는 행상들은 안 보였다. 그래서 이번에는 새장을 열어 희생 제물로 쓰는 비둘기들을 놓아주고 비둘기 장수들의 의자를 둘러엎는 것으로 의도를 표시했다. 이어 탁자 앞에 줄을 서서 물건을 사고파는 사람들을 모두 쫓아냈다. 그는 분노를 표출했지만 통제력을 잃은 상태는 아니었다. 그의 행동은 치밀한 계산을 토대로 한 것이었다. 행동 하나하나가 군인도 경비대원도 두려워하지 않는다는 것을 과시했다.

한바탕 소동이 끝나고 예수는 그 한가운데에 서 있었다. 동전들이 사방에 널렸고, 비둘기들은 공중을 한 바퀴 돌고 내려앉았다. 그때 어디서 한 구경꾼이 "호산나" 하고 외치는 소리가 들렸다.

예수가 주위에 몰려든 군중을 향해 큰 소리로 말했다. 구경꾼들 중에는 화가 난 환전상과 비둘기 장수 들도 있었다. 아이들을 데리고 온 부모들도 있었다. 오래전 마리아와 요셉이 어린 예수를 데리고 온 것처럼. 군중의 상당수는 나사렛 예수 추종자였다.

"성서에 '내 집은 기도하는 집이라 불리리라'고 쓰여 있다."

나사렛 사람의 생애에 대해 많은 예언을 한 이사야를 인용해 예수가 말했다.

"그런데 너희는 이 집을 '강도의 소굴'로 만들었구나."

'강도'라는 말은 성전 파괴를 예언함으로써 죽을 위기에 몰렸던 예언자 예레미야의 말에서 따온 것이다.

성전 경비대는 초긴장 상태였다. 그들은 이제 예수를 체포할 명분이 충분하다는 것을 알고 있었다. 예수는 자연스러운 거래를 방해하고 성전을 자기 집이라고 불렀다. 자기가 무슨 하느님이라도 되는 양.

그러나 군중의 분위기는 그게 아니었다. 예수 체포는 현명한 일이 아니었다. 사람들은 예수를 두려워하지 않았다. 오히려 그의 언행을 보면서 힘을 얻었다. 그가 지금 저지른 행동은 사람들이 돈을 바꾸기 위해 환전상 앞에 길게 줄을 서거나 부패한 관리들에게 수입의 상당 부분을 빼앗길 때마다 하고 싶었던 행동이었다.

어린아이들조차 예수를 보고 환호했다.

"다윗의 자손에게 호산나!"

한 꼬마가 외쳤다.

그러자 무슨 짜고 하는 놀이처럼 또다른 아이가 똑같은 말을 외쳤다. 이어 군중 속에서 소경과 절름발이 들이 앞으로 나와 고쳐달라고 간청했다. 성전 구내에서 이런 일이 벌어진 것이다. 바리새파는 늘 그랬듯이 이 광경을 지켜보고 있었다.

"이 아이들이 하는 말이 들립니까?"

제사장과 율법학자 들이 화가 치밀어 예수에게 소리쳤다. 제사장들은 군중 틈에 끼어 심각하게 우려하는 표정으로 예수의 언행을 관찰하고 있었다. 그들은 예수의 일거수일투족을 가야바에게, 그리고 아마 안나스에게도 보고할 것이다. 안나스는 전임 대제사장으로 가야바의 장인이기도 했다. 안나스는 노쇠했지만 가야바처럼 노회했고, 여전히 상당한 영향력을 행사하고 있었다.

더 많은 호산나 소리가 성전 뜰에 울려퍼졌다. 아이들이 계속 호산나를 외친 것이다.

"이 아이들이 하는 말이 들립니까?"

제사장들이 다시 따져 물었다.

"주께서는 어린아이들과 젖먹이들의 입으로 주를 찬양하게 하셨다."

예수는 「시편」에 나오는 다윗의 말을 인용해 대답했다.

종교 지도자들은 「시편」의 그 구절을 익히 알고 있었다. 그것은 어린 아이들의 찬미를 받고서 떨쳐 일어나 자신에게 대항하는 어둠의 세력을 호되게 쳐달라고 신에게 호소하는 내용이었다.

바리새파의 해석이 옳다면 예수는 지금 사실상 그들을 악의 세력과 동일시하고 있는 셈이다.

그러나 그들은 예수를 체포하라는 신호를 보내지 않았다. 제자들이 뒤따르는 가운데 예수가 성전을 나섰지만 저지하려 하지 않았다.

해가 지고 있었다. 멀리 올리브 산에서는 벌써 저녁 짓는 장작불 불빛이 가물거렸다. 예수와 제자들은 다시 한참을 걸어서 베다니로 돌아왔다. 지금 이 순간, 그는 자유인이었다.

당분간은 그랬다.

†††

예수가 예루살렘에서 베다니로 돌아와 곤히 자고 있을 지금 이 순간으로부터 600년 전, 예레미야는 성전이 파괴될 것이라고 예언을 하고 마른 우물에 처박히는 처벌을 받았다. 허리까지 진흙탕에 빠져 죽을 날만 기다리는 신세가 되었다.

'지금'부터 32년 후 예수 벤 아나니아스Jesus ben Ananias '아나니아스의 아들 예수'라는 이름의 농민도 예루살렘 성전 파괴를 예언했다. 그는 일단 정신병자라는 판결을 받지만 로마 총독의 명령으로 목숨은 부지한다. 다만 뼈가 드러날 정도로 채찍질 형벌을 받은 뒤였다.*

그러나 예수는 달랐다. 예수는 예수 벤 아나니아스처럼 혼자 떠드는 자가 아니라 혁명가였다. 제자가 많았고, 추종자들도 점점 늘어나는 추세였다. 예루살렘 성전에서 분노를 폭발시킨 행동은 종교 지도자들에 대한 일종의 공격이었다. 그것은 성전이 언젠가 파괴되고 말 것이라는 소극적 예언이 아니었다. 이제 예수는 본격적으로 성전 당국에 대해 적대감을 표출하고 있는 것이었다.

가야바는 정치적 봉기가 성전 뜰에서 일어날 경우 어떤 결과가 되는지 보아왔고, 헤롯 사망 이후 성전 주랑이 불탄 것을 기억하고 있었다. 그는 예수를 거짓 예언자라고 봤다. 오늘의 법석도 예수가 얼마나 위험한 인물이 되었는지를 보여주는 것이다.

위협 요소는 싹부터 잘라야 한다. 성전 대제사장이자 유대 사회 최고의 권력자로서 가야바는 율법에 따라 예수에 대해 극단적인 조치를 즉각 취해야 했다. "예언자라는 사람이나 꿈으로 점친다는 자가 너희 가운데 나타나 표징과 기적을 해 보이겠다고 장담한다면, 그런 예언자나 꿈으로 점치는 사람은 죽여야 한다. 너희 하느님에게 등을 돌리도록 유혹하는 자들이기 때문이다." 「신명기」의 한 구절이다.

가야바는 예수가 군중을 방패막이로 삼아 노련하게 게임을 하고 있다는 것을 알고 있었다. 이 게임의 승자는 가야바여야 했다. 그러나 부정을 타지 않으려면 금요일 저녁 해가 지고 유월절이 시작되기 전에 조치를 취해야 했다.

---

* 예수 벤 아나니아스는 고초를 겪은 뒤에도 예루살렘 성전이 파괴될 것이라는 얘기를 7년이나 더 공공연히 떠들고 다녔다. 그러자 한 로마 병사가 투척기로 그의 머리에 바위를 발사해 영원히 침묵시켰다. 4개월 후 로마군은 유대인들이 반란을 일으킨 데 대한 보복으로 예루살렘 성전을 파괴해버렸다.

지금이 가야바에게는 올해의 가장 중요한 주간이었다. 대제사장으로서 유월절 행사가 순조롭게 진행되도록 신경 써야 할 일이 한두 가지가 아니었다. 로마가 본디오 빌라도의 눈을 통해 그를 예의 주시하고 있었다. 이 최내의 축세 기간에 가야바 쪽에 일말의 잘못이라도 있다면 대제사장직에서 쫓겨날 것이다.

　그러나 예수를 침묵시키는 일이 급선무였다.

　시간이 얼마 없었다. 유월절은 나흘 후였다.

14장

기원후 30년
4월 4일 화요일 오전
예루살렘

　새벽이다. 평온하고 널찍한 나사로네 집에서 예수와 제자들은 편히
쉬었다. 예루살렘 성전에서 낮을 보내고 3킬로미터 넘게 걸어서 다시
베다니로 돌아온 일행은 매우 피곤했다. 손님을 잘 대접하는 것은 유대
사회에서 오래전부터 내려오던 중요한 관행이었다. 멀리 거슬러올라가
보면 유대 민족의 조상인 아브라함도 모든 손님을 마치 사람의 모습으
로 온 천사처럼 대접했다. 송아지 고기며 버터, 빵, 우유로 풍성한 식사
를 제공했다. 그런 만큼 문짝이 두꺼워서 밤에 외부인이 함부로 들어올
수 없고 안뜰도 넓은 나사로의 집은 예수와 제자들에게는 피난처일 뿐

아니라 유대교 신앙의 뿌리를 몸으로 느낄 수 있게 해주는 장소였다.

나사로의 여동생 마르다와 마리아*는 스타일은 완전히 달랐지만 예수를 끔찍이 사모했다. 마르다가 언니였는데 모든 것을 꼼꼼히 챙기면서 예수를 극진히 모셨다. 한편 마리아는 예수에게 완전히 매료됐다. 그녀는 예수의 발치에 앉아 향유를 부음으로써 존경심을 표했다.

마르다와 마리아는 각자 자기 스타일대로 예수를 보살폈다. 두 자매는 매일 저녁 예수와 사도들이 돌아오면 부정이나 오물을 모두 정화하도록 신발을 벗고 발을 씻을 수 있게 해주었다. 지하실 계단식 욕조에 예수가 겉옷과, 무릎까지 내려오는 소매 없는 튜닉**을 벗어놓으면 마르다와 마리아가 빨아주었다. 예수는 거기서 목욕을 하고 새 옷으로 갈아입기도 했을 것이다. 다른 일행과 함께 저녁 식사 자리에 앉기 전에 손을 씻기도 했을 것이다.

이번 주에 마르다와 마리아는 하루에 두 끼씩 손님을 접대하고 있었다. 저녁은 주로 신선한 빵과 올리브 기름, 수프였고, 이따금 쇠고기나, 집에서 만든 포도주에 재운 자반이 곁들여졌다. 아침은 빵과 과일 정도

---

* 예수의 어머니 마리아나 막달라 사람 마리아와는 다른 인물이다. 마리아나 마르다라는 이름은 당시 매우 흔했다. 예수라는 이름도 마찬가지였다.

** 마르다와 마리아는 예수의 튜닉을 세탁할 때 특히 조심했다. 대단히 특이하고 값비싼 의상이었기 때문이다. 튜닉은 당시 남녀노소가 모두 입는 웃옷인데, 속살에 바로 닿는 속옷을 겸한 옷이다. 바리새파와 부자 들은 발목까지 오는 튜닉을 입었다. 반면에 가난한 사람들은 무릎까지 내려오는 튜닉밖에 살 돈이 없었다. 소재가 리넨이든 양모든, 튜닉은 대부분 직사각형 천을 꿰매 붙이는 방식으로 만들었다. 그래서 세 곳에 솔기가 생겨 피부가 쓸리거나 갑갑한 느낌이 들었다. 그런데 예수가 입은 튜닉은 원통형 피륙을 만들 수 있는 수직형 베틀로 짠 것이기 때문에 솔기가 없는 통짜였다. 중세 시대 전설에 따르면 예수의 튜닉은 어머니 마리아가 준 것이라고 한다. 예수의 전도 활동에 비용을 댄 여러 후원자 가운데 한 사람이 선물한 것이라는 얘기도 있다. 어느 쪽이든 간에, 당시 유대 사회에서는 특이한 의상이었고, 노상강도들이라면 충분히 탐을 냈을 만한 물건이었을 것이다.

였는데 멜론과 석류가 제철이 아니어서 말린 과일이 대부분이었다. 예수도 어제 아침에 길을 가다가 주변 과수원을 보고 무화과와 대추야자가 다 익으려면 아직 몇 달 더 있어야 한다는 것을 알았다.

나사로가 돈을 얼마나 버는 사람인지에 관해서는 기록이 없다. 그러나 그가 사는 베다니가 예루살렘의 곡창이었으니만큼 토지를 소유한 자작농이었을 가능성이 높다. 나사로는 자선으로 유명했고, 찾아오는 손님들을 넉넉하게 대접할 만한 능력이 있었다. 과객을 불러들여 하룻밤 묵을 곳을 제공하는 것은 당시 관습이었다. 그런데 이런 관습은 유월절 때는 문제가 된다. 순례를 온 일가족 전체가 한 주 내내 숙박을 해야 하기 때문이다. 이런 시기에는 사람 보는 눈이 있어야 했다. 손님 접대도 좋지만 본의 아니게 도둑이나 건달을 집에 들여서는 안 되기 때문이다.

나사로는 예수와 함께 있는 것을 진심으로 좋아했겠지만 나사렛 사람이 그의 집에 체류한다는 데는 그 이상의 의미가 있었다. 예수는 나사로가 신뢰하고 존경하며 목숨까지 빚졌다고 하는 인물이었다.[*] 예수가 열두 명의 장정과 전도 여행을 하려면 먹을 것과 잘 곳이 필요했다. 이런 것을 제공하는 것은 예수의 후원자들에게는 작은 희생이었다. 게다가 마르다는 예수 일행에게 필요한 것을 꼼꼼히 챙겼다.

---

[*] 예수가 죽은 나사로를 살려냈다는, 전설과도 같은 이야기는 여러 사람의 입에 오르내렸다. 이 사건은 성전 제사장 세력이 예수 살해 음모를 꾸미는 주요 계기가 되었다.

†††

 동이 텄다. 유월절이 다가오는 가운데 베다니 주민들은 벌써부터 바쁘 움직이고 있었다. 어떤 이들은 인근 들에 나가 일할 준비를 했고, 또 어떤 이들은 예루살렘으로 들어갈 채비를 했다. 베다니도 다른 곳과 마찬가지로 세면과 볼일 보는 것으로 아침을 시작했다. 당시에는 집 안에 화장실이 따로 없었다. 남자나 여자나 밖에 나가서 볼일을 봐야 했다. 대개 땅에 파놓은 구멍에 용변을 본 다음, 옆에 쌓아둔 흙을 한 삽 떠서 덮는 식이었다. 이는 짧고 부드러운 나뭇가지를 꺾어서 씹은 다음 그것으로 문질러 닦았다. 예수와 제자들은 나사로네 집 안에서 손을 씻고 빵을 먹은 다음 성전으로 향했다.

 예수 일행은 곧 예루살렘으로 가는 순례자 대열에 합류했다. 오늘은 예수가 성전 뜰에서 가르치는 마지막 날이 될 것이었다. 그래서 어려운 신학적 문제를 아무리 일자무식이라도 쉽게 알아들을 수 있도록 설명해주는 비유를 많이 준비했다.

 "선생님, 이것 보십시오."

 한 제자가 어제 예수가 마주친 무화과나무 옆을 지나다가 소리쳤다. 뿌리가 다 말라버린 것이었다.

 "무화과나무가 어떻게 이렇게 빨리 말라버렸습니까?"

 제자들이 물었다.

 "나는 분명히 말한다. 너희가 의심하지 않고 믿는다면 내가 무화과나무에게 한 일을 너희도 할 수 있을 뿐 아니라 이 산더러 '번쩍 들려서 바다에 빠져라' 하여도 그대로 될 것이다. 너희가 기도할 때 믿고 구하는 것은 무엇이든지 다 받을 것이다."

예수의 대답이었다.

이후 오래도록 제자들은 그 평범한 나무에 일어난 일에 대해 감탄을 금치 못한다. 제자들은 수십 년 후 그 일을 기록으로 남기는 한편 예수가 한 답변도 그대로 옮겨놓았다. 예수는 제자들 앞에서 많은 기적을 행했지만 이 사건이 유독 놀라웠던 것 같다.

그러나 무화과나무는 시작에 불과했다. 제자들은 오늘 일어나는 사건들을 죽을 때까지 평생 잊지 못하게 된다. 제자들은 『신약성경』에서 예수의 말을 누차 인용한다. 인상적인 한두 문장만이 아니라 여러 문단, 그리고 발언 전체를 여러 페이지에 걸쳐서 소개한다. 이제부터 열두 시간은 참으로 힘겨운 시간이 된다. 그래서 예수는 다음날 하루를 완전히 쉬었을 정도다. 그러나 지금까지와는 비교할 수 없는 도전과 승리의 시간이기도 했다.

아침 풍경은 참으로 아름다웠다. 햇살이 환히 빛났다. 선선한 4월의 아침 공기는 향긋했다. 들판과 길을 따라 펼쳐진 과수원에서 새싹이 자라는 상큼한 냄새가 코를 찔렀다.

도처에 새 생명이 넘실거렸다. 그러나 죽음은 시시각각 다가오고 있었다.

†††

예루살렘이 점점 가까워졌다. 이제 어떤 드라마가 펼쳐질지 예수는 잘 알고 있었다. 어제 벌써 그는 감지했다. 종교 지도자들이 군중 사이를 슬며시 오가면서 예수가 추종자들과 나누는 대화며 행동을 낱낱이 감시하고 있었다.

유월절 주간에 제사장과 바리새파 사람 들은 평상시보다 훨씬 화려한 예복을 착용했다. 제일 다채롭고 값비싼 의상을 일부러 골라 입은 것은 자신들을 칙칙한 복장의 일반 순례자들과 구분짓기 위해서였다. 종교적 예복은 잠깐 방문한 순례자들이 아니라 제사장들이 성전의 중심이라는 사실을 각인하기 위한 것이었다.

그러나 예수의 복장은 여전히 여느 갈릴리 사람과 다를 바 없었다. 솔기 없는 튜닉에 소박한 긴 옷을 걸친 정도였다. 샌들을 신은 덕에 뾰족한 자갈 같은 것에 발이 찔리지는 않았지만 흙먼지는 어쩔 수 없었다. 베다니에서 예루살렘까지 흙먼지를 날리며 걸어온 탓에 바리새파 사람들에 비하면 전혀 씻지 않은 몰골이었다. 바리새파 사람들은 성전 인근 자택에 목욕 시설을 갖추고 있는 경우가 많았다. 예수의 말씨도 국제도시라고 할 예루살렘 사람들이 들으면 굉장히 촌스러웠을 말씨였다. 그러나 그는 고향 말씨를 감추려 하지 않았다. 그게 오히려 어떤 점에서는 유리했다. 종교 지도자들이 그 말투를 듣고, 나사렛 사람 예수도 갈릴리에서 올라온 순례자 중 하나에 불과하다고 대수롭지 않게 여겼을 테니 말이다.

예수와 제자들은 성문을 통과했다. 이들의 일거수일투족은 이제 종교 당국의 집중 감시 대상이었다. 따라서 예수 일행이 도착했다는 사실은 즉각 보고됐다. 예루살렘은 하루하루 더 시끄럽고 소란스러워졌다. 순례자들이 전 세계에서 계속 몰려들었기 때문이다. 사방에서 그리스어, 아람어, 라틴어, 이집트어, 히브리어로 떠드는 소리가 요란했다. 새끼양들의 매애매애 우는 소리는 기본이었다. 새끼양 수만 마리가 양치기들의 채찍을 맞아가며 시내로 들어왔다. 녀석들은 오는 금요일에 목이 베여 죽을 것이다. 그 끔찍한 일을 맡은 것은 고위 제사장들이었다. 뜨거운 햇빛 아래 몇 시간씩 서서 희생의식을 집전하는 동안 새끼양들의 피가 그들의 하얀 예복을 시뻘겋게 적실 것이었다.

예수는 성전 뜰로 들어섰다. 오늘은 환전상이나 비둘기 파는 상인 들은 신경 쓰지 않았다. 이어 차일을 쳐서 그늘이 진 솔로몬 행각의 한 지점을 골라 가르치기 시작했다. 종교 지도자들이 득달같이 달려와 예수를 저지했다.

"당신은 무슨 권한으로 이런 일들을 하시오?"

한 제사장이 따져 물었다. 어제 예수가 성전 뜰에서 병자들을 고쳐줬다는 얘기를 두고 하는 말이었다. 지금 예수 앞에 서서 따지는 자들은 평범한 바리새파 사람이나 율법학자가 아니라 종교 지도자들 중에서도 최고위층 인물이었다. 이들이 나타났다는 것은 다른 때 같으면 예수의 말에 감명을 받았을 순례자들에게 겁을 주자는 의도였다. 지적 역량을 발휘해 나사렛 사람을 바보로 만들자는 작전이기도 했다.

"누가 이런 권한을 주었소?"

또다른 제사장이 물었다.

"나도 한 가지 물어보겠소."

예수가 차분히 답했다.

"당신들이 대답을 하면 나도 무슨 권한으로 이런 일들을 하는지 말하겠소."

이미 예수는 심사숙고를 통해 그들이 무슨 답변을 할지 예상하고 있었다.

종교 지도자들은 작년에 갈릴리로 가서 예수의 동태를 살핀 바리새파 사람들과 많은 이야기를 나눈 바 있었다. 바리새파 사람들은 예수가 대단히 똑똑하다는 사실을 잘 알고 있었지만, 종교 지도자들은 그를 못배운 시골 무지렁이쯤으로 여겨 신학적인 덫으로 얽어맬 수 있다고 생각했다. 제사장들은 '어디 뭐라고 하나 보자'는 태도로 예수의 질문을 기다렸다.

"요한은 누구에게서 권한을 받아 세례를 베풀었는가? 하늘이 준 것인가? 사람이 준 것인가?"

예수가 물었다.

종교 지도자들은 즉답을 못했다. 군중은 조마조마한 심정으로 바라보고 있었다. 한편에는 예수가 서 있고, 다른 편에는 거룩하다고 자처하는 사람들이 서 있었다. 결국 제사장들은 예수의 질문에 어떻게 답해야할지 자기들끼리 갑론을박했다.

"그 권한을 하늘이 주었다고 하면 왜 그를 믿지 않았느냐고 할 것이다."

예수는 잠자코 있었다. 종교 지도자들은 자기들끼리 계속해서 갑론을박했다.

"그러나 사람이 주었다고 하면, 다들 요한을 예언자로 여기고 있는 마당이니 군중이 가만있지 않을 테지?"

예수는 계속 잠자코 있었다. 그들은 아직 예수에게 답을 하지 않았지만 군중은 이미 알고 있었다. 제사장과 장로 들은 갈릴리에서 예수를 함정에 빠뜨리려다가 실패한 바리새파 사람들과 전혀 다를 바 없다는 사실이 점점 분명해졌다. 종교 지도자들은 또다시 수세에 몰렸다. 예수를 잡으려고 친 덫은 결국 실패였다.

"모르겠소."

결국 한 제사장이 이렇게 토로했다.

"나도 무슨 권한으로 이런 일들을 하는지 말하지 않겠소."

예수는 군중이 지켜보는 앞에서 이렇게 답했다.

"세리와 창녀 들이 너희보다 먼저 하느님 나라에 들어가고 있다. 사실 요한이 너희를 찾아와 올바른 길을 가르쳐줄 때 너희는 그의 말을 믿지 않았지만 세리와 창녀 들은 믿었다. 그것을 보고도 너희는 끝내 뉘우치지 않고 그의 말을 믿지 않았다."

군중은 경외심에 사로잡혔다. 제사장들도 너무나 놀라워 아무 말도 하지 못했다.

†††

예수가 논쟁을 압도했다는 소식이 성전 뜰 곳곳으로 퍼졌다. 순례자들은 예수를 더욱 사랑하고 존경하게 됐다. 그를 참 예언자라고 하면서, 불과 이틀 전 예루살렘에 당당하게 입성할 당시에 한 약속을 반드시 지킬 것으로 기대했다.

해는 점점 높이 솟았다. 군중이 예수의 말에 매료되고 있는 순간에도 성전 뜰은 평소와 다를 바 없었다. 제사장과 장로 들은 앞서 그렇게 수모를 당하고 나서도 여전히 예수에 대한 감시를 게을리하지 않았다.

나사렛 사람 예수는 부자 지주와 말썽 많은 소작인들에 관한 비유를 얘기했다. 결론은 하느님의 사명을 맡아가지고 있는 소작인에 해당하는 지금의 종교 지도자들이 권위를 상실하고 더 진정한 믿음을 가진 이들이 그 자리를 차지할 것이라는 얘기였다.

이어 나사렛 사람은 두번째 비유를 설파하였다. 하느님이 신랑의 아버지가 되어 하객들에게 풍성한 잔치를 베푼다는 내용이었다. 여기서 다시 종교 지도자들은 비난의 대상이 된다. 예복을 갖추지 않고 나타나는 바람에 손발이 묶여 식장에서 쫓겨난다는 얘기였다. 예수는 하늘나라에 대해 이렇게 말했다. "부르심을 받은 사람은 많지만 뽑히는 사람은 적다."

종교 당국자들에게는 참으로 뼈아픈 얘기였다. 그들은 선택된 존재라는 자부심을 먹고 사는 존재였다. 그런데 예수가 그런 사실을 공개적으로 부인함으로써 자존심에 크나큰 타격을 입었다. 결국 그들은 성전 뜰을 떠나 작전을 바꿨다. 제자들을 보내 신학 논쟁을 재개하게 한 것이다. 제자들은 그래도 머리가 잘 돌아가는 편이었다. 예수를 대놓고 공격하기보다는 일단 듣기 좋은 말로 구워삶으려고 했다.

"선생님, 우리는 선생님이 진실하신 분으로서 사람을 겉모양으로 판단하지 않기 때문에 누구든 꺼리지 않고 하느님의 진리를 참되게 가르치시는 줄로 압니다."

그러나 아첨은 여기서 끝난다. 바리새파 제자들은 신학적 실언을 유도하는 방식으로 예수를 낚을 수는 없다는 것을 잘 알았기 때문에 이제 로마라는 올가미를 쳤다.

"그래서 선생님의 의견을 듣고자 합니다. 카이사르에게 세금을 바치는 것이 옳습니까? 옳지 않습니까?"

"이 위선자들아, 어찌하여 나의 속을 떠보느냐?"

예수는 분개했지만 내색하지 않고 말했다. 그는 세금으로 바치는 동전 데나리온을 가져와보라고 한 뒤 동전을 들어 보이며 물었다.

"이 초상과 글자는 누구의 것이냐?"

"카이사르의 것입니다."

그들이 대답했다.

"그러면 카이사르의 것은 카이사르에게 돌려라."

예수가 그들에게 말했다.

"그리고 하느님의 것은 하느님께 돌려라."

군중은 다시금 경탄했다. 두려움을 불러일으키는 카이사르라는 이름을 나사렛 사람은 대놓고 거명함으로써 로마를 별볼일 없는 존재로 격하한 것이다. 예수의 탁월한 언변은 이후에도 계속 주목의 대상이 된다.

†††

바리새파와 종교 지도자의 제자들도 사명을 완수하지 못하고 물러났다. 이어 사두개파가 등장했다. 이들은 다소 개방적이면서도 부유한 세력으로 가야바도 그 일원이었다. 이들도 다시금 수수께끼 같은 종교적 질문을 던지는 방식으로 예수의 약점을 파고들려고 했지만 역시 실패했다.

다시 바리새파 사람들이 나섰다. 율법의 전문가라는 바리새파 대표자가 물었다.

"선생님, 율법서에서 어느 계명이 가장 큰 계명입니까?"

바리새파의 가르침에 따르면 율법 조항은 무려 613개나 되었다. 조항마다 크고 작은 차이는 있지만 모두가 반드시 지켜야 할 조항인 것은 분명했다. 그런데 가장 큰 계명 하나를 골라달라는 얘기는 결국 예수를 코너로 몰자는 뜻이었다.

그러나 예수는 기존 율법 가운데 하나만을 선택하지 않았다. 그 대신 새로운 해석을 내놓았다.

"네 마음을 다하고 목숨을 다하고 뜻을 다하여 주님이신 너희 하느님을 사랑하여라. 이것이 가장 크고 첫째가는 계명이다."*

바리새파 사람들은 말없이 서 있었다. 예수가 두번째 계명을 추가했다.

"네 이웃을 네 몸과 같이 사랑하라. 이 두 계명이 모든 율법과 예언서의 골자이다."

이제 예수는 성전에서 가장 똑똑하다는 자들을 물리친 셈이다. 그러나 예수는 그 정도의 승리로 만족하고 발길을 돌리지 않았다. 나사렛 사람은 순례자들이 보는 앞에서 제사장들을 심하게 꾸짖었다.

"저들이 하는 일은 모두 남에게 보이기 위한 것이다."

예수는 군중에게 말했다.

"그래서 성구함을 크게 만들어 매달고 다니며 옷단에는 기다란 술을 달고 다닌다. 잔치에 가면 맨 윗자리에 앉으려 하고 회당에서는 제일 높은 자리를 찾는다. 시장에서 인사받기를 좋아하고 사람들이 '선생님'이라고 불러주기를 바란다."

예수는 바리새파를 여섯 차례나 '위선자들'이라고 부르며 비난했다. '독사의 자식들'이라고도 했다.** 또 그들을 향해 더럽다고 했다. 예수는 바리새파가 특정 약초와 향신료에 대해서도 십일조를 바쳐야 한다는 등의 사소한 율법 규정에 매달려 하느님이 내린 율법의 참된 핵심은 완

---

* 「신명기」 6장 5절에서 인용했다. 바로 전 구절인 6장 4절이 유대교의 기본 기도문 셰마이다.
** 당시 사람들은 독사가 어미 몸 속에서 부화해 어미의 가죽을 뚫고 나온다고 믿었다. 그 과정에서 어미를 죽인다는 것이다. 바리새파를 '독사의 자식들'이라고 부른 것은 '부모를 죽인 자들'이라고 한 것이나 다를 바 없다. 부모 살해는 어떤 문화권에서도 극악한 범죄에 해당한다. 특히 가족을 중시하는 유대교 같은 신앙체계에서는 더 말할 나위도 없다.

전히 놓쳐버렸다고 비판했다.

최악의 상황은 예수가 그들에게 불행이 닥칠 것이라고 예언한 것이다.

"예루살렘아! 예루살렘아!" 예수는 가르침의 때가 다한 것을 알고 개탄했다. 나사렛 사람은 이제 성전을 떠나 처형의 시간이 될 때까지 대중 앞에 모습을 드러내지 않는다. 사실 예수는 예루살렘 성전의 파괴를 예언함으로써 자신에 대한 사형선고를 돌이킬 수 없는 것으로 만들었다. "저 큰 돌들이 보이느냐? 저 돌들이 어느 하나도 자리에 그대로 얹혀 있지 못하고 다 무너지고 말 것이다."

이 말은 제자들에게 한 얘기였다. 그런데 바리새파 사람 하나가 엿들었다. 사형에 처할 수 있는 범죄행위에 해당하는 발언이었다.

††

잠시 후 예수는 올리브 산 정상에 올라가 앉았다. 나귀를 타고 갑자기 눈물을 흘리는 것으로 유월절 한 주간을 시작한 곳이 바로 여기였다. 이제 예수는 깊은 생각에 잠겼다. 예수는 옆에 둘러앉은 제자들에게 자신의 짧은 일생을 간단히 정리해 말해주었다. 어둠이 내리고 있었다. 예수는 추종자들에게 최선을 다해 열심히 살라고 당부하면서, 알아듣기 쉽도록 비유를 들어 설명했다. 제자들은 스승의 말에 매료됐지만 자신이 죽고 나면 제자들 역시 박해와 죽임을 당할 것이라는 스승의 예언에 점점 불안해졌다. 예수가 천국에 관한 생각을 제자들에게 말해주고 하느님이 그들과 온 세상에 나타날 것이라고 약속한 것은 그런 불안감을 조금이라도 덜어주기 위해서였을 것이다.

예수는 끝으로 이렇게 말했다.

"너희가 알다시피…… 이제 이틀만 있으면 유월절이다. 그때에는 사람의 아들이 잡혀가 십자가형을 받게 될 것이다."

†††

한편 제사장과 장로 들은 가야바의 저택으로 집결했다. 이들의 분노는 극에 달했다. 나사렛 사람을 죽이는 것이 유일한 해답이었다. 그러나 시간이 촉박했다. 먼저 예수를 체포해야 한다. 체포한 다음에는 재판을 해야 한다. 그러나 율법은 유월절 기간에는 재판을 할 수 없도록 규정하고 있다. 그리고 밤에는 구금할 수 없다. 그들이 예수를 죽이고자 한다면 내일이나 목요일에 체포해서 해가 지기 전에 재판을 끝내야 한다. 더더욱 시간이 촉박한 것은 사형선고가 내려질 경우 하룻밤을 온전히 보낸 다음에야 형을 집행할 수 있다는 조항 때문이었다.

이런 세부 사항들은 어느 정도 손볼 수 있다는 것을 가야바는 잘 알고 있었다. 지금 당장의 급선무는 예수를 구금하는 것이었다. 다른 사항들은 그다음에 생각할 문제였다. 성전 뜰에서 예수의 말을 들은 사람들에게 이상한 소리가 들어가게 되면 자칫 소요가 일어날 수도 있었다. 그런 사태가 벌어지면 본디오 빌라도가 개입하게 되고 가야바에게 책임이 돌아갈 것이다.

따라서 은밀히 체포하는 것이 관건이었다.

이를 위해 가야바는 누군가의 도움이 필요했다. 그런데 가야바는 아직 모르고 있지만, 예수의 제자 중 하나가 가야바를 도와줄 생각을 하고 있었다.

그 대가로 그가 원하는 것은 돈이었다.

15장

기원후 30년
4월 5일 수요일 밤
예루살렘

　가룟 사람 유다가 혼자서 어디론가 가고 있다. 예수는 이날 하루를 완전히 쉬기로 했다. 그래서 다른 제자들과 함께 나사로의 집에 머물고 있는데 유다 혼자 예루살렘으로 가고 있는 것이다. 제자들이 베다니에 들어온 날부터 닷새가 지났고, 예수가 나귀를 타고 예루살렘으로 들어가던 날부터 사흘이 지났다. 그러나 예수는 아직 자신이 그리스도라는 사실을 공개적으로 선언하지 않았다. 로마에 대한 봉기를 주도할 기미 같은 것도 없었다. 그러나 예루살렘 종교 지도자들을 분노케 했고, 그 때문에 제자들까지 탄압 대상이 됐다. "그때에 너희는 사람들에게 잡혀 고통을 당하다가 죽을 것이며 나 때문에 모든 민족에게 미움을 받을 것이다." 어제 제자들이 올리브 산 꼭대기에 앉아 있을 때 예수는 이렇게 예언했다.

유다는 미움을 받거나 처형을 당하고 싶은 생각이 전혀 없었다. 예수가 그리스도임을 인정만 한다면 로마인들을 물리치고 승리할 것이다. 상황이 그렇게 되면 종교 당국도 예수 편에 서려고 할 것이 분명하다. 죽음이니 처형이니 하는 얘기들은 다 없었던 일이 되고 말 것이다.

그래서 유다는 예수가 어쩔 수 없이 그렇게 하도록 만들기로 작정했다.

유다가 이런 결심을 한 것은 조금 전 저녁을 먹으면서였다. 예수와 제자들은 문둥병자 시몬의 집에서 식사를 하고 있었다. 일행은 식탁에 둘러앉아 등을 편히 기댄 채 오른손으로 작은 접시에서 음식을 집어서 먹고 있었다. 전에도 그런 일이 많았지만 이번에도 한 여자가 예수에게 다가와 향유를 부어주었다. 여자는 나사로의 동생 마리아였다. 마리아는 옥합의 목 부위를 깨뜨린 다음 인도에서 수입한 나르드 향유를 예수의 머리에 부었다. 헌신의 표시였다.

유다는 돈 낭비라며 화를 냈다. 유월절에는 특히 가난한 사람들에게 돈을 나눠주는 것이 관습이었다. 이번에는 다른 제자들도 유다의 주장에 동의했다. 몇몇 제자가 돈 낭비라고 떠들었고, 예수는 그만들 하라고 했다.

"그 여자를 내버려두어라."

예수가 제자들에게 명했다.

"너희는 왜 그 여자를 괴롭히느냐? 그 여자는 나에게 갸륵한 일을 했다. 가난한 사람들은 언제나 너희 곁에 있을 것이다. 그리고 언제든 그들을 도울 수 있다. 하지만 나는 너희와 언제까지나 함께 있지는 않을 것이다. 이 여자가 내 몸에 향유를 부은 것은 미리 나의 장례를 예비한 것이다."

또다시 예수의 입에서 당혹스러운 말이 나왔다. 그는 그리스도처럼 기름 부음을 받는 것을 내버려두는 동시에 자신의 죽음을 예언하고 있었다.

이제 유다는 결심을 굳히고 다시 예루살렘으로 향했다. 군데군데 모닥불에서 나무 타는 냄새가 밤하늘 아래 퍼졌다. 유월절은 춘분 이후 첫 보름달이 뜨는 날 밤부터다. 그것은 오는 금요일 저녁이었다.

유다는 울퉁불퉁한 흙길을 조심조심 내려갔다. 어리석은 짓일 수도 있었다. 유다도 잘 알고 있었다. 그는 지금 가야바의 저택으로 직행하고 있었고, 가야바는 유대 사회 최고의 권세가였다. 그러나 좋은 제안을 하면 산헤드린의 최고 지도자인 그도 관심을 가질 것이라고 유다는 생각했다.

그러나 유다는 예수의 제자라는 사실이 알려져 있었기 때문에, 자칫하면 자신이 체포되는 사태가 일어날 수도 있었다. 그런 일이 없다고 하더라도 가야바 같은 고귀하신 종교 지도자께서 꾀죄죄한 몰골의 예수 추종자를 과연 만나줄지 확신이 서지 않았다.

계곡에서 출발한 유다는 예루살렘 성문을 통과한 다음 서부 호화 주택가의 번화한 거리를 지났다. 마침내 가야바의 저택이 눈에 들어왔다. 유다는 찾아온 용건을 경비에게 알렸다. 다행히 체포 같은 것은 없었다. 오히려 환대를 받았다. 그는 드넓은 저택 안으로 들어간 다음 대제사장이 제사장과 장로 들을 만나는 호화 접견실로 안내됐다.

대화는 곧바로 예수 문제로 이어졌다.

"내가 당신들에게 그를 넘겨주면 얼마나 주겠소?"

유다가 물었다.

제사장들은 유다의 행동에 놀랐지만 내색하지 않았다. 평소의 오만한 태도도 잠시 접었다. 그들의 목표는 유다를 잘 구슬려서 어떻게 하든 예수를 체포하는 것이었다.

"은화 30개"라는 답이 돌아왔다.

은화 30개는 120데나리온으로 4개월 치 임금에 해당하는 액수였다.

유다는 2년이라는 긴 세월 동안 다른 제자들과 마찬가지로 그날그날 근근이 먹고사는 생활을 해왔다. 주머니에 동전 몇 개 이상을 가져본 적이 없고, 사치 같은 것은 엄두도 못 냈다. 그런데 지금 저들이 상당한 액수의 현상금을 내밀고 있는 것이다. 성전에서 멀리 떨어진 곳에서 예수를 체포할 수 있도록 시간과 장소만 알려주면 되었다.

유다는 모사꾼이었다. 상황을 최대한 자신에게 유리하게 만들어놓았다. 그는 돈을 받는 순간 일어날 사태는 둘 중 하나가 될 것임을 알고 있었다. 예수는 체포되면 자신이 그리스도라고 선언한다. 나사렛 사람이 진정 메시아라면 가야바와 그 일당으로부터 벗어나는 것은 문제도 아닐 것이다.

그러나 예수가 그리스도가 아니라면 그는 죽을 것이다.

어느 쪽이든 유다는 목숨을 부지할 수 있었다.

유다와 가야바는 거래를 마쳤다. 예수를 배신한 제자는 즉시 예수를 넘길 만한 장소를 알아보겠다고 약속했다. 이는 예수를 체포할 수 있도록 성전 경비대와 긴밀히 협조한다는 의미였다. 이제 유다는 예수와 다른 제자들 몰래 빠져나와서, 새로 결탁한 자들에게 예수의 소재를 알려주어야 했다. 어려운 일일 수도 있다.

그들은 유다가 보는 앞에서 은화 30개를 하나씩 세어서 내주었다. 유다의 지갑에 은화가 떨어질 때마다 쨍그랑쨍그랑하는 소리가 울렸다. 배신의 대가를 미리 받은 것이다.

유다는 다시 베다니로 돌아갔다. 노상강도들이 노리고 있을지도 모르는 일이었다. 유다는 잠시 자리를 비운 것을 예수와 다른 제자들에게 어떻게 둘러댈지를 곰곰이 생각했다. 짤랑짤랑 소리가 나는 그 거금을 어디에 숨겨둘지도 고민이었다.

그러나 결국 일은 다 잘될 것이라고 유다는 생각했다. 그는 자신이 동료들보다 훨씬 똑똑하니만큼 현세에서 보상을 받는 것은 당연하다고 생각했다.

예수가 하느님인지는 곧 밝혀질 일이었다.

앞으로 몇 시간이 사실 여부를 말해줄 것이다.

16장

기원후 30년
4월 6일 목요일 밤
예루살렘 남동부 빈민가

예수는 얼마 남지 않은 시간에 할 일이 매우 많았다. 마지막으로 자신이 살아온 삶의 의미를 제자들에게 설명해주어야 했다. 유월절 당일이 몇 시간 남지 않은 상황에서 예수는 작별 인사를 하기에 앞서 추종자들과 최후의 만찬 자리를 마련했다. 그들은 그가 남긴 유산의 목격자였다. 따라서 그들이 그 유산을 후대에 전해줄 거라고 믿을 수밖에 없었다.

그런 일들이 대단히 중요하기는 하지만 그를 주저하게 만드는 것이 있었다. 다가올 죽음의 참혹함이었다.

그 때문에 예수는 제자들에게 마지막으로 전할 메시지에 집중하지 못했다. 모든 유대인과 마찬가지로 나사렛 사람 예수도 얼마나 끔찍한 고통과 공포와 치욕이 십자가형을 선고받은 사람을 기다리고 있는지 잘 알았다. 예수는 성경에 기록된 대로 다 이루어야 한다고 굳게 믿었다. 그러나 공포가 엄습하는 것은 어쩔 수 없었다.

밖에서는 온 예루살렘이 유월절 마지막 준비로 부산했다. 모든 것이 완벽해야 했다. 새끼양도 아무것이나 구입하면 안 되고 흠결 없는 1년생 수컷이어야 했다. 가정에서도 누룩 넣은 빵은 부스러기 하나라도 있으면 안 되었다. 예루살렘 어디서나 여자들이 열심히 마루를 닦고 탁자 등을 훔쳤다. 부스러기 하나라도 있으면 부정을 탄다고 여겼기 때문이다. 나사로의 집에서도 마르다와 마리아가 열심히 닦고 문질렀다. 해가진 다음에는 나사로가 촛불을 들고 집 안을 돌아다녔다. 누룩 들어간 음식이 혹시 흔적이라도 있는지를 살핀다는 상징적인 행동이었다. 아무것도 발견되지 않으면 "이제 이 집은 유월절 준비가 끝났다"고 선언하게 된다.

대제사장 가야바의 궁궐 같은 저택에서는 노예와 하인들이 보리, 밀, 호밀, 귀리, 스펠트 밀 같은 것들이 혹시 떨어져 있나 하고 드넓은 구내를 샅샅이 뒤지고 다녔다. 혹시 남아 있을지 모를 누룩 자국을 지우기 위해 개수대며 솥, 화로 등도 박박 문질러 닦았다. 단지와 납작한 냄비도 물을 부어 끓이고, 그 안에 벽돌을 넣어 끓는 물이 밖으로 흘러넘치게 함으로써 철저히 소독을 했다. 은그릇은 벌겋게 될 정도로 가열한 다음, 끓는 물에 하나씩 넣었다. 그러나 희생 제물용 새끼양은 따로 구입할 필요가 없었다. 가야바 가문이 성전 새끼양 공급권을 독점하고 있었기 때문이다.

헤롯 대왕이 예전에 쓰던 궁궐에서는 이런 부산함이 전혀 없었다. 유월절 기간에는 마지못해 예루살렘에서 보내야 하는 이교도 본디오 빌라도와 부인 클라우디아가 거기에 체류하고 있었기 때문이다. 로마 총독 빌라도는 하루 일과를 면도로 시작했다. 당시 로마제국은 말끔히 면도하고 머리도 짧게 깎는 스타일이 유행이었다. 빌라도는 모세와 이스라엘 민족이 이집트를 급히 탈출하느라 빵을 발효시킬 시간이 없어서 누룩을 넣지 않은 빵을 먹었고, 그래서 유월절에는 누룩이 들어간 음식은 금한다는 유대인들의 전통에 대해서는 관심이 없었다. 그에게는 로마식 이엔타쿨룸ientaculum, 프란디움prandium, 케나cena가 전부였다(아침, 점심, 저녁을 말한다). 끼니마다 빵이 많이 나오는데, 대부분 효모 대신 소금으로 발효시킨 것이었다. 카이사레아에 있는 총독 관저에서는 저녁 식사 때 굴이나 돼지고기 구이도 자주 곁들였을 것이다. 그러나 유월절을 엄수중인 예루살렘에 그런 미식은 없었을 테고 있다 해도 허용되지 않았을 것이다. 특히 유월절 전야에는 불가능했다. 가야바를 비롯한 최고위급 제사장들은 유월절 당일이 다가오면 헤롯 궁궐에 들어가는 것조차 꺼렸다. 이교도인 로마 총독 일행이 체류중이었기 때문에 부정을 탈까 저어했기 때문이다. 이는 빌라도로서는 축복이었다. 잠시나마 유대인들의 골치 아픈 문제를 처리해야 하는 일을 접고 홀가분하게 지낼 수 있었던 것이다.

아니, 그것은 빌라도의 생각이었다.

✝✝✝

가룟 유다는 나사렛 사람 예수가 유월절 주간을 맞아 구상한 계획을 드러내기만을 기다리며 조용히 예의 주시했다. 기미가 드러나면 슬며시 자리를 떠서 가야바에게 달려가 일러바칠 심산이었다. 사실 대제사장 가야바에게 성전 경비대를 나사로의 집으로 보내라고 하면 간단할 일이었다. 그러나 그렇게 예루살렘에서 너무 떨어진 곳에서 예수를 체포하면 낭패를 볼 수도 있었다. 예수가 쇠사슬에 묶인 채 예루살렘 시내로 끌려가는 모습이 수많은 순례자에게 발각되면 자칫 폭동이 일어날 수도 있고, 그런 사태야말로 종교 지도자들에게는 최악의 시나리오였기 때문이다.

유다는 자기가 스승을 배반했다는 사실을 다른 제자들은 까맣게 모른다고 확신했다. 그래서 예수가 제자들을 불러 예루살렘으로 다시 들어갈 때가 되었노라고 말하는 순간만을 기다리고 있었다. 최소한 한 번은 더 예루살렘에 들어갈 것이 분명했다. 예수가 유월절 당일을 기다리고 있는 것은 아마도 자신이 그리스도임을 세상에 드러내기 위해서일 것이다. 성경에서는 그 일이 예루살렘에서 일어날 것이라고 했다. 조만간 나사렛 사람이 거룩한 도시 예루살렘으로 다시 들어갈 것은 분명했다.

†††

예루살렘 성전 바로 옆에는 거대한 규모의 안토니아 요새가 있었다. 요새에 주둔하는 로마군 수백 명이 저녁식사를 하러 식당으로 줄지어 들어가고 있었다. 병영은 성전 북서쪽 모퉁이에 접해 있는데 오늘은 전체 병력 대부분이 근무를 섰다. 성전 벽을 따라 늘어선 주랑 위로 너비 약 14미터짜리 전망대가 세워져 있는데, 병사들은 군인 전용 문을 통해 그 전망대로 오르내렸다. 이곳에서는 마지막 유월절 준비로 부산한 유대인 순례자들이 한눈에 내려다보였다. 유월절 한 주간은 병사들에게는 힘들고 정신없는 기간이었다. 그들은 몇 시간씩 뜨거운 땡볕 아래 서 있어야 했다. 그러나 그중에서도 내일이 가장 힘든 하루가 될 것이다. 곳곳에 새끼양과 순례자 들이 넘쳐났다. 피와 동물 배설물이 마르면서 나는 악취가 성전 저 안뜰에서 바람을 타고 날아왔다. 도살의식은 몇 시간이나 계속됐다. 피가 뚝뚝 떨어지는 새끼양의 사체를 가슴에 품고 성전 밖으로 나가는 사람들의 모습이 보였다. 새끼양 고기로 유월절 만찬(세데르)을 차리는 것이다.

보통때는 요새에 주둔하는 병력이 500명 정도였고, 민간인 지원 인력도 그와 비슷한 규모였다. 그러나 유월절을 맞아 카이사레아에서 황제 직속 부대가 파견돼왔기 때문에 이제 전체 병력은 수천 명으로 불었다. 여기에 민간 지원 인력과, 편자를 관리하고 짐과 식수를 운반하는 개인별 시종도 매우 많았다. 이런 대부대가 커다란 식당을 가득 메웠으니 그 시끌벅적함은 충분히 상상할 만하다. 생선 내장을 삭혀 만든 소스 가룸garum을 친 채소가 첫번째 음식으로 나왔다. 가룸은 로마식 요리의 상징 같은 것이었다. 각종 양념과 향초를 넣어 맛을 돋운 귀리죽이 두번째 음식으로 나왔다. 고기를 넣는 경우도 있지만 유월절 주간에는 그러기가 어려웠다. 빵은 병사들의 주식이었다. 식초와 설탕, 포도즙을 넣은 시큼한 포도주도 빼놓을 수 없는 메뉴다. 굶주린 장정들은 음식이 차려지기가 무섭게 먹어치웠다. 그 양이 어마어마했다.

병사 열두 명이 고개를 숙인 채 식사에 몰두하고 있었다. 이들은 내일 양만 도살되는 것이 아니라는 사실을 잘 알고 있었다. 이들은 십자가형 집행을 담당하는 대원들이었다. 완력이 좋고 포악한 자들로 사람을 로마식 십자가에 매다는 힘든 작업이 이들에게 부여된 임무였다.

십자가형은 4인 1조로 집행했다. 그리고 다섯번째 사람은 오늘날의 중대장쯤에 해당하는 장교(백인대장)로 나머지 조원들의 작업을 지시 감독했다. 내일은 3개 조가 투입될 예정이었다. 살인범 세 명에 대해 형을 집행해야 하기 때문이다. 형 집행 1단계인 매질은 예루살렘 시 성벽 안에서 이루어진다. 그러나 사형수의 몸을 십자가에 매달아 세우는 힘든 작업은 성벽 바깥에 있는 어느 언덕에서 진행된다. 라틴어로 칼바리아(갈보리)Calvaria, 예수가 사용한 아람어로 굴갈타Gulgalta라고 하는 이 언덕은 이후 『신약성서』에 그리스어식 표기인 골고다Golgotha로 기록되어 전한다. 세 단어 모두 '해골'이라는 의미다. 완만하게 솟은 지형이 해골을 닮았다고 해서 붙은 이름이다. 십자가형 집행조원들이 저녁을 먹는 사이 사형수를 못 박을 수직 기둥은 이미 골고다 언덕에 박혀 있다. 세로 기둥은 늘 그 자리에 서서 가로대가 오기만을 기다리고 있다. 가로대는 사형수 본인이 지고 온다.

사실 십자가형을 집행하는 데 꼭 다섯 명까지 필요한 것은 아니다. 그러나 로마의 형 집행 기준은 엄격했다. 동료들이 죄수에게 연민 어린 표정 같은 것을 보이지 않도록 서로 감시하는 것도 형 집행인의 임무였다. 집행조원 수를 줄이면 작업이 허술해질 우려가 있었다. 이런 식으로 잘 훈련된 병사들이 내일 십자가형을 규정대로 정확히 집행할 것이다.

이들이 못 박아야 할 죄수들 가운데 한 사람은 바라바(바라빠)라는 이름의 평범한 살인범이었다. 다른 두 명은 바라바의 공범이었다. 아침이 밝으면 십자가형이 시작될 것이다. 형 집행은 몸으로 때워야 하는 일이기 때문에 일이 다 끝나면 집행인들의 제복과 몸은 피투성이가 될 것이다.

그러나 사형 집행조 대원들은 아무 생각이 없다. 형 집행을 즐기는 대원들도 많다. 사마리아와 카이사레아 출신의 건장한 대원들이 맡은 임무는 메시지를 보내는 것이다. "로마는 무슨 짓이든 할 수 있을 만큼

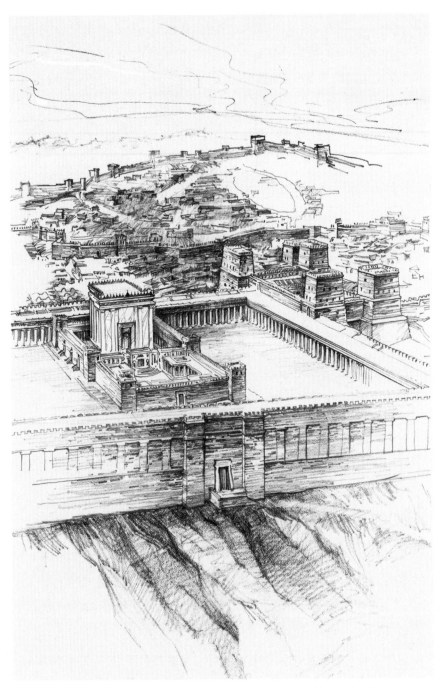

동쪽에서 바라본 예루살렘 성전. 가운데에서 1시 방향으로 안토니아 요새가 보인다.

막강하다. 로마의 법을 어기면 이렇게 끔찍한 죽음을 맞는다."

✝✝✝

저녁이다. 예수는 마지막 만찬을 함께하기 위해 제자들을 데리고 다시 예루살렘으로 향한다. 후원자 한 사람이 예수를 위해 남동부 주택가에 방을 하나 잡아놓았다. 실로암 연못 인근에 있는 건물 2층이었다. 방 한가운데에는 높이 45센티미터짜리 기다란 직사각형 탁자가 놓여 있었다. 벽에는 방석 같은 것들이 놓여 있어서 예수와 제자들은 전통식으로 편히 기대서 식사를 할 수 있었다. 방은 모두가 편히 등을 기댈 수 있을 만큼 크기도 했지만, 대화가 조금 뒤섞이면 잔칫집처럼 떠들썩해질 정도로 작기도 했다.

예수는 요한과 베드로를 먼저 보내 방을 잡고 식사 준비를 하도록 했다.*

가룟 유다에게는 이날 만찬이 그야말로 긴장되는 시간이었을 것이

---

*「마태복음」「마가복음」「누가복음」(공관복음서)에서는 예수가 유월절 만찬을 하루 먼저 했다는 점을 분명히 적고 있다. 이 때문에 일부 학자들은 예수가 전통적인 유월절 식단인 새끼양 구이를 먹었을까 궁금해했다. 교황 베네딕토 16세는 2000년 묵은 이 논란을, 음력 대신 사해문서(死海文書)에서 발견되는 양력 날짜를 사용함으로써 예수가 유월절을 앞당겨 치렀다는 식으로 해결하려고 했다. 따라서 예수는 새끼양은 올리지 않았다는 것이다. 다른 학자들은 공관복음서는 일출에서 다음 일출까지를 하루로 잡는 갈릴리 방식을 사용한 반면—예수와 제자들과 바리새파도 이 방식을 따랐다—「요한복음」은 일몰에서 다음 일몰까지를 하루로 잡는 유대 방식(사두개파 방식)으로 날짜를 계산했기 때문에 차이가 난다는 식으로 문제를 해결한다. 이렇게 보면 공관복음서와 「요한복음」에 나오는 최후의 만찬 날짜 차이가 설명이 된다. 기준이 되는 달력이 달라서 만찬 시점이 다른 것처럼 보였다는 것이다.

2층 방에서 진행된 최후의 만찬.

다. 예수가 다시 예루살렘으로 갈 계획이라는 것은 알지만 출발 시각이나 정확한 목적 지점은 모르기 때문이다. 게다가 일정을 정확히 알았다고 해도 어떻게 슬쩍 자리를 빠져나가서 가야바에게 알려주느냐 하는 문제가 남아 있었다.

일단 방에 들어서자 예수는 자신을 낮추어 제자들 한 사람 한 사람의 발을 씻겨주는 것으로 만찬 행사를 시작했다. 이는 대개 노예나 시종 들이 하는 일로 존경받는 신앙의 스승이 할 일이 아니었다. 제자들은 발을 씻겨주는 행위에 담긴 겸손의 정신에 깊은 감명을 받았다. 예수는 제자들과 그들의 성품을 잘 알고 있었고, 호오의 구별 없이 있는 그대로 받아들였다. 열심당원 시몬은 정치적 열정이 넘쳤고, 베드로는 충동적이었으며, 예수가 '천둥의 아들들'*이라고 한 야고보와 요한은 떠들썩했고, 도마(토마)는 집요하면서도 때로 비관적이었으며, 안드레는 쾌활했고, 빌립(필립보)은 소극적이었다. 이 방에서 함께한 시간이 제자들 한 사람 한 사람의 삶을 바꿔놓는다. 예수는 제자들의 발에 묻은 흙먼지를 사랑의 손길로 꼼꼼히 씻어주었다. 스승이 베푸는 애정의 깊이가 확연히 느껴졌다.

한창 화기애애하게 밥을 먹는데 예수가 느닷없는 말로 분위기를 완전히 썰렁하게 만들었다.

"나는 분명히 말한다. 너희 가운데 한 사람이 나를 배반할 것이다."

그때까지 제자들은 스승에게 집중하지 않고 있었다. 편히 등을 기댄 채 음식을 집어먹으며 서로 이런저런 잡담을 나누고 있었다. 그러나 이제 방안은 충격과 슬픔이 짓누르는 분위기가 됐다. 제자들은 그동안의 각자의 행적을 되새기며 과연 누가 스승을 배반할까 추측하기에 바빴다.

"주님, 저는 아니겠지요?"

제자들이 한 명씩 이렇게 물었다. 그렇게 질문이 탁자를 한 바퀴 돌았다.

"너희 열두 명 가운데 하나다."

예수가 분명히 말했다.

"나와 함께 대접에 손을 넣어 빵을 적시는 사람, 그가 나를 팔아넘길 것이다. 사람의 아들은 성서에 기록된 대로 죽음의 길을 가겠지만 사람의 아들을 배반한 그 사람은 화를 입을 것이다! 그는 차라리 태어나지 않았더라면 좋았을 것이다."

제자들은 언성을 높이면서, 옆자리에 앉은 동료가 배신자가 아닐까 서로 의심하는 상황이 되었다. 특히 베드로가 분개했다. 그는 예수 바로

---

* 「마가복음」 3장 16~17절.

옆에 앉은 요한에게 신호를 보냈다.

"누구를 말하는 것인지 여쭈어보게."

베드로가 말했다.

"주님, 그게 누굽니까?"

요한이 예수 쪽으로 몸을 숙이며 물었다. 요한은 예수 오른쪽에, 유다는 예수 바로 왼쪽에 앉아 있었다.

"분명 저는 아니지요, 선생님?"

유다가 불쑥 말했다.

"아니다, 바로 너다."

예수가 조용히 답했다.

"어서 하려는 일을 하여라."

사람들이 서로 떠드는 통에 방 안은 아주 시끄러웠다. 그래서 마지막에 유다와 예수 사이에 오간 말을 대부분 듣지 못했다. 두 사람은 그만큼 바짝 붙어 앉아 있었다. 유다가 급히 일어나 자리를 뜨자 일부 제자는 음식이나 마실 것을 더 가져오려고 나간 모양이라고 생각했다.

배신자는 어둠 속으로 사라졌다. 유다와 예수는 유다가 무슨 짓을 하려고 하는지 정확히 알고 있었다. 예수는 한때 유다를 신뢰했다. 제자 일행의 재정 담당을 맡기는가 하면 공개적인 자리에서 친구라고 부르기까지 했다. 그러나 돈이 끼어들면 그렇게 되는 경우가 많듯이 수 년간 쌓아온 우정도 순식간에 날아가버리고 말았다.

유다는 돈주머니를 움켜쥐고 남동부 빈민가의 좁은 골목들을 통과했다. 이어 가파른 언덕을 올라가 가야바에게 희소식을 전했다.

†††

벌써 밤이 깊었다. 예수는 이동중이었다. 예수와 제자들은 키드론 계곡을 건너 올리브 산 아랫자락의 올리브 나무 동산으로 갔다. 예수는 제자들이 음식과 포도주를 한껏 먹고 마신 터라 노곤할 것이라는 것을 잘 알고 있었지만, 언덕에 올라 혼자 기도할 데를 찾아볼 테니 돌아올 때까지 자지 말고 깨어 있으라고 당부했다.

"내가 기도하는 동안 여기 남아 있어라."

예수는 경사가 급한 언덕을 올라가기 전에 제자들에게 신신당부했다.

"지금 내 마음이 괴로워 죽을 지경이니 너희는 여기 남아서 나와 같이 깨어 있어라."

달은 거의 꽉 차서 사위가 환했다. 예수는 어둠 속의 한 지점을 찾아 거기서 기도했다.

"아버지, 아버지께서는 하시고자만 하시면 무엇이든 다 하실 수 있으니 이 잔을 저에게서 거두어주소서. 그러나 제 뜻대로 마시고 아버지 뜻대로 하소서."

고뇌와 절망의 순간이었다. 예수는 곧 죽는다는 것을 확신했다. 처참한 죽음이 될 것이었다. 로마의 십자가에 매달려 그 모든 고통과 조롱을 감내해야 할 것이다. 성전에서 그의 놀라운 말을 들은 사람들은 그가 모욕당하는 것을 보게 될 것이다. 그리고 하느님의 아들을 자처하는 사람이 왜 저렇게 맥없이 십자가형을 당하고만 있는지 의아해할 것이다.

지금이라도 달아나면 될 일이었다. 언덕을 계속 올라가 베다니로 곧장 걸어가면 된다. 내일 아침이면 아마 갈릴리 땅에 들어서 있을 것이다. 고향에서 그렇게 늙어가면서 조용히 가족이나 부양하면 그뿐이었다. 그의 말은 사람들에게 희망을 주기에 충분했다. 그러나 그는 사람들을 반란으로 이끌 생각은 전혀 없었다. 예수는 반란 같은 것을 지상에서 이루어야 할 사명이라고 보지 않았다. 그렇기 때문에 시시각각 다가오는 운명을 순순히 받아들였다. 예수는 달아날 생각 같은 것은 하지 않았다.

예수는 한 시간 정도 기도를 하고 겟세마네 동산으로 돌아왔다. 그러나 제자들은 잠에 푹 빠져 있었다.

"너희는 단 한 시간도 깨어 있을 수 없단 말이냐?"

예수는 제자들에게 이렇게 채근했다.

제자들은 어찌할 바를 몰랐다. 예수는 다시 한번 제자들에게 아까 그곳으로 가서 다시 기도하고 올 테니 그때까지 깨어 있으라고 당부했다.

밤은 적막했다. 예수는 신에게 구원을 청했다. 그의 믿음이라면 신이 쉽게 들어줄 것이고 구원을 청하는 것은 간단할 것이다. 그러나 그렇지가 않았다. 그래서 이번에는 달리 기도했다.

"아버지, 이것이 제가 마시지 않고는 치워질 수 없는 잔이라면 아버지 뜻대로 하소서."*

예수는 간절히 기도했다.

예수는 언덕을 다시 내려가 제자들을 살펴보았다. 다들 여전히 자고 있었다. 근심이나 고뇌 같은 것은 아랑곳하지 않는 듯한 모습들이었다. 제자들은 이제 곧 고통을 겪다가 죽음을 맞을 것이라고 한 스승 예수의 말을 전혀 신경 쓰지 않는 것 같았다. 그들은 스승의 가르침을 일부만

---

* 4복음서 필자는 예수가 기도하는 동안 그 자리에 없었다. 따라서 나중에 예수가 겟세마네 동산에 있던 제자들에게 당시 기도한 내용 등을 알려주었을 것으로 추정된다.

믿고, 기적을 행한 것에 대해서는 감탄하면서도 암울한 메시지는 받아들이지 못하는 것 같았다.

예수는 다시 언덕을 올라가 마지막으로 기도했다. 의사 출신인 누가는 예수의 마지막 날을 기록하면서 예수가 글자 그대로 피땀을 흘리기 시작했다고 적었다. 이런 상태를 의학에서는 혈한증血汗症이라고 하는데, 극도의 스트레스로 야기된다. 드물기는 하지만 형장으로 걸어가는 사형수에게 나타나는 경우가 많다.

기도를 다 마치고 예수는 제자들에게 돌아왔다. 기진맥진한 상태였다. 시간은 자정을 넘어섰다. 날은 점점 차가워졌다. 야윈 몸의 예수는 겉옷과 튜닉 차림 그대로여서 추위를 견디기 어려웠다. 죽음이 언제든 닥칠 수 있다는 것은 잘 알지만 극도의 공포심은 사그라지지 않았다. 그러나 겟세마네 동산에 다시 들어서는 지금, 이제 운명을 받아들여야 할 때라는 것을 예수는 알고 있었다.

†††

배신자 유다가 성전 경비대를 이끌고 겟세마네 동산으로 들이닥쳤다. 경비대원들은 곤봉과 칼을 들고 있었다. 일부는 횃불과 등불을 휘휘 흔들며 어둠을 갈랐다. 그러나 불빛이 썩 밝지를 않아서 앞에 있는 수염 기른 자들 가운데 누가 예수인지 분간할 수 없었다. 유다는 이런 상황을 미리 예상하고 있었다. 그는 아무 일 없는 듯한 모습으로 나사렛 사람에게 다가갔다.

"선생님, 안녕하십니까?"

유다가 냉담하게 말하면서 예수의 뺨에 입을 맞췄다. "내가 입을 맞추는 사람을 잡으라"고 사전에 경비대원들과 약속이 돼 있었던 것이다.

"친구여."

예수가 대꾸했다.

"할 일을 하여라."

그러고는 돌아서서 경비대원들을 향해 말했다.

"너희들이 찾는 것이 누구냐?"

"나사렛 예수다."

"내가 그 사람이다."

성전 경비대원들은 이방인 로마 병사가 아니라 성전에 고용된 유대인들이었다. 그러나 몸 쓰는 일을 하는 자들이었고, 체포를 어떤 식으로 해야 하는지 잘 알고 있었다. 그런데 경비대원들이 예수의 손목을 결박하려는 순간 베드로가 칼을 빼어 대제사장 가야바의 종 말고(말코스)의 귀를 쳐서 잘라버렸다.*

"그 칼을 치워라."

예수가 평소 불끈불끈하는 성격의 베드로에게 명했다.

"칼을 쓰는 사람은 칼로 망하는 법이다."

그런 다음 예수는 순순히 포박을 당하고 끌려갔다. 유다로서는 모든 일이 계획대로 됐다. 이 심야에 지금 벌어진 소동을 목격한 사람도 없을 것이다.

이렇게 해서 예수와 경비대원들과 유다는 유월절 전야에 대제사장의 저택으로 향했다. 제자들은 뒤에서 우물쭈물했다. 잘못 붙잡혔다가는 목숨이 날아갈 판이었기 때문이다. 시간이 한밤중이어서 재판은 불가능

---

* 이 장면을 목격한 것은 제자 요한으로, 「요한복음」에 핵심적인 장면으로 기록돼 있다.

했다. 율법을 준수한다면 예수는 내일 아침이나 되어야 고발자들 앞에 서게 될 것이다. 그리고 다시 율법을 따른다면 내일 아침 사형선고가 내려져도 형 집행까지는 다시 만 하루를 기다려야 한다. 따라서 예수는 살날이 적어도 하루나 이틀은 남았다는 얘기다.

예수는 제자들이 달려와 구해줄 것으로 믿지 않았다. 만일 그런 희망을 가졌다면 물거품이 되고 말았을 것이다. 겁에 질린 제자들은 발길을 돌려 완전히 달아난 상태였기 때문이다.

밤공기가 서늘했다. 죄수의 몸이 된 예수가 대제사장의 저택으로 끌려가는 동안 예루살렘은 대부분 잠들어 있었다. 경비대원들은 죄수를 끌고 불과 몇 시간 전에 예수와 제자들이 최후의 만찬을 하던 집 앞을 지났다.

나사렛 사람은 곧 홀로 죽게 된다는 것을 잘 알고 있었다. 평소 많은 사람들에 둘러싸여 지냈지만 이제 우군이라고는 없었다. 제자들은 어둠 속으로 뿔뿔이 흩어졌다. 경비대원들은 그가 달아나려고 하면 신나게 두들겨 초죽음을 만들어놓을 것이다.

그러나 이런 절망적인 상황에서도 나사렛 예수는 몸가짐을 흐트러뜨리지 않았다. 곧 혹독한 신문을 당할 것이고, 그가 하는 말은 기록으로 남아 후대에 길이 전해질 것이다. 이틀 전 성전 뜰에서 예수에게 심한 모욕을 당한 바로 그자들이 예수를 신문할 것이다. 그날 예수는 그들의 눈에서 증오를 보았다.

예수 일행은 서부 호화 주택가로 들어섰다. 예루살렘에서도 가장 크고 으리으리한 집들이 있는 동네다. 이윽고 예수는 대제사장의 저택으로 끌려갔다. 그런데 예수를 맞은 것은 가야바가 아니라 예루살렘 종교계의 진정한 실권자였다. 예수 앞에는 노쇠했지만 위엄이 넘치는 제사장 가문의 지도자가 서 있었다. 대제사장을 지낸 그는 막대한 부를 소유했고 노회한 정치인이었다. 그 아들과 사위 들은 천년 전부터 집안 대대로 물려받은 대제사장직과 권력을 이어가고 있었다. 노인은 셋$_{Sethi}$의 아들로 이름은 아나누스였다. 종교계의 거인으로 예루살렘 전역에서 안나스(한나스)라는 이름으로 통했다.

대저택의 안뜰은 고요했다. 예수에 대한 신문이 시작됐다. 잠시 후 예수는 느닷없이 얼굴을 세게 얻어맞는다.

최후가 시작된 것이다.

17장

기원후 30년
4월 7일 금요일 이른 아침과 낮
예루살렘

어디서 날아온 주먹인지는 알 수 없었다. 성질 더러운 경비대원 하나가 얼굴을 냅다 갈긴 것이다.

"대제사장님께 그게 무슨 대답이냐?"

예수는 순간 비틀했다. 대답을 할 수가 없었다. 화려한 저택이 흔들거렸다. 두 손은 여전히 묶인 상태였다. 따라서 방어도 반격도 할 수 없는 상황이었다. 그러나 나사렛 사람은 그 와중에도 경비대원을 향해 당당하게 말했다.

"내 말에 잘못이 있다면 무엇이 잘못됐는지 말해보라. 그러나 진실을 말했다면 왜 나를 때리는가?"

눈빛이 흐릿한 안나스가 예수 앞에 서 있었다. 곧 새벽이었다. 전임 대제사장 안나스는 나이 50대 중반으로 평생을 부와 권력을 탐한 인물 이었다. 대개 예수처럼 끌려온 자들은 그에게 엎드려 절을 하게 돼 있 다. 이런 무시무시한 순간에는 논리적으로 그를 납득시키려 하기보다는 그저 자비만을 애걸하는 것이 상책이다. 그런데 조금 전에, 예수는 이렇 게 말했다.

"나는 세상 사람들에게 드러내놓고 말해왔다. 언제나 모든 유대인이 모이는 회당과 성전에서 가르쳤다. 숨어서 말한 것은 하나도 없다. 그런 데 왜 내게 묻는가? 내 말을 들은 사람들한테 물어보라. 내가 무슨 말을 했는지 그들이 잘 알고 있을 것이다."

이처럼 당당하고 명쾌한 답변에 화가 난 경비대원들은 다시 예수를 두들겨 팼다. 이제 어떻게 대처할까를 곰곰 생각하는 동안 안나스의 귀 에는 예수의 말이 쟁쟁했다.

안나스는 다윗 왕 때 대제사장을 지낸 사독(차독)의 후예였다. 아들들 과 사위 가야바처럼 그 역시 모세5경『구약성경』의 「창세기」 「출애굽기」 「레위기」 「민 수기」 「신명기」만이 진리라고 믿는 부유한 사두개파의 일원이었다. 지금까 지 안나스는 로마와 여러 차례 타협을 했다. 어떻게든 권력을 지키기 위 해서였다. 대제사장의 직무는 수세기 동안 사독 가문으로 이어져왔다. 그런데 3세기 전 마케도니아의 알렉산드로스(알렉산더) 대왕이 유대 땅 을 정복하면서 이 지역을 헬레니즘화하려는 시도가 있었다. 안나스가 히브리어는 물론 그리스어에도 능통한 것은 그 때문이다. 그의 가문은 오래전부터 정복자의 비위를 맞춰주는 일이 얼마나 중요한지를 잘 알 고 있었다. 하스몬 가문 사람들을 중심으로 한 유대인들이 기원전 142

년 헬레니즘화에 종지부를 찍었다. 그와 동시에 사독 가문으로부터 대제사장직을 박탈했다. 이는 사독 가문에게는 오히려 일종의 축복이었다. 80년 뒤 로마군이 예루살렘을 점령하면서 사독 이외의 다른 가문 제사장들은 모조리 학살해버리기 때문이다. 당시 폼페이우스와 그의 부대는 예루살렘을 석 달 동안 포위 공격하고 약탈하였다. 사독 가문을 다시 대제사장직에 복귀시킨 것은 헤롯 대왕이었다.

그러나 그렇게 권세를 되찾는 대가로 타협을 하지 않을 수 없었다. 로마의 힘을 등에 업은 헤롯은 새 제사장들이 자기 뜻에 충실히 따르도록 고삐를 단단히 조였다. 이는 로마에 머리를 조아린다는 의미였다. 이제 대제사장은 자율권이 없었다. 이것이 바로 안나스가 본디오 빌라도의 전임자인 그라투스 총독에 의해 대제사장직에서 쫓겨나면서 얻은 교훈이었다. 로마제국 정부의 권한인 사형을 마음대로 선고하고 집행했다는 것이 이유였다. 똑같은 실수를 다시 했다가는—사위인 가야바가 그런 실수를 범하도록 방치했다가는—가문에 재앙이 닥칠 수 있었다. 안나스는 사독 가문의 좌장으로서 예수 문제를 어떻게 처리하느냐에 가문의 미래가 달려 있다는 현실을 꿰뚫어봤다.

그러나 대제사장이라는 직함은 종신토록 사용하게 돼 있었다. 로마가 이런 식으로 배려한 것은 돈줄이 막히는 일이 없게 하려는 작전이었다. 사독 가문은 차례로, 즉 안나스부터 시작해서 그 아들 엘르아살, 사위 가야바, 그의 다른 아들 요나단, 테오필로스, 마티아스, 아나누스가 대제사장직을 계속 이어가게 돼 있었다. 이들은 유월절에 성전에서 쓰는 새끼양 판매를 독점했고, 환전상들이 올리는 수익의 일정 비율을 챙겼다. 예루살렘 바깥에는 대규모 농장을 비롯해 광대한 부동산을 소유하고 있었다. 여기서 나오는 이득과, 유대 인민을 쥐어짜서 챙긴 세금은 빌라도와 나눠 가졌다. 그와 동시에 황음무도한 황제 티베리우스에게도 흘러 들어갔다. 황제는 '조공'이라는 형태로 상당액의 현금을 챙겼다.

사실 예수의 가계와 안나스의 가문은 수세기에 걸쳐 얽히고설킨 관계였고 앞으로 수십 년 동안 그런 상황이 계속된다. 안나스의 조상들은 예수의 선조인 다윗과 솔로몬의 치세에 대제사장으로 봉직했다. 그리고 지금 안나스가 예수를 단죄하려고 나와 있는 것처럼 그의 아들 아나누스는 이 시점부터 30년 뒤 또다른 경건한 인물을 사형에 처한다.

그 사람의 이름은 야고보였다. 야고보는 예수의 형제로 돌로 쳐 죽이는 형벌을 받았다.

사실 안나스와 그 자식들은 로마에 대한 충성도가 대단해서 지금으로부터 30년 후 완전히 멸망한다. 안나스의 아들 아나누스가 유대인 봉기 때 로마의 지배를 옹호하다가 동포들에게 죽임을 당한 것이다.*

✝✝✝

예수에 대한 신문 절차는 모든 면에서 율법에 어긋났다. 우선 신문이 밤에 이루어졌다. 예수는 변호인 하나 없이 스스로 유죄를 인정해야 하는 궁지에 몰렸다. 안나스도 형을 선고할 권한이 없는 인물이었다. 피고인이 로마군 병영 유치장이 아니라 대제사장 사저에 끌려나온 것도 대단히 비상식적이다.

---

* 아나누스는 부유한 제사장들을 상대로 계급투쟁을 하던 가난한 유대인 반란자들에게 살해됐다. 역사가 요세푸스는 아나누스가 "예루살렘 한복판에서 도살당했다"고 적고 있다. 요세푸스는 또 아나누스 피살 사건이 결국에는 로마군이 예루살렘 성전을 파괴하는 것으로 이어졌다고 주장했다.

물론 예수의 범죄 혐의는 심각하다. 환전상들의 탁자를 뒤집어엎음으로써 성전에서 로마로 흘러들어가는 자금의 흐름을 끊었다. 이는 안나스가 책임을 져야 하는 문제였다. 이윤 취득을 가로막는 자는 당연히 처벌해야 한다. 예수든 그의 제자든 예외가 될 수 없다. 안나스는 예수 신문을 성전 당국의 권위에 도전하는 자들에게 본때를 보이는 계기로 삼고자 작심했을 것이다.

예수가 안나스 같은 인물이었다면 그 앞에서 절을 하고 굽실거렸을 것이다. 그러나 예수는 분명 누구에게도 비굴한 태도를 보일 사람이 아니었다. 그리고 아무리 처지가 옹색해졌다고 해도 지적 우위는 여전했다.

성전 경비대와 조금 더 상대를 하다보면 예수의 태도가 달라질지도 모른다.

안나스는 전임 대제사장이기 때문에 사법적 권한이 없었다. 그는 형을 선고할 권한이 없었다. 특히 예수 문제는 선동 내지는 반란에 관련된 사안이고, 이는 전적으로 로마가 결정해야 할 문제였다. 안나스가 성전 경비대에게 예수를 은밀한 곳으로 데려가 손을 좀 봐주라고 지시한 것은 그 때문이다.*

예수는 손이 묶인 상태로 끌려나갔다. 예루살렘 전역에 비상소집 신

---

* 이날 밤 당번 경비대원은 레위 지파 사람들이었다. 이들은 성전 담당 경찰이었다. 정상적인 상황이라면 성전 입구에서 문지기 노릇을 하고 성전 구내를 주야로 순찰하는 한편, 이방인의 뜰로 들어가는 출입구 스물한 군데에서 경비를 서고 있었을 것이다. 이들은 산헤드린의 처분에 따라 죄인을 체포하고 형벌을 집행하기도 했다. 제사장들의 주먹인 셈이다. 그래서 여러 유대인 집단이 귀족적인 제사장들과 그 수하인 성전 경비대의 권한 남용에 대해 불만을 제기했다. 이들의 악폐에 대해서는 사해문서(1947년 사해 서북쪽 쿰란 동굴에서 발견된 히브리어 구약성경 및 그와 관련된 양피지 두루마리 문서—옮긴이)와 요세푸스의 역사서, 랍비 텍스트에 잘 기록돼 있다.

호가 울려퍼졌다. 최고 종교재판소 산헤드린이 당장 소집되는 상황이
었다.

†††

예수는 앞이 안 보였다. 밤은 캄캄했고, 눈가리개가 씌워진 터라 희미
한 불빛조차 볼 수 없었다.

그러나 소리는 아주 잘 들렸다. 예수의 귀에 들려온 말은 분명 그의
기백을 꺾으려는 것이었다.

"예언해봐."

성전 경비대원 하나가 비아냥거리며 소리쳤다. 예수는 다시 주먹을
얻어맞고 비틀거렸다.

"누가 때렸게?"

좀 전의 그 경비대원이 비웃으며 말했다.

주먹과 발길질이 사방에서 날아왔다. 그칠 것 같지도 않았고 달아날
길도 없었다.

"누가 때렸게?"

경비대원들은 계속 이렇게 소리치며 예수를 때렸다.

"누가 때렸게?"

구타는 몇 시간 동안 계속됐다. 경비대원들도 지쳤는지 결국 몹쓸 짓
을 멈췄다.

예수가 다시 안나스의 안뜰에 끌려갔을 때는 산헤드린이 소집돼 있
었다. 이렇게 재판을 진행하는 것 역시 율법에 반하는 것이었다. 예수는
피를 흘린 채 곳곳이 시퍼렇게 멍이 들어 있었다. 피를 많이 흘려서 기

진맥진한 상태였기 때문에 제대로 서 있기도 힘들었다. 하물며 상대를 반박할 논리를 정연하게 펼치기는 불가능했다.

그러나 손이 묶인 채 구타를 당할 대로 당한 예수는 다시금 자리에서 일어나 고발자들 앞에서 무죄를 주장한다.

✝✝✝

예수가 산헤드린 앞에 끌려나왔다. 눈가리개는 푼 상태였다. 재판관 격인 산헤드린 의원 71명 전원이 참석했는지는 알 수 없지만 율법에 규정된 대로라면 신문은 성전 뜰에서 진행해야 했다. 그런데 이들이 집결한 곳은 안나스의 아늑한 저택이었다. 모자이크 바닥이며 당시 유행하던 벽걸이 그림들이 예수의 눈에도 똑똑히 들어왔다.

예수는 몸과 얼굴이 멍투성이였다. 최후의 만찬 이후로 먹지도 못했다. 그러나 구타와 조롱으로 그의 정신과 의지를 꺾을 수는 없었다. 늦은 시각이지만 예수가 체포됐다는 소문이 예루살렘에 퍼졌다. 소수의 무리가 안나스의 저택 뜰에 모여들어 화덕의 불을 쬐며 몸을 녹이고 있었다. 또다른 무리는 저택 출입문 바깥에서 무슨 소식이나 있을까 하고 서성거리고 있었다. 제자 두 명*은 스승을 내팽개치고 달아날까 하다가 붙잡힐 위험을 무릅쓰고 이곳으로 왔다. 두 제자는 가야바에게 충성하는 많은 사람들 틈에 섞여 있었다.

예수가 바라보는 가운데 가야바의 수하들이 하나씩 들어와 예수에

---

* 베드로는 「요한복음」 18장 15절에 이름이 언급돼 있다. 이 절에서 "또다른 제자 한 사람"이라는 표현이 나오는데 이름은 밝히지 않고 있다. 그날 밤 사건을 생생하게 묘사하고 있는 것을 볼 때 「요한복음」 필자인 요한이 바로 그 제자라는 것이 일반적인 추정이다.

대한 거짓 증언을 했다. 그들은 산헤드린 의원들 앞에 서서 예수에 관한 거짓말을 뻔뻔스럽게 늘어놓았다. 예수가 말하고 행한 바를 날조하는 것도 서슴지 않았다. 산헤드린 의원들은 그들의 위증을 귀 기울여 들었다. 사형신고를 내려도 될 만한 결정타가 나오기만을 기다리는 것이다. 의원들은 한없이 이어지는 거짓말을 묵묵히 참아주었다. 사형선고가 가능한 고발 내용이 결국은 나올 것이라는 믿음에서였다. 밤이 다 가도 상관없었다. 규정대로만 한다면 위증은 사형에 해당하는 범죄였다. 그러나 산헤드린은 오늘밤만은 그런 규정 따위는 아랑곳하지 않았다.

신문 과정에서 예수는 줄곧 아무 말도 하지 않았다.

이윽고 산헤드린이 기다리던 고발이 들어왔다.

"이자는……"

가야바에게 충성하는 두 사람이 나섰다.

"'나는 하느님의 성전을 헐었다가 사흘 안에 다시 세울 수 있다'고 말했습니다."

줄곧 자리에 앉아 있던 가야바가 이 말을 듣고 벌떡 일어나 예수에게 다가갔다. 예수는 아무런 항변도 하지 않았다. 그것이 더더욱 가야바의 분노를 부채질했다. 나사렛 사람의 몰골을 보면 그의 의지는 이미 몇 시간 전에 완전히 꺾였음이 분명하다. 말라붙은 피딱지에 침을 뒤집어쓴 흔적, 부풀어오른 혈종과 혹까지 엉망이었다. 그러나 예수는 평온함을 잃지 않고 쉽사리 굴복할 것 같지도 않았다.

"왜 대답을 안 하느냐?"

가야바가 분개한 목소리로 윽박질렀다.

"이 사람들의 증언은 무엇이란 말이냐?"

여전히 예수는 아무 말도 하지 않았다. 그저 가야바의 입술에서 질문이 나오는 것을 보고만 있었다. 현장에 있는 모두가 대답을 듣고 싶어하는 질문이었다. 아니, 이곳 예루살렘에 있는 사람들 수십만 명이 대답을 듣고 싶어하는 질문이었다. 그러나 예수는 가야바가 그다음에 무슨 질문을 할 것인지를 충분히 예상하면서도 적당한 대답을 찾을 수가 없었다. 이미 죽음은 다가왔고, 무슨 대답을 하든 상관없었다.

"내가 살아 계신 하느님의 이름으로 명령하니……"

가야바가 격노한 목소리로 말했다.

"분명히 대답하여라. 네가 하느님의 아들 그리스도인가?"

예수는 여전히 침묵했다. 첫새벽, 새들이 지저귀는 소리가 들렸다. 뜰 밖에서도 두런두런하는 소리가 들렸다. 그러나 평소 가야바가 손님을 맞고 성전 업무를 보는 이곳에서는 입도 뻥긋하는 사람이 없었다. 다들 예수가 대답하기만을 초조하게 기다렸다. 그는 과연 입을 열 것인가?

예수가 대답을 했다.

"내가 그렇다고 말하여도 너희는 믿지 않을 것이며, 내가 물어보아도 너희는 대답하지 않을 것이다. 그러나 이제부터 사람의 아들은 전능하신 하느님 오른편에 앉게 될 것이다."

"그렇다면 네가 하느님의 아들이냐?"

제사장들이 따져 물었다.

"그렇다."

예수가 그들을 향해 말했다.

"너희가 말한 그대로다."

이어 예수는 가야바를 똑바로 쳐다보며 말했다.

"너희는 이제 사람의 아들이 전능하신 분 오른편에 앉아 있는 것과 하늘의 구름을 타고 오는 것을 볼 것이다."*

가야바가 자신의 튜닉 앞섶을 잡아 뜯었다. 평소 같으면 대제사장은 그런 식으로 분노를 표출하면 안 되었다. 그러나 지금은 평소가 아니었다. 예수가 한 말에는 가야바가 하느님의 적이라는 의미가 내포돼 있었다.

"이자가 하느님을 모독했소."

대제사장 가야바가 산헤드린 의원들을 향해 말했다.

"이 이상 무슨 증거가 더 필요하겠소? 여러분은 방금 하느님을 모독하는 말을 듣지 않았소? 자, 어떻게 했으면 좋겠소?"

율법에 따르면 산헤드린 의원은 형을 선고할 때 각자 투표를 하도록 돼 있었다. 그러나 지금은 표결 절차도 없었다. 판결은 막연한 찬성 표시로 내려졌다. 유일하게 반대 의견을 밝힌 사람은 니고데모와, '아리마대(아리마태아)의 요셉'이라고 하는 부유한 사두개파 사람뿐이었다.

동이 트고 있었다. 예수는 신성모독 혐의가 확정돼 사형선고를 받았다. 다음 단계는 총독 본디오 빌라도를 잘 설득해 로마군 집행관들로 하여금 사형을 집행하게 하는 것이었다. 쉽다면 쉽고 어렵다면 어려운 일이었다.

†††

예루살렘 위쪽 안토니아 요새에서는 로마군 사형 집행조를 포함해 수십 명이 아침을 먹고 있었다. 든든하게 먹어둬야 했다. 형을 집행하다 말고 가볍게 점심을 때우러 병영으로 돌아갈 형편은 안 될 것이기 때문이었다. 병사들은 귀리죽을 양껏 먹었다. 오늘처럼 힘든 작업을 해야 하

---

* 「다니엘서」 7장 13절과 「시편」 110장 1절을 인용한 표현이다.

는 날이면 죽에다 치즈와 꿀을 넣어주기도 했다. 그러면 훨씬 포만감이 느껴지고 기운도 더 났다. 일하는 사람들이 기다란 공동 식탁 곳곳에 빵과 순한 맥주, 적포도주도 올려주었다.

바라바와 그 공범들은 이미 사형선고를 받고 식당에서 멀지 않은 석조 지하 감옥에 갇혀 있었다. 때가 되면 요새 안뜰로 끌려나가 채찍질형—로마인들은 이를 베르베라티오verberatio라고 했다—에 처해질 것이다. 높이가 낮은 채찍질용 기둥들은 항상 안뜰에 박혀 있고, 기둥머리마다 금속 고리가 달려 있었다. 사형수는 두 손이 묶인 채 이곳으로 끌려나온다. 형 집행자들은 사형수의 옷을 벗기고 무릎을 꿇린 다음 손을 머리 위로 올리게 해서 금속 고리에 붙들어 맨다. 그런 다음 다시 손목에 수갑을 채워 고리에 부착한다. 이렇게 하면 몸이 옴짝달싹 못하는 상태가 돼서 채찍이 날아들어도 몸부림을 치거나 피할 수 없다. 등짝에 처음 채찍이 꽂히기도 전에 끔찍한 고통에 대한 공포로 전신의 근육이 수축되고 이를 가는 경우가 흔했다.

형 집행자들의 솜씨는 얼마나 세게 채찍을 휘두르느냐가 아니라 타격을 가한 후 금속이나 뼛조각이 달린 채찍을 얼마나 잘 잡아채느냐에 달려 있다. 금속이나 뼛조각이 사형수를 만신창이로 만드는 요체이기 때문이다.

능수능란함을 과시하기 위해 살인 전문가들—아침도 든든하게 먹은 상태였다—은 나무 손잡이를 더 세게 잡고 좀더 강하게 내리치는 경쟁을 한다. 채찍질을 아주 잘한 경우에는 죄수의 내장이 드러나기도 했다. 4세기 초에 활동한 로마의 역사가이자 기독교 신학자 에우세비오스는 그 참혹한 광경을 이렇게 묘사했다. "구경꾼들은 채찍질로 죄수의 살점이 떨어져나가 정맥과 동맥까지 드러나는 것을 보고 놀라 입을 다물지 못했다. 몸속에 있어야 할 창자와 장기들까지 드러나보였다."

그러나 채찍질이 아무리 무섭다고 해도 그것은 고통의 시작일 뿐이었다. 채찍질은 십자가형의 전주곡에 불과했다.

병사들은 귀리죽을 다 먹고는 식탁에서 일어났다. 이제 작업을 하러 갈 시간이었다.

†††

사형수 예수는 본디오 빌라도가 머무는 궁궐로 끌려갔다. 예수와 예수를 사방에서 에워싼 성전 경비대원들, 대제사장과 제사장들의 샌들 끄는 소리가 자갈로 포장한 인도에 울려퍼졌다. 아직 오전 7시도 안 된 시각이었다. 예루살렘은 막 잠에서 깨어나고 있었다. 예수는 작은 병영을 지나—궁궐 수비대가 이들 행렬을 예의 주시하고 있었다—헤롯 대왕이 오래전에 조성한 호화로운 정원을 통과했다. 연못이며 작은 숲, 조용한 오솔길 등이 갖춰진 깔끔한 정원에는 실개천 주변에서 비둘기들이 물을 먹는 모습이 보였다. 이 정원의 북쪽 경계선이 바로 총독 관저로 쓰는 궁궐의 담벼락과 맞닿아 있었다. 이제 예수는 궁궐 담을 끼고 정문으로 향했다. 출입문에는 병사들이 네 시간마다 교대로 보초를 서고 있었다.

가야바는 초병들에게 빌라도를 당장 만나게 해달라고 청했다. 그는 정문 앞에서 예수, 성전 경비대, 산헤드린 의원 들과 함께 서 있었다. 유월절이 가까워지면 대제사장은 이방인의 거처에 들어갈 수 없었다. 자칫 부정을 타게 되면 유월절 음식을 먹을 수 없기 때문이었다. 그래서 빌라도에게 정문으로 나와달라고 청했다. 공식적인 관계로 보면 큰 결레이지만 빌라도도 그 정도는 충분히 이해해주리라 믿었다.

총독 관저는 어마어마하게 넓었다. 구역 전체는 정사각형으로 요새화돼 있고 남북으로 길이가 140미터나 됐다. 담 안에는 호화 건물 두 동이 있는데 하나는 카이사레움이라고 했고, 또하나는 아그리피움이라고 했다. 담벼락을 따라 곳곳에 망루가 높이 솟아 있었다. 주랑이 둘러선 안뜰이 여러 곳에 있어서 시원한 느낌을 주었다. 남쪽 끝 궁궐 담 쪽으로 총독이 공식 발표나 재판, 그 밖의 공식 모임 같은 것을 하는 특별 구역—라틴어로 '프라이토리움praetorium'이라고 한다—이 있었다. 이제 잠시 후면 전갈이 가서 빌라도가 옷을 갈아입고 정문으로 내려올 것이다. 총독 입장에서는 성전 경비대와 화려한 복장의 제사장 들, 이미 신체적 고통을 상당히 당한 것이 분명한 죄수 등등을 아침 댓바람부터 대면하는 것이 썩 내키는 일은 아니었을 것이다.

"너희는 이자를 무슨 죄로 고발하느냐?"

빌라도가 퉁명스럽게 물었다.

가야바는 이 순간을 깊이 우려해왔다. 로마인들로 하여금 예수를 죽이게 해야 하지만 신성모독은 유대인에게 적용되는 율법을 어긴 범죄였기 때문이다. 로마는 그런 문제에는 전혀 신경 쓰지 않았다. 특히 빌라도는 유대인들을 이해하려는 마음이 전혀 없는데다 자기 경력에 흠이 갈지도 모르는 위험을 무릅쓰고 유대인의 율법이 명하는 대로 죄인을 처형해줄 인물도 아니었다.

"이자가 죄인이 아니라면 우리가 왜 여기까지 끌고 왔겠습니까?"

가야바가 대답했다. 빌라도의 질문에 정면으로 답하지 않는 것이다.

빌라도는 쉽게 마음이 움직일 사람이 아니었다.

"너희가 데리고 가서 너희의 법대로 처리하여라."

"우리는 사람을 사형에 처할 권한이 없습니다."

가야바가 대꾸했다.

"나는 이자에게서 아무 죄도 찾지 못했다."

빌라도가 다시 말했다. 다른 제사장이 큰 소리로 말했다.

"이자는 온 유대 땅을 돌며 사람들을 가르친다는 구실로 선동을 하고 있습니다. 갈릴리에서 시작해 결국 여기까지 온 것입니다."

"이자가 갈릴리 사람이라고?"

빌라도가 캐물었다. 이 간단한 질문에서 빌라도는 곤경을 모면할 묘수를 찾아냈다. 지금 산헤드린이 해달라는 대로 했다가는 자칫 정치적 함정에 빠질 수도 있었다. 그러나 예수가 갈릴리 사람이라면 이 문제는 헤롯 안티파스가 처리하는 것이 적절하다. 갈릴리 지방은 사분영주 관할이고, 때마침 안티파스가 몇 블록 떨어진 궁궐에 체류하고 있었기 때문이다.

빌라도는 예수의 신병 인수를 거부했다. 그는 대제사장 등 전원을 해산하는 동시에 예수를 헤롯 안티파스에게 넘기라고 명령했다. 다시금 예수는 예루살렘 서부 주택가를 거쳐 안티파스에게로 끌려갔다. 갈릴리에서 올라온 농민 순례자나 더 가난한 사람들의 모습은 보이지 않았다. 그런 사람들이 이런 이른 시각에 부자 동네를 어슬렁거릴 이유가 없었다. 노예들이 주인집 현관을 쓰는 모습이 보였고, 저택 안에서는 부자들이 아침 식사를 하고 있었다.

그러나 빌라도가 가야바가 놓은 덫에서 빠져나왔다고 생각한다면 오산이었다. 예수를 포함한 성전 관계자 전원이 곧 되돌아오기 때문이다. 헤롯 안티파스는 예수를 보고 매우 기뻐하면서 잠시 이것저것 물었다. 사분영주 안티파스는 심지어 개인적인 호기심으로 예수에게 기적을 보여달라고 청하기도 했다.

안티파스로서는 가야바를 비롯한 제사장들을 두려워할 이유가 없었다. 그들은 안티파스에 대해 어떠한 권한도 없었기 때문이다. 따라서 제사장들이 그의 마음을 돌리기 위해 예수에 대해 이런저런 혐의를 계속 주장해도 들으려 하지 않았다. 성전과 로마 총독부의 권력투쟁에 휘말려드는 것은 그야말로 현명치 못한 일이었다. 안티파스로서는 또다시 자기 손으로 거룩한 인물을 해치는 일은 결코 해서는 안 될 일이었다.

기적을 보여달라는 청을 예수가 거부했지만 안티파스는 예수를 사형에 처해야 할 이유를 찾지 못했다. 안티파스는 병사들을 시켜 예수를 조롱하게 했다. 병사들은 "네가 정말 왕이냐"고 비아냥거리면서 낡은 군용 외투를 죄수인 예수의 어깨에 걸쳐주었다. 외투는 자주색, 왕을 상징하는 색깔이었다.

✝✝✝

예수 일행이 다시 빌라도의 관저에 도착했다. 빌라도는 정문에 나와, 예수를 어떻게 처리할 것인가를 놓고 성전 관계자들과 논란을 벌였다. 빌라도는 지금까지 헤롯 안티파스를 우습게 보고 있었다. 안티파스가 배신과 음모가 난무하는 집안에서 자랐다는 사실을 까맣게 잊고 있었다. 그런데 이상하게도, 안티파스가 예수를 놓아준 것이 자신에 대한 은근한 연대감의 표시인 것 같은 느낌이 들었다. 안티파스는 유대인이지만 성전 제사장들이 아니라 로마 총독의 결정을 밀기로 한 것이 분명했다. 빌라도와 안티파스는 지금까지는 서로 반목했지만 이날부터는 친구처럼 서로 밀어주고 끌어주는 사이가 된다.

하지만 빌라도에게는 교활한 가야바를 어떤 식으로든 처리해야 하는 과제가 남아 있었다. 가야바를 뒤에서 조종하는 것은 음모꾼 안나스였다.

빌라도는 선택의 여지가 별로 없었다. 분명 유대인들에게 예수를 풀어주라고 명할 수는 없었다. 그것은 유대인들의 율법에 간섭하는 행위가 되기 때문이다. 티베리우스 황제는 로마 총독이 그러면 안 된다는 점을 분명히 당부한 바 있다.

그러나 빌라도가 죄수의 신병을 굳이 인수할 필요는 없었다. 가야바에게 예수를 안토니아 요새로 넘기라고 명할 수는 있었다. 유월절 이후까지 거기에 그냥 구금해두는 것이다. 아니, 유월절이 끝나고 본인이 예루살렘을 떠난 뒤에도 계속 구금해두도록 할 수는 있었다. 그러나 말썽이 생기는 일만은 막아야 했다. 결국 빌라도는 가야바를 돌려보내고 마지못해 나사렛 사람 예수의 신병을 인수했다.

예수의 운명은 이제 로마의 손아귀에 들어간 것이다.

†††

본디오 빌라도는 호기심이 발동했다.

"네가 유대인의 왕이냐?"

빌라도가 예수에게 물었다. 총독은 높다란 재판관의 자리에 앉아 판석이 깔린 안뜰을 내려다보고 있었다. 뜰에는 작은 무리가 상황을 지켜보고 있었다.

빌라도가 이곳을 선택한 데에는 여러 가지 이유가 있었다. 우선 총독 관저에서도 외진 곳으로 바로 옆에는 소규모 경호대가 주둔하고 있었다. 이곳 안뜰은 궁궐 구내는 아니지만 궁궐에 바로 붙어 있었다. 건물

구조도 독특해서, 높은 위치에서 사람들을 내려다보며 일장 연설을 하기에 알맞았다. 게다가 전용 출입구가 있어서 방해받지 않고 건물 안으로 바로 들어갈 수 있었고, 예수 같은 죄인들은 바로 끌고 나가 조용히 감방에 처넣을 수 있었다.

궁궐 외곽이라는 장소의 또다른 이점은 형식상 총독 관저 구내를 벗어나 있다는 데 있었다. 따라서 유월절 전야라고 해도 유대인들도 드나들 수 있는 곳이었다. 성전 제사장과 가야바의 제자 들이 이 자리에 와서 재판 과정을 지켜볼 수 있는 이유는 그 때문이었다. 이들이 여기 온 것은 가야바와 바리새파가 선고한 사형이 실제로 집행되도록 하기 위해서였다.

"그것은 당신의 말인가? 아니면 남들이 나에 관해 하는 말을 듣고 묻는 것인가?"

예수가 반문했다.

"내가 유대인인 줄 아느냐?"

빌라도가 다시 물었다.

"너를 내게 넘긴 것은 너의 동족과 제사장들이었다. 도대체 너는 무슨 짓을 한 거냐?"

"내 왕국은 이 세상 것이 아니오. 내 왕국이 이 세상 것이라면 내 종들이 싸워서 나의 체포를 막았을 것이오. 내 왕국은 결코 이 세상에 속한 것이 아니오."

"그럼 왕은 왕이로구나!"

빌라도가 흡족한 표정으로 말했다. 총독으로서는 좋은 소식이었다. 스스로를 왕으로 칭함으로써 예수는 로마제국과 황제에 대해 반역죄를 저지른 셈이기 때문이다. 이제 예수는 법과 질서를 심각하게 위협하는 존재가 되었다. 무슨 처분을 내려도 정당한 상황이 된 것이다.

"당신이 내가 왕이라고 말한 것은 맞소. 사실 그 때문에 나는 태어났소. 진리를 증언하려고 세상에 왔소. 진리 편에 선 사람은 누구나 내 말을 귀담아 들을 것이오."

예수가 대답했다.

"진리가 무엇인가?"

예수의 답변에 매료된 빌라도가 물었다.

그러나 로마 총독 빌라도가 이 질문에 대한 답변을 기대하고 있었다면 실망했을 것이다. 예수는 아무 말 없이 서 있었다.

빌라도는 설교는 범죄가 아니라는 것을 잘 알고 있었다. 로마에 대한 반란을 선동하는 설교만 아니라면 말이다. 그러나 유대인들에게 막강한 영향력을 행사하는 산헤드린 쪽에서 자꾸 이상한 소리가 나오면 티베리우스 황제한테 안 좋은 보고가 올라갈 수 있었다. 그래서 빌라도는 뜰에 나와 있는 유대 성전 제자들의 동태를 살폈다. 높은 자리에서 그들의 반응과 움직임 하나하나를 예의 주시했다.

유월절 기간에는 로마 총독이 죄수 하나를 방면하는 것이 관례였다.* 이제 빌라도는 정치적 소요로 치달을 수 있는 상황을 벗어날 간단한 해결책을 생각해냈다. 폭력과는 거리가 먼 예수를 방면할 것인가, 아니면 흉악한 바라바를 방면할 것인가를 선택할 권한을 군중에게 주는 것이다. 바라바는 테러리스트에 살인자로 극악한 처벌을 받아 마땅한 자였다.

"유대인의 왕을 놓아주는 것이 어떻겠느냐?"

---

* 「마태복음」 27장 15절, 「마가복음」 15장 6절, 「요한복음」 18장 39절.

빌라도가 뜰에 모인 군중을 향해 물었다.

군중의 대답은 놀라웠다. 빌라도는 그들이 예수를 죽이고야 말겠다는 대제사장과 장로 들의 사주를 받고 이 자리에 온 자들임을 알지 못했기 때문이다. 유월절을 맞아 예루살렘에 온 순례자들이나 예루살렘 주민 대부분은 예수의 죽음을 원치 않았다. 예수의 죽음을 원하는 것은 성전을 통해 부를 축적하는 소수의 세력이었다. 이들에게는 진리를 설파하는 자가 어떤 흉악한 살인자보다 훨씬 위험한 존재였다.

"바라바를 놓아주시오."

그들이 소리쳤다.

†††

예수가 재판을 받고 있는 시각, 예루살렘 성전 뜰에서는 유월절 의식이 막 시작되고 있었다. 가야바와 제사장들은 밤새 한숨도 못 잤지만 아침이 왔다고 해서 잠시라도 쉴 여유는 없었다. 이들은 곧 서부 주택가와 성전을 잇는 다리를 건너 제사장으로서의 소임을 다하게 될 것이다. 벌써부터 순례자들의 행렬이 길게 이어지고 있었다. 그와 함께 어린 수컷 새끼양들의 매애매애 우는 소리도 그치지 않았다.

첫 제물을 바치는 의식은 율법에 따라 정오에 거행된다. 제사장들도 모여들고 있었다. 은사발을 든 제사장도 있고 금사발을 든 제사장도 있었다. 양의 목을 베고 나서 떨어지는 피를 담아 제단에 뿌릴 때 사용할 그릇이었다. 은나팔을 불어 명절을 축하할 사람들과 함께 레위 지파 합창대도 집결하고 있었다.

✝✝✝

본디오 빌라도는 성전 안에서 벌어지는 일에 대해서는 신경 쓸 겨를이 없었다. 지금 문제는 예수를 어떻게 처리할 것이냐였다. 빌라도는 예수같이 인기 있는 인물을 처형하는 것은 로마 총독으로서 현명한 선택이라고 생각하지 않았다. 처형 이후 군중 사이에서 소요라도 일어나면 곧 티베리우스 황제에게 보고가 들어갈 게 분명하고, 그러면 자칫 책임을 뒤집어쓸 수도 있기 때문이다.

그래서 예수를 십자가형에 처하는 대신 일단 채찍질형에 처하기로 했다. 아마 그 정도면 산헤드린도 만족할 것이었다. 로마 총독은 대제사장과 장로 들을 모두 불러놓고 결정 사항을 알렸다.

"너희는 이자가 백성들을 선동한다고 끌고 왔다. 그러나 너희가 보는 앞에서 내가 직접 신문을 했는데도 너희의 고발을 뒷받침할 만한 아무런 죄상도 찾지 못했다. 헤롯이 이자를 우리에게 돌려보낸 것을 보면 그도 아무런 죄를 찾지 못한 것이 아니냐? 보다시피 이자는 사형에 해당하는 짓은 하나도 하지 않았다. 그래서 나는 이자를 매질하고 놓아줄 생각이다."

이윽고 병사들이 나사렛 사람의 옷을 벗겨 프라이토리움 안뜰로 끌고 왔다. 예수를 기다리고 있는 것은 채찍질용 기둥이었다.

18장

기원후 30년
4월 7일 오전 8시부터 오후 3시까지
예루살렘 서부 호화 주택가

　예수는 묵묵히 견디고 있었다. 병사들이 두 손에 수갑을 채운 다음 기둥머리 부분에 달린 금속 고리에 끼웠다. 옴짝달싹할 수 없는 상태가 됐다. 로마 병사 두 명이 예수 왼편과 오른편에 섰다. 둘 다 나무 손잡이가 달린 채찍(플라그룸)을 들고 있었다. 손잡이에는 가죽끈이 세 가닥 달렸는데 끈의 길이는 90센티미터가 약간 넘었다. 오늘은 가죽끈 끝 부분에 금속 조각이나 양 뼈 대신 플룸바타이plumbatae라는 작은 납추를 여러 개 달았다. 납추를 선택한 데에는 이유가 있었다. 덤벨 모양의 플룸바타이는 훨씬 날카로운 스코르피오네스scorpiones보다 살점과 근육을 뜯어내는 속도가 느리기 때문이다. 예수는 아직 죽을 때가 되지 않은 것이다.

세번째 병사는 수판을 들고 옆에 섰다. 채찍질한 횟수를 기록하려는 것이다. 형을 집행하는 4인 1조 가운데 네번째 병사는 예수를 기둥에 묶고 쇠사슬을 채웠다. 그런 다음 채찍질하는 병사가 지치면 교대를 해준다. 이 모든 작업을 감독하는 장교가 사형 집행관exactor mortis이었다.

채찍이 날아들었다. 예수는 극심한 통증을 느꼈다. 채찍은 숨 돌릴 틈도 없이 날아들었다. 한 병사가 채찍을 치켜드는 순간 다른 병사는 이미 예수의 등짝을 내리치고 있었다. 가죽끈과 납추가 얽히고설켜도 병사들은 멈추지 않았다. 모세 율법에 따르면 한 사람에게 가할 수 있는 매질은 "사십에서 하나를 감한 매", 즉 39회였다. 로마군이 유대의 율법을 항상 대수롭지 않게 여기는 것은 아니었다. 빌라도는 채찍질 담당 병사들에게 예수를 초주검을 만들되 진짜로 죽이면 안 된다는 점을 분명히 일러두었다.

나사렛 사람에게 채찍질을 하되 어떤 경우든 절대 죽이지 말라는 명령이었다.

채찍질이 끝나자 병사들이 쇠사슬을 푼 다음 예수를 부축해 일으켜 세웠다. 채찍질을 당하는 동안 예수는 극심한 고통으로 울부짖었다. 그러나 구토를 하거나 발작을 일으키지는 않았다. 그런 죄수가 많았다. 하지만 살점이 다 떨어져나간 등에서 피가 너무 많이 흘러나왔다. 채찍 자국은 저 아래 장딴지까지 뻗어 있었다. 밤새 탈수증에 시달리던 예수는 이제 쇼크사 일보 직전 상태였다.

로마군 형벌 집행조는 임무를 확실히 수행했다. 채찍질은 정밀하게 이루어졌다. 사망 일보 직전 상태로 만든 것이다. 빌라도는 앞서 집행조의 임무는 여기까지가 될 것이라고 분명히 밝혔다. 그러나 만일의 경우에 대비해 집행조는 계속 대기했다.

　예수는 여전히 두 손이 묶인 상태였다. 병사들은 예수를 천천히 감옥으로 끌고 갔다. 감방에서도 로마 병사들은 이 특이한 죄수에게 재미난 놀이를 하듯이 조롱을 퍼부었다. 예수는 병사들이 자주색의 더러운 외투를 벌거벗은 몸에 걸쳐주어도 묵묵히 있었다. 곧 상처가 말라 외투에 들러붙을 것이었다. 이어 병사들은 갈대로 가짜 홀笏을 만들어 예수의 두 손아귀에 찔러넣은 다음 "네가 왕이라며?" 하면서 또 조롱했다. 그들은 채찍질을 당해 초주검이 된 사람에게 동정심을 표하기는커녕 침을 뱉었다.

　이 정도에서 끝냈다면 야만적인 무리가 잠시 저질 코미디를 벌였다고 할 수 있을 것이다. 그러나 잔혹한 병사들의 조롱은 가학적인 수준으로 치달았다. 그전까지만 해도 병사들은 평소 훈련받은 대로 한 것에 불과하다고 말할 수 있을 것이다. 2차 세계대전 당시 유대인을 학살한 나치 하수인들—이들의 행태는 무자비한 로마군 사형 집행조와 많이 닮았다—역시 그런 식으로 변명을 했다. 율리우스 카이사르를 비롯한 로마 전사들의 행태를 보면, 상상할 수 없을 만큼 가혹한 징벌을 가하는 것이 로마가 적을 대하는 표준적인 방식이었음이 분명하다. 로마인들의 징벌 방식에는 병적인 창의력이 넘친다고 할 정도였다.

　예수를 감시하고 있는 로마 병사들은 이제 가학의 수위를 한껏 높였다. 일개 사형 집행조가 아니라 빌라도가 엄선한 로마 군단 소속 부대 전체가 가담한 악행이었다. 그들은 먼저 키가 크고 하얀 관목 하나를 잘랐다. 학명이 람누스 나베카Rhamnus nabeca인 이 나무는 단단한 타원형 잎사귀에 작은 녹색 꽃이 핀다. 가장 두드러진 특징은 길이 2.5센티미터 정도의 휘어진 가시가 촘촘히 박혀 있는 것이다. 병사들은 날카로운 가시에 찔리는 것도 마다하지 않고 가지 여러 개를 엮어 왕관을 만들었다. 완성된 가시면류관은 갈대로 만든 홀, 자주색 외투와 완벽하게 어울렸다. 임금님 만세!

예수는 기력이 없는 나머지, 병사들이 가시관을 머리에 씌울 때 저항한 번 못했다. 단단하고 날카로운 가시가 피부를 깊숙이 찔렀다. 당장 가시가 두개골까지 누르면서 주위의 신경이 심하게 욱신거렸다. 얼굴에서는 피가 철철 흘렀다. 예수는 작은 감방 안에서 모욕을 당하고 있고 병사들은 그 주위를 돌며 춤을 추었다. 이들은 예수를 때리기도 하고 침을 뱉기도 했다. 어떤 자는 무릎을 꿇고 앉아서 "임금님" 하며 머리를 조아리기도 했다. 이어 예수의 손에서 갈대를 빼앗아 그것으로 예수의 머리를 힘껏 내리쳤다. 이 때문에 가시가 더 깊이 박혀서 신경을 세게 짓눌렀다. 얼굴 곳곳이 불이 난 듯 아렸다.

간수들은 극악한 고문 방법을 발명한 것이 자랑스럽다는 듯이 낄낄거렸다.

예수가 더는 견딜 수 없을 것 같아 보이는 순간, 죄수를 데려오라는 전갈이 빌라도한테서 왔다. 다시 예수는 관저 안뜰로 끌려나갔다. 산헤드린 의원들과 그 부하들이 나와 기다리고 있었다.

예수는 시야가 흐릿했다. 폐 주위에 서서히 체액이 고였다. 숨을 쉬기도 어려울 지경이었다. 예수는 줄곧 자신의 죽음을 예언했지만 구체적인 죽음의 과정은 그야말로 참혹했다.

대제사장과 종교 지도자들이 바라보는 가운데 예수가 앞으로 나왔다. 머리에는 여전히 가시관을 쓰고 있었다. 예수를 보면서 그들은 불과 사흘 전 성전에서 만인이 보는 앞에서 그에게 모욕을 당하던 기억을 떠올렸다. 예수가 지금 바로 눈앞에서 고통받고 괴로워하고 있었지만 일말의 동정

심도 들지 않았다. 예수는 죽어야 했다. 그것도 아주 고통스럽게.

오전 9시, 빌라도가 다시 높다란 재판관석에 앉았다. 이 자리에서 빌라도는 마지막으로 예수를 풀어주려고 시도했다.

"자, 여기 너희 왕이 있다."

빌라도는 종교 지도자들과 그 제자들의 무리를 향해 큰 소리로 말했다. 이들은 지금쯤 성전 뜰에 있어야 할 사람들이었다. 새끼양 희생의식이 곧 거행되기 때문이다.

"죽이시오."

종교 지도자들이 합창을 하듯이 외쳤다.

"죽이시오. 십자가에 못 박아 죽이시오!"

빌라도는 이제 이들과 말씨름을 하는 데 지쳤다. 로마 총독은 사람을 불쌍히 여기는 직책이 아니었다. 빌라도는 이제 자신이 할 수 있는 일은 다 했다고 생각했다. 이제 예수의 운명은 더는 어쩔 수가 없었다.

"나더러 너희의 왕을 십자가형에 처하란 말이냐?"

빌라도가 물었다. 최종 확인을 구한 것이다.

"우리의 왕은 카이사르밖에 없습니다."

한 고위급 제사장이 대답했다. 이 말을 액면 그대로 받아들인다면 이단에 해당하는 언사였다. 로마 이교도들의 신을 편들고 유대인의 하느님을 거부한 셈이기 때문이다. 그러나 산헤드린 세력은 상황이 이처럼 말이 안 되는 지경까지 왔다는 것을 알지 못했다.

"이자가 무슨 죄를 지었단 말이냐?"

빌라도가 다시 고함치듯이 물었다.

"십자가에 못 박으시오."

군중의 대답이었다.

빌라도는 물 한 사발을 예수에게 갖다주라고 명했다. 그러고는 두 손을 사발에 담가 다들 보라는 듯이 깨끗이 씻었다. 무슨 의식을 집행하는 것 같았다.

"나는 이자의 피에 대해 책임이 없다."

빌라도가 종교 지도자들을 향해 말했다.

"이 사안은 너희의 책임이다."

그러나 실제로 이 사안은 빌라도 책임이었다. 로마 총독만이 이우스 글라디ius gladii, 즉 '칼의 권한'이라는 생사여탈권이 있었기 때문이다. 간단히 말하면 처형 여부는 로마 총독 권한이었다.

결국 빌라도는 사형 집행조에게 예수를 데려가라고 명했다. 이들이 십자가형을 집행하러 예수를 끌고 나가는 동안 본디오 빌라도는 이른 아침을 먹을 준비를 했다.

†††

자주색 외투는 벗겨졌지만 가시면류관은 그대로 쓰고 있었다. 사형 집행조는 다듬지 않은 기다란 널빤지를 예수의 양 어깨에 얹었다. 널빤지 무게는 23~32킬로그램, 길이는 대략 2미터 정도였다. 꺼끌꺼끌한 널빤지 표면이 살점이 찢어지고 떨어져 나간 상처에 닿았다. 빌라도의 관저에서 당한 모욕은 끝이 났지만 사형 집행 장소까지 가로대를 짊어지고 가는 일은 이제 시작이었다.

행렬 맨 앞에는 사형 집행관이 섰다. 관례에 따라 사형 집행관 소임을 맡은 백인대장은 그리스어, 아람어, 라틴어로 쓴 죄수 명패를 들었다. 보통 죄수의 범죄 사실을 기록한 명패는 죄수를 십자가에 매단 다음 머리 바로 위 세로 기둥에 못으로 박는다. 지나가다 보는 사람들이 죄수가 왜 십자가형을 당했는지 알도록 하려는 것이다. 따라서 죄목이 반역이라면 죄수 명패에도 그런 내용이 적혀야 했다.

그러나 본디오 빌라도는 그런 관례를 이번에는 따르지 않았다. 가야바의 장단에 놀아나지 않으려는 마지막 시도로서 총독은 숯으로 직접 명패에 이렇게 썼다. '나사렛 사람 예수, 유대인의 왕.'

"문장을 바꿔주십시오."

십자가형이 본격적으로 시작되기 전에 가야바가 빌라도에게 요구했다.

"한번 썼으면 그만이다."

빌라도가 답했다. 찍어 누르려는 태도가 역력했다.

이렇게 해서 죄수 명패가 맨 앞에 서고 예수와 사형 집행조 4인이 그 뒤를 천천히 따랐다. 로마 총독부가 처형장으로 사용하는 골고다 언덕으로 가는 길은 일행 모두에게 고통이었다. 골고다까지는 800미터가 채 안 됐다. 예수는 서부 호화 주택가의 자갈 포장도로를 거쳐 동산 문Gennath Gate을 지난 다음, 수직 기둥이 기다리는 나지막한 언덕에 도착했다. 때는 정오 직전이었다. 햇살이 뜨거웠지만 꽤 많은 사람들이 몰려나와 구경을 하고 있었다.

나사렛에서 목수이자 건축업자로 일한 예수는 기다란 목재를 짊어지는 요령을 잘 알고 있었다. 그러나 지금은 그럴 힘이 없었다. 사형 집행관은 예수가 계속 비틀비틀하는 게 영 찜찜했다. 처형장에 도착하기 전에 죽기라도 하면 책임을 옴팡 뒤집어써야 할 판이었다. 그래서 길가에 서 있던 시몬을 시켜 예수 대신 가로대를 지게 했다. 시몬은 북아프리카 키레네(구레네)에서 순례 온 유대인이었다.*

골고다 언덕으로의 행렬은 계속됐다. 키레네의 시몬이 십자가를 대신 짊어졌지만 줄곧 예수는 쓰러지기 일보 직전이었다. 비틀거릴 때마다 가시관이 두개골에 더 깊이 박혔다. 예수는 너무도 목이 말라 입을 뗄 수조차 없었다.

한편 수백 미터 떨어진 성전 뜰에서는 유월절 축제가 한창 진행중이었다. 많은 사람들의 관심이 여기에 쏠려 있었다. 행사만 아니었다면, 예수를 존경하는 자들은 그의 목숨을 살리기 위해 폭동이라도 일으켰을 것이다.

처형장인 골고다 언덕은 대단한 장소는 아니었다. 나지막한 언덕으로 예수살렘 성벽과는 불과 얼마 떨어지지 않은 곳이었다. 성벽 위에 올라서면 골고다 언덕에서 예수가 십자가형에 처해지는 상황이 그대로 눈에 들어왔다. 큰 소리로만 말한다면 말하는 내용이 다 들릴 정도였다.

그러나 예수는 몇 시간째 한마디도 하지 않았다. 행렬이 골고다 언덕 꼭대기에 도착하자 병사들은 키레네의 시몬을 물리치고 가로대를 흙과 거친 석회암—일부에서는 '예루살렘 바위Jerusalem rock'라고 부른다—이 뒤섞인 바닥에 던졌다. 이제 사형 집행조가 나설 차례였다. 집행조는 예수를 땅바닥에 주저앉힌 뒤 몸통을 뉘여 가로대(파티불룸)에 붙였다. 이어 두 손을 쭉 펴게 한 다음 두 병사가 좌우로 양쪽 팔에 올라앉았다. 또 다른 병사가 두꺼운 나무망치와 철제 대못을 가져왔다. 못은 축이 사각

---

* '키레네의 시몬'에 대해서는 지금 우리가 아는 게 별로 없다. 북아프리카 리비아의 키레네 출신이라는 사실과, 키레네에서 1,600킬로미터를 걸어 예루살렘 유월절 축제에 참여했다는 정도뿐이다. 「마가복음」에서는 키레네의 시몬을 '알렉산더(알렉산드로스)와 루포(루포스)의 아버지'라고 했고, 「로마서」 16장 13절에서는 전설적인 선교사 사도 바울이 성도들에게 루포에게 안부 인사를 하라고 하고 있다. 이는 키레네의 시몬의 아들들이 초기 기독교 공동체에서 유명한 인물이었기 때문에 이름만 대면 독자들이 무슨 이야기인지 충분히 알 것이라고 보고 상세하게 기록하지 않은 것으로 추정된다.

형이고 끝으로 갈수록 가늘어졌다.

병사가 망치로 뾰족한 못을 쳐서 요골과 척골이 손목뼈와 만나는 지점에 정확히 찔러넣었다. 이어 못을 톡톡 쳐서 확실히 자리를 잡은 다음 세게 내리쳐 고정했다.

쇠못이 피부를 뚫는 순간 예수는 통증으로 비명을 질렀다. 로마 병사들이 손목 부위를 선택하는 이유는 뼈를 다치지 않고 못을 바로 통과시켜 나무 판에 박을 수 있기 때문이다. 손목뼈는 부드러운 조직을 감싸고 있어서 일종의 장벽 같은 역할을 한다. 그래서 가로대를 높이 들어올려도 대못이 뼈에 걸려 죄수의 몸무게를 지탱할 수 있다. 뼈가 근육조직이 찢겨 죄수가 땅에 떨어지는 일을 방지해주는 것이다.

한쪽 손목이 끝나자 집행조는 다른 손목으로 향했다. 언덕 아래에서는 많은 사람들이 형 집행 장면을 지켜보고 있었다. 그중에는 예수의 헌신적인 친구 막달라 마리아와 예수의 어머니 마리아도 있었다. 어머니 마리아는 유월절을 맞아 예루살렘으로 올라왔는데, 아들에게 이런 일이 생기리라고는 생각지도 못했다. 이제는 비통하게 아들의 모습을 바라보는 수밖에 없었다.

가로대에 못 박는 작업이 끝나자 집행조는 예수를 일으켜세웠다. 균형을 잘 잡아야 했다. 가로대의 무게를 감당하는 것은 이제 예수의 등이 아니라 양 어깨였기 때문이다. 예수는 극도로 쇠약해진 상태여서 엎어지거나 넘어지기 십상이었다. 병사들이 가로대의 양 끝을 잡아서 들어올리고 또다른 병사는 예수가 흔들리지 않게 꼭 붙잡았다. 이런 식으로 세로 기둥(스타티쿨룸staticulum)에 가로대를 가져다 붙이면 십자가가 완성되는 것이다.

땅 속에 박아둔 스타티쿨룸은 높이가 2.4미터 정도였다. 죄수를 금방 죽이지 않고 여러 날 고통을 가하고자 할 경우에는 기둥 중간쯤에 작은 의자 같은 받침대를 설치했다. 그러나 내일은 안식일이었다. 율법에 따르면 안식일이 시작되기 전에 죄수를 십자가에서 끌어내려야 한다. 로마 당국은 예수가 빨리 죽기를 원했다. 그래서 예수의 십자가에는 세딜레sedile라고 하는 받침대를 따로 설치하지 않았다.

발걸이 같은 것도 없었다. 두 발을 먼저 최대한 비틀어 포갠 다음 못을 박아 세로 기둥에 고정한다.

한 병사는 예수의 허리를 붙잡아 들어올리고 다른 두 병사는 가로대 양 끝을 들어올렸다. 네번째 병사는 세로 기둥에 댄 사다리 꼭대기에 올라선 상태에서 가로대를 세로 기둥 상단에 파놓은 홈에 맞추는 작업을 했다. 예수의 몸무게가 장부식 이음매에 들어간 가로대를 눌러 지탱하는 역할을 했다.

이렇게 해서 나사렛 사람 예수는 이제 십자가에 매달렸다. 또다른 극심한 고통의 순간이 남아 있었다. 병사들은 예수의 두 무릎을 약간 구부린 뒤 두 발을 서로 포갠 다음 대못을 박았다. 못은 가는 중족골들 사이를 통과해 발바닥 뒤에 있는 나무 기둥에 박혔다. 그러나 놀랍게도 뼈는 하나도 상하지 않는다. 십자가형에서는 참으로 드문 경우였다.

끝으로 사형 집행관이 들고 온 죄수 명패를 예수 머리 바로 위에다가 못으로 박았다. 사형 집행조가 몸으로 할 일은 다 끝났다. 이제 그들은 예수를 조롱하기 시작했다. 이들은 예수의 튜닉을 누가 차지할 것인가를 놓고 주사위를 던지는가 하면 예수를 올려다보며 큰 소리로 외쳤다. "네가 유대인의 왕이라면 너 자신이나 구해보아라."

로마군 사형 집행조는 예수가 죽을 때까지 골고다 언덕에 남아 있어야 했다. 그들은 신 포도주를 나눠 마시고 심지어 예수에게 권하기도 했다. 그들은 필요할 경우 예수의 두 다리를 부러뜨려 사망 순간을 앞당길 것이다. 십자가에서 죽는 것은 서서히 질식사하는 과정이어서 죄수가 쉽게 죽지 않기 때문이다. 죄수는 숨을 쉴 때마다 두 발로 기둥을 밀어서 늘어지는 몸을 들어올려야 한다. 그래야만 폐가 팽창과 수축을 할 수 있다. 그렇게 버티다가 결국 기진맥진한 나머지 숨을 내쉴 수도 들이마실 수도 없는 지경이 되는 것이다.

세 시간이 흘렀다. 성전 뜰에서는 여전히 유월절 축제가 진행중이었다. 노래하고 나팔 부는 소리가 온 도시에 울려퍼졌다. 처형장까지 들렸다. 예수도 십자가 위에서 성전산을 똑똑히 볼 수 있었을 것이다. 그는 많은 사람들이 자신이 나타나기를 아직도 기다리고 있다는 것을 잘 알고 있었다. 그가 처형됐다는 소식이 멀리까지 퍼지지 않았다는 것이 빌라도와 가야바로서는 다행이었다. 예수 지지자들이 예수가 살해당했다는 소식을 듣고 폭동을 일으킬지 모른다고 우려했기 때문이다.

"목이 마르다."

12시간 이상을 탈수증에 시달린 예수의 입에서 마침내 이런 말이 나왔다. 그 목소리는 속삭임처럼 아주 작았다. 병사 하나가 신 포도주를 해면에 적셔 예수의 입에 대주었다. 시다는 것을 뻔히 알고 하는 짓이었다.

예수는 시큼한 포도주를 조금 빨고 나서 죽기 직전 마지막으로 예루살렘을 바라보았다.

"다 이루었다."

예수는 이렇게 말하고는 고개를 떨구었다. 가시면류관은 여전히 머리에 단단히 붙어 있었다. 예수는 무의식 상태에 빠졌다. 목이 축 늘어졌다. 온몸이 앞으로 쏠리면서 목과 양 어깨가 십자가에서 떨어졌다. 두 손에 박힌 못만이 간신히 그의 몸을 지탱하고 있었다.

그토록 대담하게 복음을 설파한 사람, 곳곳을 누비며 온 세상에 새로운 신앙을 말한 사람, 생전에 사랑과 희망의 메시지를 많은 이들에게 전한—그리고 후일 수십억 인류에게 전할—그 사람이 이제 숨을 멈추었다.

나사렛 사람 예수가 죽은 것이다. 그의 나이 서른여섯이었다.

19장

기원후 30년
4월 7일 오후 3시부터 6시까지
예루살렘 서부 호화 주택가

작업은 아직 끝나지 않았다. 아직 할 일이 남아 있었다. 로마군 사형 집행조에게는 힘든 하루였다. 당시 십자가에 매달려 죽은 죄수는 며칠 동안 그대로 내버려두는 것이 관례였다. 그사이 시신은 부패하거나 들 짐승들에게 뜯어먹힐 수도 있다. 그러나 유대인의 율법은 안식일에는 처형한 자의 시신을 '나무'에 매달아놓은 채 밤을 보내지 말고 그날로 묻으라고 명하고 있다.* 예수가 처형당한 날 해가 지는 시점부터 다음날

---

* 「신명기」 21장 23절.

인 토요일까지가 안식일이었다. 따라서 사형 집행조는 예수의 시신을 십자가에서 끌어내려 범죄자들을 묻는 공동묘지로 보내야 했다.

사형 집행관은 창으로 예수의 옆구리를 찔러봄으로써 그가 사망했음을 확인했다. 여러 시간에 걸쳐 심장과 폐 주변에 고였던 늑막액과 심장막액이 쏟아져나와, 분출하는 핏물과 뒤섞였다. 이어 사형 집행관*은 창을 빼고 부하들에게 시신을 십자가에서 내리라고 명했다. 이제 십자가형의 역순으로 해체하는 것이다. 집행조는 사다리를 타고 올라가 예수의 시신과 가로대를 땅으로 끌어내렸다. 예수의 시신이 땅에 널브러졌다. 집행조는 손에 박힌 못을 기를 써서 뽑아냈다. 못이 휘어지지 않도록 조심해야 했다. 철은 비싸서 십자가형에 쓰는 대못도 최대한 재활용했기 때문이다.

예수의 십자가형 집행 장면을 멀리서 바라보던 사람들은 대부분 자리를 떴다. 그러나 어머니 마리아와 막달라 마리아를 비롯해 몇 사람은 여전히 현장에 남아 있었다. 그런데 병사들이 죄수의 시신을 끌어내리는 힘든 작업을 하는 동안, 사두개파 사람인 아리마대의 요셉이 다가왔

---

* 예수의 처형을 담당한 사형 집행관의 이름은 4복음서에 나오지 않는다. 그러나 전설에 따르면 그의 이름은 롱기누스였다. 롱기누스는 로마 가톨릭과 동방정교회에서 성인으로 간주된다. 많은 이들이 롱기누스는 예수와 잠시 대면한 것을 계기로 후일 크게 회개하고 기독교인이 되었다고 믿고 있다. 롱기누스가 예수의 옆구리를 찌를 때 사용한 창은 '성스러운 창(Holy Lance)'이라고도 한다. 사람들은 이 창에는 초자연적인 힘이 깃들어 있다고 믿었고, 그래서 오랜 세월 여러 권력자들이 이 창을 탐내게 되었다. 가장 최근에는 아돌프 히틀러가 2차 세계대전 발발 이전인 1938년 오스트리아를 합병하면서 이 창을 입수했다는 설이 있다. 이 설에 따르면 이 창은 2차 세계대전 말기에 미국 장군 조지 S. 패튼이 찾아내 오스트리아 수도 빈에 있는 호프부르크 궁전에 돌려줬다고 한다. 창은 현재 호프부르크 궁전 내 오스트리아 황실 보물창고에 보관돼 있다. 아르메니아, 터키 안티오크, 폴란드에도 성스러운 창으로 알려진 유물이 있다.

다. 부유한 산헤드린 의원으로 남몰래 예수를 추종하던 그는 예수에 대한 불법적인 재판에 이의를 제기한 극소수 가운데 한 명이었다. 똑같이 이의를 제기하던 바리새파 사람 니고데모도 아리마대의 요셉과 함께 골고다 언덕 위에 서 있었다. 두 사람은 예수의 시신을 거둬가도 좋다는 허락을 빌라도로부터 받은 상태였다. 총독 입장에서는 예수에 대한 사형 집행 사실이 최대한 빨리 잊히기를 원했을 것이다.

다소 충격적인 것은 아리마대의 요셉과 니고데모가 지금 하는 행동은 이제부터 예수의 가르침을 따르겠다는 공개적인 선언과 다를 바 없다는 점이다. 아리마대의 요셉은 예수의 시신을 자기 가족 무덤에 안치했다. 골고다 언덕 인근 경사면의 무른 석회암('예루살렘 바위')을 깎아내 새로 조성한 무덤이었다. 유대인들은 범죄자의 시신이 무덤에 들어오면 부정을 탄다고 믿었다. 더 심각한 문제는 산헤드린 의원이 유월절 당일에 시신을 만지면 부정을 탄 것이 되어 세데르(유월절 만찬)를 먹을 수 없는 것이었다. 율법에 따르면 아리마대의 요셉과 니고데모는 부정을 타서 이레 동안 정결례를 행해야 한다.*

이런 모든 구속 따위는 아랑곳하지 않고 두 산헤드린 의원은 예수 추종자로서 해야 할 일을 대담하게 해냈다. 축 늘어진 예수의 시신을 골고다 언덕에서 들고 내려와서 인근 무덤에 안치한 것이다. 장례 예법에 따라 시신을 씻기고 기름을 붓고 할 여유는 없었다. 그러나 두 사람은 값비싼 몰약(미르라)과 침향을 시신에 발라 부패의 악취를 막았다. 그런 다음 시신을 아마포로 친친 감았다. 얼굴 부위를 느슨하게 한 것은 진짜 사망한 것이 아니라 의식만 잃었을 경우에 대비한 것이다. 자칫 질식사

---

* 「민수기」 19장 11절.

하는 것을 막기 위한 조치였다. 유대인들의 전통에 따르면 모든 시신은 일단 사망 판정이 나고 나서 사흘 뒤에 다시 최종 사망 여부를 확인하도록 돼 있다.* 예수의 무덤을 일요일에 열어서 확인하게 되는 것도 그 때문이다.

그러나 이 모든 과정은 의례적인 절차에 불과했다. 예수가 죽었다는 것은 움직일 수 없는 사실이었다. 창으로 심장막을 찔러 파열시켰으니 의심의 여지가 없었다.

어쨌든 예수의 무덤은 일요일에 열어보게 된다. 사망 사실이 공식 선언되면 시신은 1년 동안 무덤에 안치된다. 1년 후 부패하고 남은 시신에서 뼈를 수습해서는 돌로 만든 소형 납골 단지에 담는다. 납골 단지는 무덤 벽면에 파놓은 작은 구멍에 넣어두거나 다른 장소에 보관한다.

예수의 무덤은 예루살렘 성벽 바깥의 동산 한군데에 마련됐다. 무덤 입구를 막을 큰 돌은 무게가 수백 킬로그램으로, 약간 내리막이 되게 다져둔 통로에 놓여 있었다. 무덤 입구까지 돌을 굴리기 쉽게 만들어놓은 것이다. 일요일에 이 육중한 돌을 다시 밀어서 치우려면 오늘 무덤을 봉인하는 것보다 훨씬 힘이 들 것이다.

아리마대의 요셉과 니고데모는 시신을 무덤 안으로 모신 다음 바위를 깎아 만든 기단 같은 곳에 눕혔다. 무덤 내부는 먼지로 매캐했지만 시신에 바른 향료 냄새가 진동했다. 두 사람은 예수에게 작별 인사를 한 다음 무덤에서 나왔다.

예수의 어머니 마리아는 두 사람이 힘을 써가며 돌로 무덤 입구를 막

---

* 고대부터 유대인들은 시신을 땅 속에 매장하거나 납골당에 안치했다. 부자들은 대개 바위 벽을 동굴처럼 파서 가족 납골당을 조성했다. 무덤이든 납골당이든 묘소는 신성한 곳으로 간주됐기 때문에 묘소를 손상하는 것은 중범죄였다.

는 것을 지켜보고 있었다. 막달라 마리아도 함께 지켜보았다. 돌이 입구를 막을수록 무덤 안을 환히 비추는 햇살은 가려졌다.

　나사렛 예수는 자신의 죽음을 예언했고, 신에게 고난의 잔을 거두어 달라고까지 기도했다. 그러나 이제 다 끝났다. 무덤 속은 적막 그 자체였다. 그 어둠 속에서 나사렛 사람 예수는 마침내 영면을 얻었다.

기원후 30년
4월 8일 토요일 낮
예루살렘의 빌라도 총독 관저

본디오 빌라도에게 손님이 찾아왔다. 또다시 그의 앞에 선 것은 가야바와 바리새파 사람들이었다. 그러나 이번에는 관저 안으로 발을 들였다. 유월절이 끝났으므로 이방인의 처소에 들어가도 부정을 탈 염려가 없었던 것이다.

이때 처음으로 빌라도는 가야바가 사실은 예수의 힘을 무서워하고 있다는 사실을 알아챘다. 나사렛 사람이 살아 있을 때는 분명치 않던 것이 이제 그의 죽음 이후에 확실히 드러났다. 가야바는 빌라도에게 곧바로 말했다.

"그 거짓말쟁이는 '나는 사흘 만에 다시 살아난다'고 했습니다. 그러니 사흘이 되는 날까지는 그 무덤을 단단히 지키라고 명령하십시오. 그의 제자들이 와서 시체를 훔쳐다 감추어놓고, 사람들한테는 그가 죽었다가 다시 살아났다고 떠들지 모릅니다."

분명 일리가 있는 얘기였다. 예수의 시신이 사라질 경우 성전 제사장들을 규탄하는 시위로 이어질 가능성이 있다. 예수의 추종자들은 그리스도를 자칭한 그자가 진짜로 죽지 않는 신적인 존재임이 입증됐다고 사람들에게 떠들어댈 것이다. 그러나 로마 경비병이 무덤을 지킨다면 감히 무덤에 들어가 시신을 훔치는 일 따위는 엄두도 내지 못할 것이다.

빌라도는 가야바의 청을 들어주었다.

"경비병을 데려가 무덤을 지키게 하라."

빌라도가 명했다.

이렇게 해서 예수의 무덤 앞에는 로마 경비병 한 명이 배치됐다. 사자의 탈출을 막기 위한 조치였다.

✝✝✝

이것으로 끝이어야 했다. 말썽을 일으키고 신성모독을 하던 자는 죽었다. 산헤드린과 로마는 이제 더는 걱정할 일이 없었다. 나사렛 사람의 추종자들이 말썽을 피울 계획을 짜고 있는지는 모르지만 그런 기미는 보이지 않았다. 제자들은 겁에 질렸고, 메시아가 죽었다는 충격에서 헤어나지 못했다. 제자들은 은신하기에 바빴으므로 로마에는 위협이 되지 못했다.

빌라도는 안도했다. 이제 곧 카이사레아로 돌아갈 수 있을 것이다. 성전 제사장들 따위로부터 성가신 일을 당하지 않고 편히 지낼 수 있게 된 것이다.

그런데 가야바는 물러가려 하지 않았다. 호화로운 예복을 착용하고 근엄한 자세로 빌라도 앞에 서 있었다. 로마 총독이 로마 본국에 이번 사건을 어떻게 보고할지 몰랐기 때문이다. 가야바로서는 상당히 위험한 상황이었다. 특히 빌라도가 사람들 앞에서 손을 씻어 보인 것이 영 마음에 걸렸다. 재판 과정에 거리를 두겠다는 의지의 표시였음이 분명하기 때문이다. 티베리우스 황제가 예수의 죽음에 대해 책임을 묻는다면 가야바는 모든 것을 잃게 된다. 지금 이렇게 가야바가 버티고 서 있는 것은 빌라도가 긍정적인 신호를 보내주기를 기다리는 것이었다. 그러나 로마 총독은 이 오만한 대제사장에게 질린 상태였다. 빌라도는 아무 말 없이 서 있다가 들어가버렸다.

21장

기원후 30년
4월 9일 일요일 새벽
예수의 무덤

아직 어두운 새벽이었다. 곧 동이 트고 예루살렘도 잠에서 깨어날 것
이다. 이제 예수가 죽은 지 사흘째 되는 날이다. 막달라 마리아는 시신
을 확인하는 전통적인 의식을 자청해서 맡았다. 마리아라는 이름의 다
른 여자(예수의 어머니 마리아와 다른 인물이다)도 같이 했다. 나사렛 사람
이 처형당한 그날처럼 예루살렘 서부 호화 주택가는 고요했다. 두 명의
마리아는 주택가를 지나 동산 문에서 성벽을 나섰다. 그러고는 예수가
마지막으로 걸었던 길을 따라 골고다 언덕으로 향했다.

예수가 못 박혔던 세로 기둥은 여전히 언덕 꼭대기에서 다음 십자가형을 기다리고 있었다. 두 사람은 그 참혹하던 현장이 떠올라 고개를 돌리고 언덕을 돌아 예수의 무덤으로 향했다.

두 사람은 무덤 입구의 돌을 치울 일이 걱정이었다. 막달라 마리아는 예수가 생전에 그토록 자애롭게 대해주던 일을 결코 잊지 않았다. 한때 스승의 머리에 향유를 붓고 눈물로 그 발을 씻겨드리던 것처럼 이번에는 시신에 향료를 발라드릴 생각이었다. 차마 예수의 시신이 썩어 악취를 풍기도록 내버려둘 수는 없었다. 이제 1년 후 유월절에 다시 이곳에 와서 사람들과 함께 무덤 앞의 돌을 치우고 유골을 수습할 때가 되면 입구에서부터 죽음의 악취 대신 향기가 흘러나올 것이다.

그러나 당장 큰 돌을 치우는 게 문제였다. 마리아 혼자서 돌을 굴려 밀어내기는 역부족이었다. 도와줄 사람이 필요했다. 그러나 예수의 제자들은 대부분 멀리서 숨어 지내고 있었다. 어제는 안식일이어서 마리아는 율법에 따라 아무 일도 하지 않고 쉬었다. 로마 병사가 무덤을 지키라는 명을 받고 와 있었다는 사실도 몰랐다.

그런데 경비병이 없었다. 두 마리아는 무덤으로 다가가보고는 깜짝 놀랐다. 무덤 입구를 막은 돌이 치워져 있었던 것이다. 동굴 같은 무덤 내부는 텅 비어 있었다.

막달라 마리아는 조심조심 무덤 안으로 들어가보았다. 예수의 몸에 발라둔 몰약과 침향의 향내가 코를 찔렀다. 시신을 동여맸던 아마포도 분명히 보였다. 그런데 시신은 없었다.

오늘날까지도 나사렛 사람 예수의 시신은 발견되지 않았다.

책을 마치며

지금부터 벌어지는 일이 기독교 신앙의 핵심이 된다. 4복음서는 예수의 시신은 도둑맞지 않았다고 기록하고 있다. 오히려 예수는 죽은 자들 가운데에서 살아 일어나 하늘로 올라갔다고 한다. 시신이 사라진 후 예수는 40일 동안 지상에서 12번 모습을 드러냈다고 복음서들은 적고 있다. 출현 형태를 보면 한 사람에게 나타난 것에서부터 여러 사람에게 나타난 것까지 다양하다. 갈릴리의 어느 산에서는 500명 넘는 군중 앞에 모습을 드러냈다. 그를 본 군중 가운데 일부는 상당 기간 살아남아 예수 출현 사건을 생생하게 증언한다. 25년 후 사도 바울은 코린트인들에게 보낸 편지(「고린도서」)에서 예수가 갈릴리 산에 나타난 사건을 언급했다.

예수의 부활을 사실이라고 믿느냐에 관계없이 그의 삶과 메시지에 관한 이야기는 십자가형으로 생을 마감한 뒤로 훨씬 더 큰 영향을 발휘했다. 예수는 단순히 예수 또는 나사렛 사람 예수가 아니라 예수 그리스도로, 메시아로 역사에 기록된다. 당대의 로마 작가들은 그의 이름을 언급한 바 있으며, 종종 그리스도의 라틴어식 표기인 크리스투스Christus라는 표현을 선호하기도 했다. 메시아를 자처한 다른 모든 인물들과 달리 예수는 예루살렘을 넘어 세계 역사에서 중요한 인물이 되었다. 기원후 1세기 중엽 예언자를 자처한 이집트 출신 유대인 테우다스「사도행전」에는 '드다' 또는 '튜다'로 표기나 가말라의 유다 같은 사람들은 처형 직후 사람들의 기억에서 금세 사라졌다. 다만 바르 코흐바메시아를 자처하며 로마제국에 대항해 반란을 일으켰다가 기원후 135년 살해당한다 정도가 예수 못지않게 지속적으로 유대인들의 관심을 받았을 뿐이다. 유대교 내 예수 추종 세력에 대해서는 1세기 이후에도 많이 언급된다. 엘리트들은 그들을 달가워하지 않았지만 고고학적 증거와 그 밖의 자료를 보면 그들은 계속 살아남아 세력을 키웠다.

기원후 2세기 초까지 활동한 로마 역사가 소少 플리니우스Plinius Caecilius Secundus와 코르넬리우스 타키투스Cornelius Tacitus, 수에토니우스Suetonius도 저서에서 하나같이 예수를 언급하고 있다. 종교와는 무관한 입장에서 그리스어로 글을 쓴 역사가 탈로스Thallus와 플레곤Phlegon, 풍자 작가 사모사타의 루키아누스Lucianus of Samosata, 저명한 유대계 역사가 플라비우스 요세푸스도 예수를 언급했다. 모든 작가가 예수에게 우호적인 것은 아니었다. 예를 들어 루키아누스는 그토록 비천하게 죽은 자를 믿는다며 초기 기독교인들을 조롱했다. 사실 수세기 동안 기독교인들에게 십자가는 당혹스러운 사안이었다. 십자가형은 노예나 살인자, 최하층 인물 들에게나 어울리는 형벌로 간주됐기 때문이다. 신흥 종교인 기독교에 반대하는 사람들은 그 신자들이 "범죄자와 그가 매달린 십자가"*를 경배한다고 비웃는가 하면 기독교는 일종의 광기 같은 것이라고 조롱했다. 그러나 기독교인들은 손으로 이마와 가슴을 십자 모양으로 긋는 성호聖號, sign of the cross를 악마를 물리치는 수단으로 사용하기 시작했다. 기원후 4세기가 되면 십자가는 자부심의 표현처럼 여겨진다. 예수가 모든 인류를 위하여 비천하게 죽어간 것의 상징이 되는 것이다. 그러나 십자가상(예수의 몸이 십자가에 매달린 형상물) 자체는 예수가 죽고 600년이 지난 시점까지도 기독교 문화의 일부가 아니었다. 이처럼 십자가를 주요 상징물로 사용하지 않은 것은 기독교 교회가 예수의 부활을 믿었기 때문일 수도 있다.

✝✝✝

십자가형 처형 이후 예수의 제자들의 행동방식이 근본에서부터 바뀌었다. 제자들은 부활한 예수를 목격했다는 강한 자신감을 가지고 세상으로 나가 예수의 메시지를 대담하게 설파했다. 후일 사도로 일컬어지게 되는 제자들은 신앙을 전파하기 위해 엄청난 대가를 치렀다.

기원후 44년 헤롯 대왕의 손자 헤롯 아그리파(아그립바)가 '천둥의 아들들'** 가운데 한 명인 '야고보'를 참수형에 처했다. 아그리파는 당시 유

---

* 미누키우스 펠릭스가 쓴 기독교 옹호서 『대화The Octavius』에는 2세기 로마 수사학자 마르쿠스 코르넬리우스 프론토가 이렇게 말했다고 인용돼 있다.
** 예수에게 별명을 얻은 또다른 제자는 시몬이다. 예수가 시몬을 베드로('바위')라고 부른 데에는 불끈불끈하는 성격을 놀려주려는 뜻이 들어 있는 듯하다. 라틴어와 그리스어에서 여성 명사 페트라(petra)는 '바위'를 뜻한다. 페트라의 남성형이 베드로에 해당하는 페트루스(Petrus)다. 그런데 베드로는 시간이 가면서 별명 그대로 바위같이 듬직한 인물이 된다. 「마태복음」16장 18절에서 예수는 베드로를 향해 "내가 이 반석(바위) 위에 내 교회

대 땅의 통치자였다. 야고보는 제자들 중에서 최초로 순교자가 됐다. 아그리파는 기독교를 대단히 적대시해 예수가 설파한 새로운 신학을 무자비하게 탄압했다. 한때 베드로도 투옥했지만 죽이지는 않았다.

'베드로'는 선교를 위해 결국 로마까지 갔고, 거기서 기독교 교회의 기틀을 마련했다. 기독교 선교를 달갑지 않게 생각하던 로마인들은 베드로를 십자가형에 처했다. 베드로가 자신은 예수와 같은 방식으로 죽을 가치조차 없는 사람이라고 하자 로마인들은 그의 뜻을 받아들여 십자가에 거꾸로 못 박아 죽였다. 베드로가 순교한 것은 기원후 64년에서 67년 사이 어느 시점으로 추정된다. 베드로가 묻힌 곳은 로마 바티칸에 있는 성베드로 대성당 지하라고 볼 만한 증거가 있다.

제자들 대부분의 죽음은 전설로 남았다. 낙관적이고 의욕이 넘치는 것으로 유명하던 사도 '안드레'는 지금의 우크라이나, 러시아, 그리스에 해당하는 지역에서 예수의 메시지를 전파했다. 안드레는 로마가 통치하던 그리스 서부 파트라스에서 십자가형을 당해 순교한 것으로 추정된다. 전설에 따르면 안드레는 ×자 모양의 십자가에 매달렸다고 한다. '성 안드레의 십자가'라고 하는 ×자 모양의 십자가는 지금도 스코틀랜드를 상징하는 깃발 문양으로 사용되고 있다.

비관적인 성향을 보이기도 한 '도마'는 인도 마드라스 인근에서 창에 찔려 죽은 것으로 추정된다. '바돌로매(바르톨로메오)'는 이집트와 아라비아, 그리고 지금의 이란에 해당하는 지역에서 전도했고, 인도에서 산 채로 가죽이 벗겨진 뒤 참수당했다. '열심당원 시몬'은 페르시아에서 전도를 하다가 톱으로 몸이 잘려 순교한 것으로 추정된다. '빌립'은 지금

───────────────

를 세울" 것이라고 했다.

의 터키 서부에서 복음을 전하다가 그리스-로마계 도시 히에라폴리스(히에라볼리)에서 양 발목에 갈고리가 박힌 채 거꾸로 매달려 순교했다고 전한다. 세리 출신으로 붙임성이 좋은 '마태'는 에티오피아에서 열정적으로 전도하다가 살해당한 것으로 추정된다.

다른 제자들이 어떻게 됐는지에 대해서는 알려진 것이 없다. 다만 평생토록 복음을 전파하다가 살해됐을 것으로 추정될 뿐이다. 예수의 제자들이 멀리 인도, 브리튼 섬(지금의 영국), 심지어 아프리카까지 가서 열정적으로 신앙을 전파한 것은 사실이다. 이는 예수 생전에, 특히 예수 사망 직전에 비겁한 모습을 보이던 것과는 천양지차다.

마지막 사망자는 또다른 천둥의 아들 '요한'이었다. 요한은 기독교를 전파했다는 이유로 로마군에게 붙잡혀 그리스 파트모스(밧모) 섬으로 유배됐다. 여기서 그는 「요한복음」을 집필했고, 『신약성경』의 마지막 권이 될 「요한계시록」(「요한의 묵시록」)도 썼다. 요한은 기원후 100년 지금의 터키 지역인 에페수스(에베소)에서 사망했다. 당시 그의 나이 94세였으며 순교하지 않은 유일한 사도였다.

「마태복음」과 「사도행전」 1장에는 '가룟 유다'는 자살한 것으로 나온다. 유다가 스승 예수로 하여금 그리스도임을 선언하도록 만들려고 한 계획이 스승의 처형이라는 결과를 가져온 것을 알고는 제사장들에게 받은 은화 30개를 성전에 내동댕이치고 나무에 목을 매달아 죽었다고 마태는 적고 있다. 전설에 따르면 말고삐를 걸어 목이 부러져 죽었다고 한다. 이것이 사실이든 아니든 이후 가룟 유다에 관한 소식은 없다.

이 점에서는 '막달라 마리아'도 마찬가지다. 그녀는 예수의 무덤을 찾아간 후로 기록에서 사라진다. 그러나 「사도행전」 1장 14절에서 오순절에 제자들과 함께 성령의 감화를 받은 것으로 언급된 '여자들' 중에 있었을 것으로 추정된다.

'예수의 어머니 마리아'에 대해서는 「사도행전」에 언급이 있고, 「요한계시록」에 나오는 "해를 옷처럼 입은 여자"라는 표현도 마리아를 가리키는 것으로 보인다. 하지만 마리아가 나중에 어떻게 되었는지는 기록이 없다. 1950년 11월 1일 로마 가톨릭교회는 마리아의 육신이 "하늘로 올라갔다"는 교리를 반포했다. 당시 교황 비오 12세는 "마리아는 현세 생활을 마친 후 육신과 영혼이 함께 하늘로 올라가 영광을 입었다"고 선언했다.*

✝✝✝

예수 처형에 앞서 손을 씻어 보인 지 6년 후 '본디오 빌라도'는 또다시 메시아와 관련된 사건에 개입했다. 이번에는 그 결과로 직위가 날아갔다. 문제의 설교자는 사마리아 사람으로 게리짐 산 꼭대기에 숨어 지냈다. 그의 추종 세력이 날로 커지는 것을 두려워한 나머지 빌라도는 중무장한 로마군을 동원해 그들을 탄압했다. 그 과정에서 많은 사망자가 발생했고, 빌라도는 로마로 소환돼 자초지종을 해명해야 하는 상황이 됐다. 빌라도는 '티베리우스 황제'가 해명을 듣고 이해해줄 것이라고 생각했다.

---

* 1870년 7월 18일 바티칸(교황청)은 "신앙과 도덕에 관해서 교도하는 교황의 선언은 오류가 없다"는 내용의 교황 무류성(無謬性)을 교리로 반포했다. 이에 앞서 1854년 교황 비오 9세는 "마리아는 잉태되는 순간부터 원죄에 물들지 않은 깨끗한" 존재라는 회칙을 발표했다. 1950년에는 비오 12세가 사도헌장 「지극히 관대하신 하느님Munificentissimus Deus」을 통해 마리아의 삶에서 마지막 순간은 죽음으로 손상되지 않았다고 선언했다. 이는 80년 전 교황 무류성이 교리로 확정된 후로는 처음 나온 무류성 선언이다.

그러나 빌라도가 로마에 도착했을 때 티베리우스 황제는 죽고 없었다. 역사가에 따라 병사했다고도 하고 부하가 담요를 덮어 질식시켜 죽였다고도 한다. 어쨌든 일흔일곱 살의 황음무도한 황제는 이제 갔다. 4세기에 활동한 역사가 에우세비오스는 빌라도가 후일 마지못해 자살함으로써 "스스로를 살해하고 처형한 인물"이 되었다고 기록하고 있다. 빌라도가 어디서 어떻게 죽었는지에 대해서는 아직도 논란이 분분하다. 어떤 보고에 따르면 지금의 프랑스 도시 비엔 인근 론 강에 몸을 던져 익사했다고 한다. 비엔 중심가에는 지금도 고대 로마의 기념비가 서 있는데 '빌라도의 무덤'이라고도 한다. 또다른 보고에 따르면 빌라도는 지금의 스위스 로잔 인근에 있는 한 호수에 몸을 던졌다고 한다. 스위스 중부의 필라투스 산은 빌라도의 이름에서 유래했다는 말이 전한다. 빌라도와 그 부인 클라우디아가 기독교로 개종해 결국 신앙 때문에 살해당했다는 소문도 있다. 사실이든 아니든 이집트 콥트 교회와 에티오피아 기독교회는 빌라도를 순교자로 숭앙하고 있다.

†††

티베리우스의 뒤를 이은 황제는 '칼리굴라'였다. 칼리굴라는 요절한 티베리우스의 양자 게르마니쿠스의 아들로 당시 스물네 살이었다. 얼마 지나지 않아 칼리굴라는 티베리우스에게서 물려받은 부를 거의 탕진했다. 거기에는 갈릴리 농민들의 고혈도 들어 있었다. 그는 재위한 지 불과 4년 만에 부하들의 칼에 찔려 죽었다. 기이하게도 그 과정은 위대한 율리우스 카이사르가 암살당했을 때와 흡사했다. 칼리굴라의 뒤를 이은 것은 클라우디우스 황제와 네로 황제였다. 이들은 폭정을 일삼다가 결국 로마의 멸망을 초래하고 만다. 예수 사망 400년 후인 기원후 476년 로마제국은 게르만족에 의해 타도됐다. 그러나 제국이 몰락하기 한참 전에 로마는 이교 신들을 외면하고 예수 그리스도를 숭배하기 시작했다. 기독교는 기원후 313년 밀라노 칙령이 발표됨에 따라 로마 전역에서 합법 종교로 인정됐다.

†††

빌라도가 본국으로 소환되면서 대제사장 '가야바'는 로마의 정치적 동맹자를 잃은 신세가 됐다. 예루살렘에는 그의 적이 많았다. 가야바는 곧 대제사장 자리에서 물러나게 된다. 가야바는 이로써 역사의 무대를 완전히 떠났다. 출생과 사망 일자도 기록에 남아 있지 않다. 그런데 1990년 그의 유골이 담긴 납골 단지가 예루살렘에서 발견됐다. 지금은 이스라엘 박물관에 전시중이다.

†††

'헤롯 안티파스'는 궁정의 암투에 대단히 밝았겠지만 결국은 그런 암투가 안티파스의 몰락을 가져왔다. 조카인 헤롯 아그리파는 신임 로마 황제 칼리굴라와 가까운 인물로 알려져 있었다. 유대계 역사가 요세푸스의 기록에 따르면, 헤롯 안티파스는 바보같이 칼리굴라에게 사분영주가 아닌 임금 칭호를 내려달라고 요청했고—부인 헤로디아가 부추긴 일이다. 헤로디아는 이런 식으로 남편을 계속 궁지에 몰아넣었다—헤롯 아그리파는 안티파스가 칼리굴라를 죽이려는 음모를 꾸미고 있다고 고발했다. 그 증거로 아그리파는 안티파스가 막대한 무기를 비축했다는 사실을 지적했다. 이렇게 해서 칼리굴라는 안티파스를 갈리아로 종신 유배 보낸다. 안티파스의 부와 영토는 어린 조카 아그리파에게로 넘어갔다. 지금의 프랑스에 해당하는 유배지에서 안티파스는 헤로디아와 재회한다. 두 사람은 지금의 프랑스 리옹에 해당하는 루그두눔에서 살았다.

✝✝✝

로마와 유대 민족 간의 긴장은 예수가 부당하게 십자가형에 처해진 다음에도 사그라들지 않았다. 기원후 66년 유대인들이 로마 점령군을 상대로 전쟁을 벌여 예루살렘을 장악했다. 과다한 조세가 봉기를 촉발한 핵심 요인이었다. 그러나 로마인들은 조금도 양보하지 않았다. 기원후 70년 로마군은 4개 군단—전설적인 제10프레텐시스 군단도 올리브산에 병력을 배치했다—으로 예루살렘을 포위하고 공성전을 시작했다. 유월절을 보내러 온 순례자들에 대해서는 예루살렘에 들어가는 것을 허용했지만 성 밖으로 다시 나오는 것은 금지했다. 이 때문에 예루살렘 성 안에서는 식수와 식품 부족으로 상당한 곤란을 겪었다. 60만에서 100만 명에 이르는 남녀노소 유대인이 성벽 안에 갇혔다. 탈출을 시도하는 자들은 즉각 십자가형에 처해졌다. 이들을 매단 십자가가 예루살렘 성 주변 언덕에 즐비했다. 예루살렘에 있는 유대인들은 다가올 운명이 어떤 것인지 똑똑히 목격했다. 로마군 포위 공격 기간에 수많은 사람이 십자가에 못 박혔다. 수가 너무 많아서 로마군은 십자가를 만들 나무가 떨어질 정도였다. 그래서 멀리 수킬로미터씩 나가서 나무를 베어다가 예루살렘으로 운반해왔다. 탈출을 시도한 일부 유대인들은 십자가형 대신 살점을 저며 벗겨내는 형을 받았다. 그런 다음 로마 병사들은 뱃속의 소화기관을 샅샅이 뒤졌다. 탈출 직전에 삼킨 금붙이를 찾아내기 위해서였다.

마침내 로마군은 겹겹이 쌓은 성벽을 돌파했다. 예루살렘은 철저히 파괴됐다. 탈출하지 못한 유대인들은 참수당하거나 노예로 전락했다. 예루살렘 성전은 불에 타 잿더미가 되고 말았다. 도시의 상당 부분이 초토화했다. 오늘날까지도 성전은 재건되지 않았다.

당시의 폐허를 최근에 발굴한 결과 예수 시대의 도로와 가옥 일부가 드러났다. 현장에 가보면 예수가 걸었던 길을 따라 걸을 수 있고, 당시 예루살렘의 생활이 어땠는지를 눈으로 확인할 수 있다. 주의해야 할 것은 지금은 일종의 순례 코스로 돼 있는 '고난의 길Via Dolorosa 예수가 빌라도의 법정에서부터 골고다 언덕까지 십자가를 지고 올라간 약 800미터 길이의 길'*은 예수 생전에는 따로 없었고, 예수 사후 수세기 뒤까지도 없었다는 점이다.

예수가 실제로 걸었던 길은 총독 관저로 사용한 헤롯 궁궐에서 시작된다. 예루살렘 서쪽 성문에 해당하는 지금의 야파 문 옆쪽이다. 길은 골고다 언덕 위, 예수의 무덤 인근에 세워졌다고 하는 지금의 성묘교회 聖墓教會, Church of the Holy Sepulchre에서 끝난다. 현지에 가면 이들 장소를 거닐어볼 수도 있고, 예수가 짊어진 십자가를 잠시 내려놓았다고 하는 장소도 더듬어볼 수 있다.

---

* 여행사와 기념품점에서는 아직도 이 길이 예수가 처형장으로 간 길이라고 광고하고 있다.

†††

기원후 132년, 예루살렘 재건이 아직 끝나지도 않은 상황에서 바르 코흐바가 주도하는 2차 유대인 봉기가 일어났다. 로마 황제 하드리아누스는 당초 유대 민족에 대해 동정적이었다. 기원후 70년 1차 봉기 진압 후 흩어졌던 유대인들이 예루살렘으로 돌아와 성전을 재건하는 것도 허용했다. 그러나 곧 심경의 변화를 일으켜 예루살렘 성전을 자신과 로마 신 유피테르를 모시는 거대한 이교 신전으로 탈바꿈하기로 결심했다. 하드리아누스는 유대인들의 성전 재건을 금하고 이집트와 북아프리카로 추방했다. 그러자 유대인들이 다시 봉기했고, 그 세력이 커져서 유대 땅은 다시 로마군이 전력을 집중해야 하는 지역으로 변했다. 반란 진압을 위해 상당 규모의 군단이 파견됐다. 60만 명 가까운 유대인이 학살됐고 마을 약 1,000개가 초토화했다. 토라를 읽고 할례를 하고 안식일을 지키는 등의 유대교 관행도 불법이 됐다.

이후 수세기 동안 유대 땅의 유대인들은 계속 박해를 받았다. 4세기 초 로마 황제가 기독교를 합법적인 종교로 공인한 뒤에도 마찬가지였다. 기원후 637년 무슬림 세력은 예루살렘을 점령중이던 기독교도 중심의 비잔티움 제국 군대를 격파했다. 후일 무슬림들은 유대인의 성전이 있던 자리에 모스크(이슬람교 사원)를 건립했다. 이 모스크가 존립하는 한, 예루살렘 성전을 원래 자리에 재건하려는 유대인들의 소망은 실현되지 못했다. 알아크사 모스크Al-Aqsa Mosque는 705년부터, 모스크 옆에 있는 바위의 돔 사원Dome of the Rock은 691년부터 지금까지 제자리를 지키고 있다.

예루살렘은 로마군에게 완전히 파괴된 후에 폐허로 변했다. 그러나 이후 유대인들은 계속 추방을 당하면서도 여러 세기에 걸쳐 예루살렘으로 다시 모여들었다. 가장 최근에는 1948년 요르단군이 예루살렘 구시가에서 유대인을 모두 쓸어냈다. 못 나가겠다고 버티는 유대인들은 죽였다. 1967년 6월 10일, 예루살렘이 로마군에게 파괴된 지 2,000년이 지난 시점에 6일 전쟁Six-Day War1967년 6월 5~10일 이스라엘의 선제공격으로 이집트, 요르단, 시리아가 연합해 싸운 제3차 중동전쟁이 끝났을 때 예루살렘 전체가 다시 유대인들 수중에 들어갔다.

흥미로운 점은 나사렛 사람 예수가 여러 가지 비유를 들어 예루살렘에 혹독한 운명이 닥칠 것이라는 예언을 했다는 사실이다. 그 예언들이 실현됐음은 의심의 여지가 없는 사실이다.

후기

공동 필자인 마틴 두가드와 나는 조사와 연구를 하고 책을 집필하면
서 어마어마하게 많은 것을 배웠다. 그런데 참으로 흥미로운 의문은 왜
그토록 많은 평범한 사람들이 나사렛 사람 예수를 찾아다녔을까 하는
것이다. 예수가 설교할 때마다 수많은 군중이 겹겹이 둘러싸고 있어서
목소리가 잘 들리지도 않았고 직접 만나기도 어려웠다. 그런데 왜 그들
은 예수를 찾아간 것일까? 예수가 무엇을 어떻게 했기에 그토록 많은
사람들이 그날 할 일을 제쳐두고 그를 보러 간 것일까?

기독교인들은 예수가 큰 호응을 받은 것은 사랑과 희망과 진리를 말
하는 그의 메시지 때문이라고 한다. 기적과 같은 질병 치료도 중요한 역
할을 했다. 예수의 기적을 믿지 않는 사람들도 당시 갈릴리 땅에서 뭔가
비상한 일이 일어나고 있었다는 사실은 인정하지 않을 수 없다.

이런 의문과 함께 또하나 의미심장한 사실이 있다. 나사렛 예수가 인류 역사에서 가장 유명한 인물이라는 것은 이론의 여지가 없다. 그런데 예수는 요즘 말로 하면 인프라가 없었다. 정권을 업은 것도 아니고 대기업을 가진 것도 아니었다. 예수와 제자들은 먹을 것과 잠자리를 사람들의 기부에 의존했다. 열두 명의 충실한 추종자 외에는 이렇다 할 조직도 없었다. 인류 역사에서 외부의 아무런 지원 없이 예수만큼 세계적인 명성을 얻은 사람은 없다.

†††

죽은 다음에도 예수는 역사를 통해 계속 영향력을 발휘했다. 기원후 313년 로마제국이 기독교를 합법화한 뒤로 기독교는 서구 세계 곳곳으로 전파됐다. 예언자 무함마드(마호메트)가 610년 이슬람교를 창시할 때까지 기독교는 추종자 수에서 이렇다 할 경쟁자가 없었다. 무함마드는 예수를 예언자로 봤다. 이슬람 성경 『코란(꾸란)』에는 무함마드가 다음과 같이 말한 것으로 나온다. "예수가 분명한 징표를 가지고 와서 그들에게 말했다. '내가 지혜를 가지고 너희에게 왔으니 너희가 논쟁하는 것을 내가 밝혀주겠다. 그러므로 하느님을 두려워하고 내게 순종하라.'"

미국에서는 조지 워싱턴 식민지 독립군 총사령관(후일 미국 초대 대통령이 된다)이 기독교를 장병들을 결집하는 슬로건으로 활용했다. 그는 사령관으로서 처음 반포한 일반명령에서 "모든 장병은 기독교 병사답게 조국의 자유와 고귀한 권리를 수호하는 데 최선을 다하라"고 당부했다.

에이브러햄 링컨 대통령도 남북전쟁 상황에서 예수를 언급했다. "나는 격전지 게티즈버그에 가서 조국을 수호하다 죽어간 영웅들의 무덤을 둘러보았습니다. 바로 그때 그곳에서 나는 이 몸을 그리스도에게 바치기로 결심했습니다."

마틴 루서 킹 목사도 당연히 예수의 가르침을 선교와 민권운동의 토대로 삼았다. 그의 비폭력 철학 역시 예수의 수난에서 배운 것이라고 할 수 있다. 킹 목사는 적대자들에 관해 이런 말을 했다. "그저 그들을 계속 사랑하십시오. 그러면 여러분의 사랑의 힘이 중압감이 되어 스스로 물러날 것입니다. 그것이 바로 사랑입니다. 사랑은 구원입니다. 예수가 사랑을 말씀하신 것은 바로 그 때문입니다. 사랑에는 북돋워주고 창조하는 힘 같은 게 있습니다. 미움에는 헐뜯고 파괴하는 힘 같은 게 있습니다. 그러니 원수를 사랑하십시오."*

로널드 레이건 대통령도 같은 취지의 얘기를 한 바 있다. "그분은 캄캄한 밤도 곧 끝날 것이라고 약속했습니다. 그리고 우리를 위해 죽음으로써 예수는 우리의 사랑이 어느 정도가 되어야 하는지 보여주었습니다. 한이 없어야 한다는 것입니다."**

†††

마틴 두가드와 나는 『킬링 링컨』와 『킬링 케네디』에 이어 이 책도 기쁜 마음으로 열심히 작업했다. 그러나 이 책을 완성하는 일은 참으로 어

---

* 1957년 11월 17일 덱스터 애비뉴 침례교회(앨라배마 주 몽고메리) 설교에서.
** 1984년 1월 30일 워싱턴 셰러턴 호텔 그랜드볼룸에서 개최된 기독교방송인협회 (National Religious Broadcasters) 연례총회 연설에서. 당시 대통령 연설문 작성 책임자 벤 엘리엇은 레이건이 원고에 없는 발언을 하는 경우가 종종 있는데 이 대목도 그렇다고 밝혔다. 예수 그리스도를 믿는다는 사실을 분명히하기 위한 것이었다.

려웠다. 우리는 다양한 자료를 토대로 사실과 신화를 구분해야 했다. 그런데 일부 자료는 다시 그 자체로 문제가 있는 경우가 많았다. 그나마 우리는 예수가 어떻게 죽었는지뿐 아니라 그가 어떻게 살았고, 그가 전한 메시지가 세상에 어떤 영향을 미쳤는지에 대해서도 정확한 그림을 독자들에게 제공했다고 자부한다.

보잘것없는 책을 끝까지 읽어준 독자들에게 다시 한번 감사드린다.

도판 소장처

20쪽: 빌 오라일리 소장

22쪽: Snark/Art Resource, NY

38쪽: ⓒ Image Asset Management/age potostock

54쪽: akg-images

61쪽: Bettmann/CORBIS

67쪽: bpk, Berlin/Niedersaechsisches Landesmuseum, Hannover, Germany/
   Hermann Buresch/Art Resource, NY

72쪽: ⓒ Universal Image Group/SuperStock

90쪽: 빌 오라일리 소장

95쪽: Shalum Shalumov의 일러스트레이션

110쪽: DeAgostini/Getty Images

139쪽: ⓒ H-D Falkenstein/imagebroker/age fotostock

176쪽: INTERFOTO/Sammlung Rauch/Mary Evans

179쪽: ⓒ SuperStock

262쪽: Shalum Shalumov의 일러스트레이션

264쪽: FPG/Archive Photos/Getty Images

참고 자료

　예수의 삶과 죽음에 관한 책을 쓰면서 우리는 앞서 두 종의 책을 작업할 때보다 훨씬 부담스럽고 힘겨웠다. 유튜브의 도움을 받을 수도 없었다. 『킬링 케네디』를 작업할 때는 케네디 대통령이 연설하는 장면이라든가 여러 행사에 나타난 모습을 유튜브로 보고 상세하게 묘사할 수 있었다. 그러나 예수의 경우에는 언론 보도조차 없었다. 『킬링 링컨』만 해도 당대의 보도가 있어서 신문 기사에서 사건 관련 사실을 긁어모을 수가 있었다. 예수의 생애와 시대에 관한 정보의 보고는 단연 인터넷이다. 그러나 대부분의 사이트에 올라 있는 정보가 서로 모순되고 신학적 입장에 따라 설명이 다른 경우가 많다. 카더라 통신이 진실인 양 인용되기도 하고 누차 다른 자료와의 대조를 통해 완전히 오류임이 밝혀진 정보도 버젓이 올라 있었다.

그래서 이 책을 작업하면서는 4복음서와 유대계 역사가 요세푸스가 쓴 책과 같은 고전적인 저작들을 뒤질 수밖에 없었다. 그런 자료들이야말로 출발점이고 가장 기본적인 사실들을 제공한다. 이어 그런 기초 위에서 좀더 깊이 조사 연구를 진행해 이야기를 최대한 상세하게 다듬어갔다.

그런 과정의 한 예로 십자가형을 들 수 있다. 십자가형에 관한 기록은 많다. 그러나 십자가에서 죽는 것이 어떤 것인지를 이야기하려면 십자가를 만드는 나무의 종류, 형을 집행하는 병사들의 상황, 십자가형이 사형수의 몸에 미치는 생리학적 영향, 세상에서 가장 끔찍한 처형 방식의 연원 등등을 꼼꼼히 조사해야 한다. 그렇게 해서 얻은 상당량의 소소한 정보들은 책에 반영되기도 했지만 불필요한 것으로 버려지기도 했다.

역사적인 기록은 비교적 최근의 기록만큼 쉽게 입수하기는 어려웠을지 모른다. 그러나 당대의 역사를 쓴 사람들은 사실을 올바로 이해하고 가급적 완벽하게 사건을 재구성하기 위해 심혈을 기울였다. 로마인들은 당대를 꼼꼼히 기록하는 데 대단한 열정을 보였다. 심지어 일간신문의 원조 격이라고 할 수 있는 악타 디우르나acta diurna '매일매일의 공식 기록'이라는 뜻라는 것도 있었다. 손으로 써서 도시 곳곳에 붙이는 일종의 방이었는데 여러 속주까지 보급됐다. 여기에는 범죄 사건, 결혼식, 이혼, 검투사 경기 스케줄 등등 뉴스가 될 만한 사건들도 포함됐다. 아쉽게도 오늘날까지 전하는 악타 디우르나는 하나도 없다. 그러나 그런 것이 존재했다는 사실만으로도 로마인들이 역사 기록에 얼마나 민감했는지를 알 수 있다.

이 책은 예수의 생애가 어떠한 역사적 맥락 속에서 펼쳐졌는지를 보여주고자 했다. 따라서 당시 갈릴리 지역에서 사용한 어선의 형태는 어떠하며, 나사렛 마을 가옥 지붕 구조는 어떠한지 등등 다양한 주변 자료들을 확보해야 했다. 이를 위해 우리는 성서 시대의 역사적 사실을 연구하는 데 평생을 바친 분들에게 많은 빚을 졌다.

한편 우리에게는 여행도 조사 · 연구의 일환이었다. 예수가 본 광경들을 직접 보고, 예수가 걸었던 길들—지금은 예루살렘 지하에 묻혀 있지만 최근 발굴 덕분에 일부는 체험이 가능하다—을 똑같이 걸어보고, 심지어 올리브 산 꼭대기에 올라가 예루살렘 성전 벽을 한눈에 내려다보았다. 이러한 경험도 이 책의 여러 장면을 묘사하는 데 큰 도움이 되었다. 4복음서에 나오는 사건 기록을 통독한 다음, 기록에 나오는 현장에 서서 주변을 둘러보는 것은 필설로 형언할 수 없는 즐거움이었다. 그 덕분에 세계사에서 가장 중요했던 한 시기를 새롭게 통찰할 수 있었다.

성경은 17세기 초에 나와 지금까지 애독되고 있는 『킹 제임스 흠정영역 성서Holy Bible: King James Version』에서부터 1985년 출간된 『신예루살렘 성경New Jerusalem Bible』까지 판본과 번역본이 수없이 많다. 일관성 유지를 위해 우리는 존더반Zondervan 출판사에서 나온 영역본 『NIV 스터디 성경New International Version Study Bible』 한 종만 사용했다. 여기에는 성경 원문과 함께, 예루살렘 성전의 높이에서부터 예수의 선교 관련 연표 등에 이르기까지 각종 참고 자료가 많이 수록돼 있다.

지금까지 이 책 본문에서 언급한 유대, 그리스, 로마 작가 들 외에 우리가 참고한 문헌의 목록을 아래에 소개한다. 다소 길지만 관련 자료 전체를 망라한 것은 아니며 주제별로 핵심적인 것만 담았다.

고대 로마 관련

마틴 굿맨Martin Goodman의 『로마와 예루살렘Rome and Jerusalem』을 강력히 추천한다. 톰 홀랜드Tom Holland의 『루비콘Rubicon』도 좋다. 공화정 시기 로마의 생활 및 로마 군단에 관한 상세한 정보를 얻기 위해 많은 책을 참고했다. 그중 핵심적인 것이 나이절 폴라르드Nigel Pollard와 조앤 베리Joanne Berry가 함께 쓴 『로마 군단의 모든 것The Complete Roman Legions』과, 크리스 맥냅Chris McNab이 편찬한 『로마의 군대The Roman Army』다. 『로마의 군대』는 병사와 지휘관들의 삶은 물론이고 로마가 어떻게 작은 도시에서 광대한 대제국으로 발전해갔는지를 놀라울 정도로 생생하게 묘사한다. 셔윈화이트A. N. Sherwin-White의 『신약성경에 나타난 로마 사회와 로마법Roman Society and Roman Law in the New Testament』은 당대에 대한 학술적 분석이 돋보이는 반면, 사이먼 시백 몬티피오리Simon Sebag Montefiore의 『예루살렘 전기Jerusalem』는 로마와 유대의 긴장 관계를 개괄적으로 잘 보여준다. 비키 리언Vicki Leon의 『성의 기쁨The Joy of Sexus』은 로마 세계의 욕망과 탐욕을 파헤친다. 메리 비어드Mary Beard, 존 노스John North, 사이먼 프라이스Simon Price가 함께 쓴 『로마의 종교Religions of Rome』는 율리우스 카이사르의 신성에 대한 통찰을 제공한다. 시어도어 도지Theodore Dodge의 『카이사르Caesar』는 카이사르가 루비콘 강을 건너지 않을 수 없는 결정적 계기가 된 게르만족 학살 사건을 상세히 다룬다. 랠프 엘리스Ralph Ellis의 『클레오파트라에서 그리스도까지Cleopatra to Christ』와 조앤 플레처Joann Fletcher의 『위대한 여왕 클레오파트라Cleopatra the Great』는 클레오파트라에 대한 흥미로운 관점들을 제시한다.

마틴 헹겔Martin Hengel이 쓴 『십자가형Crucifixion』을 대서양을 건너는 비행기에서 읽다보면 시간 가는 줄 모른다. 로마인들이 적에게 최대한 고통을 주기 위해 십자가를 어떤 식으로 이용했는지를 구체적으로 설명하고 있어 흥미롭다.

유대 땅의 세력가들 관련

이 분야의 권위자는 단연 헬렌 본드Helen K. Bond라고 해도 과언이 아닐 것이다. 본드는 『역사와 해석으로 본 본디오 빌라도Pontius Pilate in History and Interpretation』와 『가야바: 로마의 친구냐 예수의 적이냐?Caiaphas: Friend of Rome and Judge of Jesus』를 통해 빌라도와 가야바의 생애를 치밀하게 추적한다. 학술적 깊이와 더불어 탁월한 통찰과 다양한 정보가 돋보인다. 피터 리처드슨Peter Richardson의 『헤롯Herod』은 기념비적인 저서라 할 만하다. 역사상 가장 잔인한 인물 중 한 사람의 생애를 구체적이고 상세하게 그려냈다. 새뮤얼 로카Samuel Rocca의 『헤롯 대왕의 군대The Army of Herod the Great』는 구체적인 서술과 더불어, 성전 제사장들이 입던 예복에서부터 헤롯 병사들의 헤어스타일과 무기에 이르기까지 모든 것을 자세히 그린 일러스트가 돋보인다. 앤서니 살다리니Anthony Saldarini의 『팔레스타인 지역 사회의 바리새파, 율법학자, 사두개파Pharisees, Scribes and Sadducees in Palestinian Society』는 구체적인 인물들의 모습뿐 아니라 유대와 갈릴리 지역의 당시 생활이 어떠했는지를 학술적으로 잘 분석했다.

역사적 실존 인물 예수 관련

'역사적 실존 인물 예수'는 독립적인 연구 분야로 자리 잡은 지 오래다. 이를 통해 4복음서의 맥락과 예수의 생애를 폭넓게 이해할 수 있다. 현대에 와서 이 분야의 연구로 말미암아 예수의 역사적 실존성이 많이 밝혀졌고, 복음서와 그 내러티브 구조를 좀더 완벽하게 이해할 수 있게 되었다. 아래의 책들을 추천한다. 마이클 윌킨스Michael J. Wilkins와 모얼랜드J. P. Moreland가 함께 편저한 『현대 학술 연구로 본 역사적 예수Jesus Under Fire: Modern Scholarship Reinvents the Historical Jesus』, 대럴 복Darrell L. Bock이 편저한

『역사적 예수 연구: 자료와 방법론Studying the Historical Jesus: A Guide to Sources and Methods』, 폴 코판Paul Copan이 편저한 『역사적 예수 논쟁Will the Real Jesus Please Stand Up? A Debate between William Lane Craig and John Dominic Crossan』, 크레이그 키너Craig S. Keener의 『복음서로 본 역사적 예수The Historical Jesus of the Gospels』. 키너는 두 권으로 된 『기적Miracles』도 썼다. 역시 두 권짜리인 레이먼드 브라운Raymond E. Brown의 『메시아의 죽음The Death of the Messiah』도 읽어볼 만하다. 폴라 프레드릭슨Paula Fredriksen의 『나사렛 사람 예수, 유대인의 왕Jesus of Nazareth, King of the Jews』과 마이클 리코나Michael R. Licona의 『예수의 부활: 새로운 역사학적 접근The Resurrection of Jesus: A New Historiographical Approach』도 일독을 권한다. 데이비드 플루서David Flusser와 스티븐 노틀리R. Steven Notley가 함께 쓴 『갈릴리의 현인The Sage of Galilee』도 강력하게 추천한다. 예수에 관해 좀 더 신학적으로 접근한 것으로는 통찰력 넘치는 루이스C. S. Lewis의 저서 『순전한 기독교Mere Christianity』를 참조하기 바란다.

십자가형과 예수의 마지막 날들 관련

마태, 마가, 누가, 요한의 4복음서에 나오는 구체적이고 섬뜩한 사건 묘사 외에 언스트 배멀Ernst Bammel이 편저한 『예수 재판The Trial of Jesus』, 크레이그 에번스Craig Evans와 라이트N. T. Wright가 함께 쓴 『예수, 마지막 날들Jesus, The Final Days』, 시몬 깁슨Shimon Gibson의 『예수의 마지막 날들The Final Days of Jesus』을 추천한다. 세 책 모두 관점이 독특한데 구체적인 묘사에서 조금씩 차이가 난다. 십자가에 매달려 죽는 과정에 대한 설명은 프레더릭 주기베Frederick T. Zugibe의 『법의학으로 본 예수의 십자가형The Crucifixion of Jesus: A Forensic Inquiry』이 독보적이다. 냉철한 세부 묘사와 더불어, 십자가형을 재현한 사진들을 실었다. 임산부와 노약자 등 심장 약한 분들은 읽지 않는 게 좋겠다.

감사의 말

이런 복잡한 책을 쓰려면 많은 도움을 받을 수밖에 없다. 이번에는 마케다 우브네, 에릭 시모노프, 스티븐 루빈, 질리언 블레이크로부터 말로 다할 수 없는 도움을 받았다. 깊이깊이 감사드린다.

　　　　　　　　　　　　　　　　　　　　　　　　　　─빌 오라일리

에릭 시모노프에게 깊이 감사드린다. 그의 문학적 재능이 책을 한결 돋보이게 해주었다. 홀트 출판사의 스티븐 루빈과 질리언 블레이크에게도 감사한다. 데니 벨레시는 내게 힘을 주었다. 세계 최고의 집필 파트너인 빌 오라일리 선생께도 감사드린다. 콜리는 내가 항상 고마워하고 있다는 걸 잘 알겠지.

　　　　　　　　　　　　　　　　　　　　　　　　　　─마틴 두가드

옮긴이 **이광일**

번역가. 한국일보 논설위원, 연세대 독문과 강사를 지냈다. 『모든 정부는 거짓말을 한다: 20세기 진보 언론의 영웅 이지 스톤 평전』 『망가진 세계』 『엥겔스 평전: 프록코트를 입은 공산주의자』 『생각의 역사 Ⅱ: 20세기 지성사』 등 영어와 독일어 책 30여 종을 번역했다.

예수는 왜 죽었는가

1판 1쇄   2014년 12월   8일
1판 2쇄   2015년   7월 15일

지은이 빌 오라일리·마틴 두가드 | 옮긴이 이광일 | 펴낸이 강병선
기획·책임편집 강명효 | 편집 오창남 염현숙 | 독자모니터 신견식
디자인 고은이 이주영 | 마케팅 정민호 이연실 정현민 지문희 양서연
홍보 김희숙 김상만 한수진 이천희
제작 강신은 김동욱 임현식 | 제작처 한영문화사(인쇄) 한영제책사(제본)

펴낸곳 (주)문학동네
출판등록 1993년 10월 22일 제406-2003-000045호
주소 413-120 경기도 파주시 회동길 210
전자우편 editor@munhak.com | 대표전화 031) 955-8888 | 팩스 031) 955-8855
문의전화 031) 955-1933(마케팅), 031) 955-2680(편집)
문학동네카페 http://cafe.naver.com/mhdn | 트위터 @munhakdongne

ISBN 978-89-546-2633-0 03900

www.munhak.com